Redes de Computadores

Teoria e prática

SÉRIE INFORMÁTICA

Dados Internacionais de Catalogação na Publicação (CIP)
(Simone M. P. Vieira – CRB 8ª/4771)

Silva, Antonio Eduardo Marques da
Redes de computadores : teoria e prática / Antonio Eduardo Marques da Silva. – São Paulo: Editora Senac São Paulo, 2021. (Série informática)

ISBN 978-65-5536-628-0 (Impresso/2021)
e-ISBN 978-65-5536-629-7 (ePub/2021)
e-ISBN 978-65-5536-630-3 (PDF/2021)

1. Redes de computadores I. Título. II. Série

21-1268t CDD – 004.6
BISAC COM043000

Índice para catálogo sistemático:

1. Rede de computadores 004.6

Redes de Computadores
Teoria e prática

Antonio Eduardo Marques da Silva

Editora Senac São Paulo – São Paulo – 2021

ADMINISTRAÇÃO REGIONAL DO SENAC NO ESTADO DE SÃO PAULO

Presidente do Conselho Regional: Abram Szajman
Diretor do Departamento Regional: Luiz Francisco de A. Salgado
Superintendente Universitário e de Desenvolvimento: Luiz Carlos Dourado

EDITORA SENAC SÃO PAULO

Conselho Editorial: Luiz Francisco de A. Salgado
Luiz Carlos Dourado
Darcio Sayad Maia
Lucila Mara Sbrana Sciotti
Luís Américo Tousi Botelho

Gerente/Publisher: Luís Américo Tousi Botelho
Coordenação Editorial: Verônica Pirani de Oliveira
Prospecção: Dolores Crisci Manzano
Administrativo: Marina P. Alves
Comercial: Aldair Novais Pereira

Edição e Preparação de Texto: Vanessa Rodrigues
Coordenação de Revisão de Texto: Marcelo Nardeli
Revisão de Texto: AZ Design Arte e Cultura Ltda.
Imagens: o autor, exceto figuras 5 do cap. 2 (adaptada de "Transmissão de sistema...", 2011), 1 do cap. 3 (adaptada de "Cabeamento estruturado predial", [*s. d.*]), 2 e 6 do cap. 3 (ANSI e TIA, 2009), 4-5, 7-12 e 16 do cap. 3 e 5-6 do cap. 4 (Adobe Stock), 1-4 do cap. 4, 6 do cap. 5 (adaptada de "Modelo OSI", 2011), 6 e 9 do cap. 9 (Divulgação), 2 do cap. 12 (adaptada de "Cloud computing...", 2019)
Coordenação de Arte: Antonio Carlos De Angelis
Projeto Gráfico e Capa: Antonio Carlos De Angelis
Editoração Eletrônica: Manuela Ribeiro
Coordenação de E-books: Rodolfo Santana
Impressão e Acabamento: Gráfica CS

Editora Senac São Paulo
Av. Engenheiro Eusébio Stevaux, 823
Prédio Editora – Jurubatuba
CEP 04696-000 – São Paulo – SP
Tel. (11) 2187-4450
editora@sp.senac.br
https://www.editorasenacsp.com.br

Sumário

Apresentação

O que é a Série Informática

A Série Informática foi desenvolvida para que você aprenda informática sozinho, sem professor! Neste volume, você vai estudar as tecnologias e aplicações mais utilizadas no mercado, sem dificuldade.

Utilizando o material da Série Informática

É muito simples utilizar o material da Série Informática. É necessário ter em mãos o livro, um equipamento que atenda às configurações necessárias e os softwares que serão devidamente estudados e implementados. Inicie sempre pelo capítulo 1, leia atentamente as instruções e execute passo a passo os procedimentos solicitados no texto.

Equipamento necessário

Para você estudar com este material e operar os softwares propostos, é importante que seu computador tenha as configurações mínimas listadas a seguir.

- Sistema operacional Microsoft Windows 10 (versões de 64 bits), com as últimas atualizações e service packs devidamente aplicados.
- Processador Intel Core i3, i5 ou i7, ou AMD Athlon 64.
- 4 GB de memória RAM.
- No mínimo 100 GB de espaço em disco (HDD ou SSD).
- Monitor de resolução de 1280 × 720 pixels, 1920 × 1080 pixels ou 2500 × 1440 pixels.
- Conectividade com a internet.

Esses são os requisitos mínimos para rodar os programas utilizados no livro. Para alcançar um bom desempenho nas atividades, seria interessante a aplicação de mais memória RAM e espaço em disco.

A estrutura do livro

Este livro está dividido em capítulos que contêm uma série de atividades práticas e informações teóricas sobre o segmento de redes de computadores. Para obter o melhor rendimento possível em seu estudo, é importante que você:

- leia com atenção todos os itens do texto, pois sempre encontrará informações úteis para a execução das atividades;
- faça apenas o que estiver indicado no item e só execute uma sequência após ter lido a instrução do respectivo item.

Bom estudo!

1

Introdução a redes de computadores

OBJETIVOS

- » Conhecer a finalidade e a história das redes de computadores
- » Obter uma visão do mercado de trabalho
- » Elaborar um plano de carreira
- » Conhecer as certificações técnicas mais conhecidas

Finalidade das redes de computadores

Sem sombra de dúvida, o mundo das redes de computadores é um ambiente extremamente vasto e de grande utilidade para a sociedade. Atualmente, é quase impossível ter um pequeno negócio, estudar um assunto, comunicar-se com alguém, cultivar uma amizade e até se divertir sem estar conectado a uma rede de computadores. Ela é praticamente o alicerce para a maioria das tecnologias relacionadas à manipulação da informação, entre elas as novas formas de comunicação, a infraestrutura dos grandes centros de dados (os data centers), a interligação de computadores e até mesmo a conexão à internet.

Para muitos, não existe possibilidade de ficar muito tempo sem uma rede de comunicação (redes de computadores). Pergunte a qualquer um, por exemplo, se essa pessoa acessou a internet hoje, se usou um aplicativo de mensagem, se assistiu a um filme ou uma série por streaming, se buscou um vídeo, se enviou ou recebeu algum e-mail de um cliente, se fez um download recente de um software de videoconferência, se jogou um game direto pela internet. Tenho certeza de que a grande maioria das respostas seria "sim".

As redes de computadores estão presentes na maior parte dos recursos que utilizamos, desde um simples acesso no Google para buscar informações sobre um assunto, até o sistema de controle metroviário para prover um serviço seguro no transporte público.

Uma rede de computadores é desenvolvida para oferecer e compartilhar recursos dos mais variados tipos aos seus usuários. Trinta anos atrás, eles se limitavam a um simples armazenamento de um documento de texto, à transferência de uma planilha de cálculo entre computadores ou à impressão de um relatório em uma impressora matricial. Com o desenvolvimento das TICs (tecnologias da informação e comunicação), esses recursos podem, hoje, ser dos mais variados tipos.

Figura 1. Finalidades das redes de comunicação.

Por esses e outros motivos, desejo-lhe boas-vindas às redes de computadores. Tenho certeza de que irá gostar muito desse segmento tecnológico e, com tal conhecimento, agregar valor às suas competências e ao seu desenvolvimento profissional.

História das redes de computadores

Muitos acreditam que o desenvolvimento das redes de computadores ocorreu em meados dos anos de 1990, na interligação de computadores pessoais. Mas o fato é que as tecnologias de redes já comunicavam os grandes computadores (mainframes) e os computadores de médio porte, também chamados de minicomputadores, desde a década de 1940. É claro que naquela época as conexões físicas não transmitiam os dados em grandes velocidades e os meios físicos eram limitados: essas conexões, em sua grande maioria, utilizavam a infraestrutura de telefonia através de comutação de circuitos e podiam transmitir pouco mais de uma dezena de Kbits (kilobits por segundo).

Com a Guerra Fria, conflito ideológico entre o capitalismo (ditado pelos Estados Unidos da América) e o socialismo (ditado pela antiga União Soviética) e que teve seu auge nos anos de 1960, além da evolução dos computadores dedicados à manipulação de dados científicos, a interconexão se tornou uma necessidade para possibilitar que instituições militares e de pesquisa trocassem informações confidenciais através de uma rede de características globais. A mudança também permitia transformar a comutação por circuitos, amplamente utilizada para as conexões remotas da época, em comutação por pacotes, o que tornava as redes mais ágeis, menos custosas e com maior flexibilidade de aprendizado de rotas e redundância de caminhos às redes de destino.

Isso fez com que três grupos de pesquisa conhecidos iniciassem seus estudos: o MIT (Massachusetts Institute of Technology ou Instituto de Tecnologia de Massachusetts), nos Estados Unidos; a RAND Corporation, também nos EUA, e o Laboratório Nacional de Física do Reino Unido. O primeiro foi realizado por Leonard Kleinrock nos laboratórios do MIT e utilizou a teoria das filas, propondo a comutação de pacotes com base no tráfego em rajadas. O segundo foi elaborado por Paul Baran, da RAND Corporation, que em 1964 estudava a comunicação por pacotes implementada na segurança de transmissão de voz em instituições militares. Por último, os pesquisadores britânicos Donald Davies e Roger Scantlebury indicaram a aplicação de comutação de pacotes nas instalações do Laboratório Nacional de Física. Esses estudos fizeram com que o pesquisador Lawrence Roberts, também do MIT, se juntasse ao grupo de cientistas e publicasse por volta de 1967 o desenvolvimento do protocolo ARPANET, que rodava na rede de computadores da ARPA (Advanced Research Projects *Agency* ou Agência de Projetos de Pesquisa Avançada), do Departamento de Defesa dos Estados Unidos. Mais tarde, a ARPA passaria a se chamar DARPA, e essa rede iniciada na década de 1960 seria a precursora do que hoje conhecemos como internet.

Figura 2. ARPANET e o início da internet: UCLA (Universidade da Califórnia em Los Angeles), SRI International (Instituto de Pesquisa Stanford), UCSB (Centro de Matemática da Universidade da Califórnia em Santa Bárbara) e Universidade de Utah.

Essa rede de abrangência mundial tinha como característica principal um modelo de troca e compartilhamento de informações descentralizado, fazendo com que suas conexões se tornassem mais estáveis e menos vulneráveis, mesmo na eventualidade de um ataque nuclear. O *Departamento de Defesa* dos Estados Unidos não imaginava que a rede, criada com finalidades militares e de pesquisa, se tornaria o maior fenômeno midiático do século XX e que em menos de quatro anos pudesse conectar cerca de 50 milhões de usuários em várias regiões do globo terrestre.

Os computadores que tinham como função realizar a comutação de pacotes nessa rede de características regionais eram conhecidos como IMPs (interface message processors). Os primeiros nós foram realizados no ano de 1969 pela UCLA (Universidade da Califórnia em Los Angeles), sob coordenação de Leonard Kleinrock, que se interligava ao SRI International (Instituto de Pesquisa Stanford), seguido pelo nó da ARPANET, que era formado pelo UCSB (Centro de Matemática da Universidade da Califórnia em Santa Bárbara) e pela Universidade de Utah.

Nesse mesmo ano ocorreu a primeira transmissão entre essas universidades, no que hoje pode ser considerado o primeiro e-mail da história e que infelizmente travou o computador do SRI International após receber a letra "O" da mensagem "LOGIN" devidamente enviada nessa comunicação.

Expansão mundial

Com a diminuição das tensões entre EUA e URSS, em meados de 1970, o governo norte-americano permitiu que pesquisadores que até então encabeçavam projetos militares pudessem entrar na ARPANET em conjunto com suas instituições de pesquisa em ensino, o que acarretou dificuldades na administração da rede em razão do crescimento repentino. Isso fez com que a ARPANET se dividisse em dois grupos: o MILNET, que era formado de instituições militares, e a nova ARPANET, composta por instituições de pesquisa apenas, e não militares, e que viria a ser a internet. Tal separação permitiu que a rede dedicada a pesquisas se tornasse um ambiente mais livre, fazendo com que estudantes e pesquisadores pudessem aperfeiçoá-la e já em 1972 tivesse cerca de 15 nós interconectados. Foi nesse mesmo ano que o professor e pesquisador Robert Kahn apresentou publicamente, na Conferência Internacional de Computadores, o primeiro protocolo de controle dessa rede, denominado NCP (Network Control Protocol).

Em dezembro de 1972, foi publicado por Vinton Cerf, Yogen Dalal e Carl Sunshine a RFC 675, que especificava o programa de transmissão e controle da internet e foi utilizada nas RFCs seguintes publicadas em relação a essa rede. O acesso à ARPANET estava em franco crescimento, porém demandava uma unificação dos métodos de comunicação da rede, fazendo com que Robert Kahn, da DARPA e da ARPANET, recrutasse Vinton Cerf, da Universidade Stanford, para trabalhar em um protocolo que pudesse ser um padrão de conectividade. Esse protocolo teve suas primeiras especificações em 1974, gerando publicações, em 1981, das RFCs 791, 792 e 793, as quais fizeram com que em 1982 fosse introduzido definitivamente o TCP/IP (Internet Protocol Suite). Historicamente, em janeiro de 1983, o protocolo da ARPANET foi substituído pelo TCP/IP, gerando um evento conhecido como Internet Flag Day e generalizando para essa rede o uso do termo "internet".

A internet utilizando o TCP/IP expandiu-se de uma forma jamais vista, e em 1986 a NSFNET (National Science Foundation Network ou Fundação Nacional de Ciência) permitiu acesso a outras instituições de pesquisa e de educação espalhadas pelo mundo, fazendo com que as primeiras conexões ocorressem a velocidades de 56 Kbits, 1,5 Mbits (megabit por segundo) e 45 Mbits.

No final dos anos de 1980, o surgimento dos primeiros ISPs (Internet Service Providers ou provedores de acesso à internet), que permitiam o acesso de instituições não acadêmicas, possibilitou à rede se tornar um meio de comunicação dos mais variados assuntos, desmantelando a ARPANET e, em seguida, a NSFNET, em função da comercialização de produtos na rede, iniciada em meados de 1995. O comércio na rede fez com que se expandisse para a Europa e a Oceania e, depois, para a Ásia.

Em paralelo com o desenvolvimento da internet, viabilizado pelo pioneirismo da DARPA e pelo brilhantismo dos professores Vinton Cerf e Robert Kahn, que desenvolveram a arquitetura TCP/IP (ainda hoje utilizada na grande rede), no Havaí nasceu, com Norman Abramson, o protocolo ALOHANET, que deu origem à rede ALOHA. Esta tinha a finalidade de compartilhar informações sob um único meio de transmissão através de ondas eletromagnéticas (frequência de rádio) e método de transferência de mensagem para todos os receptores simultaneamente, conhecido como broadcast.

A necessidade de interligação dos computadores dentro de um ambiente local ocorreu inicialmente nos grandes centros de computação, conhecidos como CPDs (centros de processamentos de dados), que interconectavam os computadores de grande porte da época (mainframes) por cabos metálicos e protocolos de comunicação proprietários. Esse era o caso dos protocolos DECnet (da Digital Corporation), XNS (da Xerox) e SNA (da IBM). Os engenheiros Robert Metcalfe e David Boggs (seu assistente na época), da PARC (Xerox Palo Alto Research Center), aprimoraram o protocolo de múltiplo acesso usado na ALOHANET e, em 1976, publicaram o artigo "Ethernet: distributed packet switching for local computer networks", referente a um protocolo de enlace desenvolvido para a conectividade de dispositivos locais e que concorria diretamente com a rede Token-Ring, da IBM, de mesma finalidade.

Os PCs entram na rede

Com o surgimento dos PCs (personal computers ou computadores pessoais), em meados da década de 1980, que tinham a tarefa de serem máquinas de mesa individuais e eventuais substitutas das máquinas de escrever, também se pensava na possibilidade de interligá-los em uma rede. No entanto, seus sistemas operacionais haviam sido criados para operarem de forma stand-alone, ou seja, de forma autossuficiente. Os sistemas operacionais desses computadores pessoais também eram bastante simples e tinham uma interface pouco amigável. Suas tarefas eram realizadas por meio de linhas de comando e não possuíam a capacidade de permitir conectividade com seus pares.

Assim que apareceram os sistemas operacionais de interface gráfica - como o OS/2, da IBM, e o Windows 3.1, da Microsoft - e novas aplicações computacionais que atendiam seus usuários, veio a demanda por interconexão desses dispositivos, com o intuito de compartilhar recursos. Surgiram, então, sistemas operacionais capazes de carregar, em suas estruturas, drivers de conexão em rede.

Uma das soluções mais utilizadas foi, sem sombra de dúvida, o Novell NetWare, lançado em 1983, que possuía um sistema operacional sofisticado e focado em conectividade de rede. Também permitia suporte a mais de 40 tipos de placas de rede e meios físicos de comunicação. O Novell NetWare utilizava os protocolos IPX (Internetwork Packet Exchange) e SPX (Sequenced Packet Exchange), ou apenas IPX/SPX, e um sistema de serviços de ficheiros e impressão controlados pelo NCP (NetWare Core Protocol). Este dominou o mercado de redes locais até o lançamento do Windows 3.11 for Workgroups (um sistema operacional desenvolvido para operar em pequenas redes, provendo compartilhamento descentralizado a baixo custo) e o surgimento do Microsoft Windows NT Advanced Server, em 1993. Este consistia em um sistema operacional cliente/servidor desenvolvido para redes mais robustas e trabalhava em um sistema de domínios, dando origem aos sistemas operacionais Microsoft Windows Server 2000 e seus sucessores.

Redes sem fio e outros avanços

O crescimento exponencial da internet, bem como o aperfeiçoamento e o aumento da capacidade de dispositivos interligados nas redes locais através de meios físicos metálicos e ópticos, levaram à necessidade de as redes terem maior flexibilidade e mobilidade de acesso. Esse fato propiciou o desenvolvimento das redes sem fio (wireless), que seguiam especificações ditadas pela Wi-Fi Alliance para produtos a serem certificados em ambientes de redes locais sem fio baseados no padrão IEEE 802.11.

O surgimento dos smartphones, a descentralização da manipulação e do armazenamento de dados – agora realizados pela computação em nuvem – e a tendência de inclusão de novos dispositivos que até então não estavam na grande rede (IoT ou internet das coisas) fazem com que esse segmento tecnológico se torne cada vez mais promissor. Por esses e outros motivos, reforço a você as boas-vindas às redes de computadores!

Mercado de trabalho e plano de carreira

São muitas as opções de trabalho em tecnologia da informação, e montar um plano de carreira torna-se um item importante para o futuro profissional que deseja se desenvolver. Para iniciar no mundo das redes de comunicação, cursos de curta duração podem ser interessantes para conhecer a área e ter certeza da escolha. A internet pode ser um meio bastante rápido para a realização desses cursos, na modalidade EaD (ensino a distância).

Opções para o desenvolvimento após a realização de cursos básicos são a capacitação ou a qualificação técnica, que possuem cursos com carga horária entre 160 e 240 horas e habilitam o futuro profissional para atuar em uma área específica.

Outro incremento praticamente indispensável na área de informática consiste nas certificações técnicas, tanto as nacionais como as internacionais. Elas geralmente são oferecidas por fabricantes de produtos tecnológicos ou instituições e associações que visam ao desenvolvimento tecnológico de forma agnóstica, ou seja, não vinculada a um produto ou tecnologia específicos. As certificações podem ser obtidas em qualquer momento da carreira e, na sua grande maioria, possuem uma validade determinada. Isso permite que o profissional esteja sempre qualificado e possa se desenvolver de maneira muito rápida, ainda que de forma um pouco custosa, pois a maioria dos exames é cobrada em moeda estrangeira e aplicada na língua inglesa (por essa razão, é preciso ter pelo menos conhecimento de inglês técnico para conseguir ser aprovado).

Os cursos técnicos são excelentes para suprir a demanda de mercado, pois são rápidos, atestam conhecimentos gerais do assunto escolhido e possuem atividades práticas extremamente valiosas. Esses cursos possibilitam ao aluno "colocar a mão na massa", o que para muitas empresas constitui um diferencial. Por esse motivo, são cursos indicados para quem deseja conquistar um emprego rapidamente.

Caso o profissional pretenda ascender na carreira e chegar a um cargo de liderança, o diploma superior se torna uma obrigatoriedade. Costumo dizer que esses cursos ensinam a aprender e permitem que se tenha uma visão mais abrangente. Ao contrário do que ocorre com uma certificação, os cursos superiores não perdem a validade. Além disso, são base para o desenvolvimento acadêmico e profissional. Ou seja, para que você possa fazer uma pós-graduação, é pré-requisito ter uma graduação, que pode ser feita em cursos com duração de dois a três anos (no caso das graduações tecnológicas) ou de quatro a cinco anos (no caso dos bacharelados).

Para quem deseja continuar se aprimorando, os cursos de pós-graduação são uma excelente alternativa. Eles são definidos como cursos de extensão, de aperfeiçoamento e de especialização. Os de extensão geralmente têm duração entre 40 e 160 horas, os de aperfeiçoamento têm duração mínima de 180 horas, e nos cursos de especialização a duração é de 360 a 500 horas, aproximadamente. No Brasil, o MBA é considerado uma pós-graduação em nível de especialização, porém com foco em gestão.

Outros cursos de pós-graduação muito interessantes são os mestrados profissionais e os mestrados acadêmicos (com duração de dois a três anos) e os doutorados (com duração de três a cinco anos). Esses cursos geralmente são procurados por profissionais que desejam focar o segmento acadêmico, para a formação de professores universitários e atividades de pesquisa.

Por fim, é importante o conhecimento de uma ou duas línguas estrangeiras. Em tecnologia da informação, a grande maioria de livros, artigos e novos conhecimentos é publicada na língua inglesa.

Vale ressaltar que, mesmo com uma extensa lista de cursos, a tecnologia vive em mudança contínua, em constante atualização, exigindo que o profissional da área nunca deixe de se aprimorar. O estudo passa a ser rotina para quem deseja vida longa nesse segmento de mercado.

Legislação

O mercado de informática é muito abrangente, e, em função da sua aplicação em vários segmentos, profissionais com outras formações precisaram se adequar a essas mudanças tecnológicas.

Em relação à regulamentação do profissional, vários projetos de lei não vingaram, como o 815/1995, o 981/1999, o 1.561/2003, o 607/2007, o 5.487/2013, o 5.101/2016 e tantos outros. Os projetos de lei 815/1995 e 981/1999, por exemplo, tentaram criar três entidades: o Conin (Conselho Nacional de Informática), a Confrei (Coordenação Nacional de Informática) e o Crei (Conselho Regional de Informática).

Assim, muitos profissionais de TIC se associam em outros conselhos – por exemplo, o Confea/Crea (Conselho Federal de Engenharia e Agronomia/Conselho Regional de Engenharia e Agronomia), que abriga profissionais de engenharia de várias áreas. A Resolução nº 473, de 26 de novembro de 2002, incluiu alguns profissionais de TIC nessa entidade, como é o caso dos tecnólogos em redes de computadores.

Atuação profissional

É praticamente impossível empreender, abrir um negócio, e não ser apoiado por um sistema computacional. Isso faz com que a nossa profissão se torne das mais promissoras. A expansão da internet, além do compartilhamento e do armazenamento dos mais variados recursos em abrangência global, fizeram com que as redes de comunicação se tornassem um alicerce tecnológico para a propagação das informações. Quando acessamos um portal na web, participamos de uma videoconferência em rede ou enviamos uma mensagem por aplicativo no celular, estamos usando essa infraestrutura.

Como já foi dito anteriormente, o profissional que deseja permanecer nesse segmento precisa estar sempre bem atualizado e "antenado" com as novas tendências tecnológicas de mercado, para que possa sempre participar de novas oportunidades. O conhecimento genérico é importante, mas não essencial para exercer um bom trabalho nessa área. Por esse motivo, é necessário se especializar. Não existe uma recomendação ou padronização de especialização – isso geralmente depende das atividades que são exercidas pelo profissional em sua empresa –, mas no quadro a seguir apresento algumas delas de forma geral.

Quadro 1. Atuação do profissional de TI.

Área de atuação	Atividades
Cabeamento estruturado	O profissional tem conhecimento de normas técnicas de cabeamento, bem como de ferramentas e aplicações específicas para a montagem, o lançamento, a identificação e a testagem de cabos metálicos e fibras ópticas.
Administração de redes	O profissional é responsável por suportar a maioria dos equipamentos ativos (energizados) e passivos (não energizados) de rede. Ele e sua equipe fazem as configurações de serviços e dispositivos de rede, bem como proteção das aplicações, atendimento, suporte técnico e, em alguns casos, de dispositivos de telefonia e segurança da infraestrutura de TI.
Gerenciamento de redes	O profissional tem a atribuição de instalar, configurar e suportar as aplicações de gerência de todos os equipamentos de infraestrutura. Em alguns casos, essas funções de gerenciamento de redes são realizadas pelos administradores de rede.
Armazenamento de dados	O profissional é responsável por instalar, configurar e suportar os dispositivos de comutação de alta performance, como os switches de data center e os equipamentos de armazenamento de dados (storages).

Área de atuação	Atividades
Computação em nuvem	O profissional geralmente possui diversas qualificações, principalmente quando atua em grandes data centers, pois esses ambientes são repletos de servidores, storages, equipamentos de segurança, equipamentos de rede e serviços oferecidos em nuvem.
Segurança da informação	O profissional precisa ter conhecimentos sólidos de redes de comunicação e sistemas operacionais de rede, bem como entender de normas e técnicas de segurança e de componentes como firewalls, sistemas de identificação de intrusão, sistemas de antivírus e outros.

Oportunidades de negócio

Por ser fundamental para qualquer empresa que pretenda ser competitiva, os computadores estão por toda parte – hospitais, fábricas, instituições de ensino, indústrias, comércios, escritórios de advocacia, em nossas casas. O profissional de TIC conta com um mercado repleto de oportunidades, desde que tenha conhecimento para realizar suas atividades de forma precisa e com qualidade.

Também há espaço para quem deseja empreender nesse segmento, atuando em:

- vendas de produtos tecnológicos;
- consultoria técnica e de projetos, sistemas e segurança;
- terceirização de mão de obra;
- desenvolvimento de sistemas;
- instalação, configuração e suporte técnico;
- treinamentos e orientação técnica;
- instalação e certificação de cabeamento.

Certificações técnicas mais conhecidas

Uma das formas de ter certeza de que um profissional possui conhecimento de assuntos relacionados a uma área de atuação ou um produto específico se dá pelas certificações tecnológicas. Conforme dito antes, essas certificações geralmente são providas por grandes fabricantes e instituições. As certificadoras não são as mesmas que desenvolveram os materiais de estudo, como forma de prover um ambiente neutro e seguro em relação ao processo.

As certificações podem ser de abrangência nacional ou internacional e constituem um excelente reforço no currículo, em conjunto com uma graduação na área pretendida e o conhecimento de línguas estrangeiras.

Para obter com sucesso uma certificação é necessário que o candidato se dedique fortemente aos estudos, pois os exames não são muito fáceis e, na sua maioria, são aplicados na língua inglesa. Além disso, a maioria das provas de certificação é adquirida em dólar, o que para muitos pode ser um impeditivo. Vamos aqui apresentar algumas certificações mais conhecidas no segmento de infraestrutura.

Organizações e associações técnicas

As organizações e associações apresentadas aqui têm grande relevância no mercado internacional de tecnologia da informação e comunicação. Geralmente, são instituições de visão agnóstica, ou seja, não vinculadas a um produto ou fabricante. As certificações, nesse caso, tendem a tratar de assuntos tecnológicos.

CompTIA

A CompTIA (Computing Technology Industry Association) é uma associação comercial norte-americana sem vínculo com produtos ou fabricantes e considerada uma das mais importantes do setor de TIC no mundo. Emite certificações profissionais independentes em mais de 120 países, incluindo o Brasil. No segmento de infraestrutura de redes, as certificações da CompTIA mais conhecidas são as citadas a seguir.

- **CompTIA Server+:** Certificação internacional que trata de assuntos relacionados a hardware e software, como sistemas operacionais específicos para servidores, ambientes de TIC, armazenamento, recuperação de desastres, backups de dados e continuidade de negócios.
- **CompTIA Network+:** Certificação internacional credenciada pela ANSI (American National Standards Institute) em 2008 e que trata de assuntos básicos relacionados a redes de computadores, como fundamentos das redes, modelos de referência, padronização e protocolos de rede, arquiteturas, gerenciamento e segurança de redes. É muito utilizada para medir habilidades técnicas de um profissional de rede.
- **CompTIA Cloud +:** Certificação internacional credenciada pela ANSI em 2013, trata de assuntos básicos relacionados a computação em nuvem e virtualização.
- **CompTIA Security+:** Certificação internacional credenciada pela ANSI em 2008 e que trata de assuntos básicos relacionados à segurança da informação, como gestão e normas de segurança, tipos de vulnerabilidade, gerenciamento de riscos e identidade e criptografia de dados.
- **CompTIA CySA:** Certificação internacional credenciada pela ANSI em 2018, trata de assuntos de nível médio relacionados à segurança cibernética, como ferramentas de detecção de ameaças e análise de identificação de vulnerabilidades e riscos.

SNIA

Constituída em 1997, a SNIA (Storage Networking Industry Association) também é uma associação comercial dos Estados Unidos sem fins lucrativos. É formada por membros do mercado de TIC com foco em arquiteturas, padrões e tecnologias relacionados a armazenamento de dados, apoiando a indústria com desenvolvimento e adoção de padrões, garantia de interoperabilidade, aceleração e promoção de tecnologia em armazenamento e treinamento neutro para fornecedores. Como certificação mais conhecida temos:

- **SCSP (SNIA Certified Storage Professional):** Certificação internacional neutra de fornecedor projetada para oferecer base de conhecimento a qualquer profissional de rede de armazenamento.

BICSI

A BICSI (Building Industry Consulting Service International) é uma associação sem fins lucrativos que desempenha um papel importante em desenvolvimento e projetos de sistemas de transporte de informação seguindo padrões técnicos, como o de sistema de cabeamento estruturado descrito no ANSI/TIA/EIA 568. Como certificação mais conhecida temos:

- **RCDD (Registered Communications Distribution Designer):** Certificação internacional neutra de fornecedor projetada para oferecer base de conhecimento em projeto, integração e implementação de sistemas de transporte de informações e componentes de infraestrutura física de rede, como tecnologias relacionadas a cabeamento estruturado.

ISC^2

A ISC^2 (International Information System Security Certification Consortium) também é uma organização sem fins lucrativos, mas especializada em treinamento e credenciamento para profissionais de segurança cibernética. Possui várias certificações internacionais no segmento de segurança da informação, e as mais conhecidas são as duas citadas a seguir.

- **SSCP (Systems Security Certified Practitioner):** Certificação internacional neutra de fornecedor que visa qualificar o profissional com habilidades avançadas para implementar, monitorar e administrar uma infraestrutura de TIC usando práticas, políticas e procedimentos estabelecidos por especialistas em segurança cibernética.
- **CISSP (Certified Information Systems Security Professional):** Certificação internacional credenciada sob o padrão ANSI ISO/IEC 17024:2003, aprovada pelo Departamento de Defesa norte-americano e reconhecida, em maio de 2020, pelo UK NARIC (UK National Recognition Information Centre) como uma das melhores em gestão da segurança da informação.

Cabeamento estruturado

Para os profissionais que desejam ter conhecimento em produtos de infraestrutura física e cabeamento estruturado, temos ao menos dois fabricantes muito conhecidos no mercado brasileiro, a Furukawa e a Panduit.

Furukawa

A Furukawa Electric é uma companhia de eletrônicos japonesa, com matriz em Tóquio. No Brasil, é líder e muito conhecida no segmento de cabeamento estruturado e em infraestrutura de redes metálicas e ópticas.

- **FCP (Furukawa Certified Professional):** Essa é a certificação mais famosa da Furukawa e tem o objetivo de fazer com que o profissional instalador tenha conhecimento de seus produtos. Essa certificação visa apresentar esses produtos e soluções, com foco em instalação e configuração de componentes de infraestrutura física e cabeamento estruturado.

Panduit

A Panduit é uma companhia norte-americana de abrangência global, líder mundial em soluções para a administração de cabeamento estruturado de voz, dados e vídeo, suportando a infraestrutura física com dispositivos específicos para cabos metálicos e fibras ópticas.

- **Panduit Certification Plus:** Essa certificação creditada pela Panduit, a mais conhecida da empresa, visa capacitar o profissional para a instalação e o gerenciamento de seus sistemas de cabeamento estruturado. É uma certificação muito utilizada por parceiros de instalação Panduit, por atender aos critérios impostos pelo fabricante para haver garantia de qualidade.

Sistemas operacionais

Uma das atividades exercidas pela grande maioria dos profissionais de rede é a administração de servidores de rede. Para fazer um bom trabalho nesses equipamentos, é importante que tenham conhecimento em hardware e sistemas operacionais de máquina. Os sistemas operacionais de rede mais conhecidos no mercado são o Microsoft Windows e o UNIX (são várias as distribuições, porém a mais conhecida atualmente é o Linux).

Windows

O Microsoft Windows é um dos sistemas operacionais proprietários mais utilizados no mercado, tanto para equipamentos de usuários como para servidores de rede. A Microsoft é uma das maiores empresas do segmento de TIC e oferece uma gama muito grande de produtos. Por esse motivo, são inúmeras as certificações que disponibiliza no mercado para a qualificação de profissionais. No passado, a Microsoft tinha as certificações MCP (Microsoft Certified Professional), MCSD (Microsoft Certified Software/Solutions Developer) e MCSE (na época, Microsoft Certified Solutions Engineer/Expert), porém recentemente houve alterações drásticas nas certificações, que passaram a ser baseadas em serviços.

- **MTA (Microsoft Technology Associate):** As certificações MTA são básicas e excelentes para um profissional sem experiência adquirir conhecimentos técnicos fundamentais. Vale também ressaltar que os exames MTA não qualificam o profissional para a certificação MCP e não são pré-requisito para as certificações MCSA e MCSE. Em infraestrutura, teríamos as certificações:

  - MTA: Networking Fundamentals;
  - MTA: Windows Server Administration Fundamentals;
  - MTA: Windows Operating System Fundamentals;
  - MTA: Security Fundamentals.

- **MCSA (Microsoft Certified Solutions Associate):** Essa certificação internacional da Microsoft valida o profissional no conhecimento das soluções e dos sistemas operacionais da companhia. A MCSA: Windows Server 2016 é composta de três exames de certificação:
  - Installation, Storage, and Compute with Windows Server 2016;
  - Networking with Windows Server 2016;
  - Identity with Windows Server 2016.
- **MCSE (Microsoft System Engineer):** Certificação internacional da Microsoft que valida o profissional a operar um data center altamente eficiente, além de certificar para gerenciamento de identidade, gerenciamento de sistemas, virtualização, armazenamento e rede. Para infraestrutura, a companhia desenvolveu a MCSE Core Infrastructure, que é composta destas certificações:
  - MCSA: Windows Server 2016;
  - Securing Windows Server 2016;
  - Implementing a Software-Defined Datacenter;
  - Designing and Implementing a Server Infrastructure.

Linux

O Linux é um dos sistemas operacionais mais utilizados no mundo, derivado do UNIX e de código aberto. Ele foi desenvolvido em 1991 pelo programador finlandês Linus Torvalds, inspirado no sistema Minix e aplicado inicialmente em desktops e notebooks. Hoje é aplicado em outras plataformas e servidores e possui várias distribuições. As mais conhecidas são o Red Hat, o SUSE, o Oracle Linux, o Debian, o Ubuntu, o Mint e o Kali Linux, entre muitos outros.

São várias as instituições que oferecem certificações em Linux. Uma delas é a LPI (Linux Professional Institute), organização sem fins lucrativos constituída em 1999 e que atende grandes companhias as quais utilizam o Linux como base de SO, como Red Hat, adquirida pela IBM em 2018, e SUSE, adquirida pela Novell em 2003.

A seguir, são apresentadas algumas das certificações Linux mais conhecidas no mercado.

- **Linux Essentials:** Certificação internacional que adota tecnologias de código aberto baseadas em Linux. Excelente para o profissional que procura embasamento para as certificações Linux Professional.
- **LPIC-1:** Certificação internacional em Linux de nível básico que valida a capacidade do profissional de executar tarefas de manutenção, instalação e configuração de uma máquina rodando Linux.
- **LPIC-2:** Certificação internacional em Linux de nível pleno que valida as capacidades de executar a administração e o gerenciamento avançado do sistema e de instalar e configurar serviços de rede fundamentais, como DHCP, DNS, SSH, servidores web, servidores de arquivos e servidores de e-mail.
- **LPIC-3:** Certificação internacional de nível superior, desenvolvida para um profissional que deseja adquirir especialização avançada na arquitetura. São três as certificações de nível superior:
    - LPIC-3 Enterprise Mixed Environment;
    - LPIC-3 Enterprise Security;
    - LPIC-3 Enterprise Virtualization and High Availability.
- **RHCSA (Red Hat Certified System Administrator):** Certificação internacional para a capacitação de profissionais que desejam administrar ambientes Red Hat Enterprise Linux.
- **RHCE (Red Hat Certified Engineer):** Certificação internacional a profissionais que buscam desenvolver habilidades para automatizar as tarefas do Red Hat Enterprise Linux e integrar novas tecnologias.
- **SCA (SUSE Certified Administrator):** Certificação internacional para a capacitação na administração de ambientes SUSE Linux Enterprise Server.
- **SCE (SUSE Certified Engineer):** Certificação internacional voltada para habilidades de administração avançadas no SUSE Linux Enterprise Server.

Tecnologia de redes

As certificações que tratam de soluções e produtos de infraestrutura ativa de redes, como comutadores, roteadores e outros dispositivos, são inúmeras. Geralmente, o que dita a importância dessas certificações é o posicionamento desses fabricantes no mercado de TI. Nesse caso, as empresas Cisco, Juniper e Huawei se destacam atualmente.

Cisco Systems

A Cisco Systems Inc. é uma companhia norte-americana de abrangência global, líder no mercado de produtos e soluções para redes de comunicação. Foi a desenvolvedora do roteador e se destaca em soluções de comutação e colaboração. Possui subsidiárias importantes, como Linksys, WebEx, IronPort e Scientific Atlanta, entre muitas outras. As certificações da Cisco mais conhecidas no mercado são as citadas a seguir.

- **CCNA (Cisco Certified Network Associate):** Certificação internacional de nível básico para a capacitação de profissionais que buscam compreender tecnologias de redes, bem como administração e gerenciamento de produtos Cisco, como roteadores e switches.
- **CCNP (Cisco Certified Network Professional):** Certificação internacional de nível profissional voltada a conhecimentos de ajuste fino das tecnologias que a Cisco desenvolve. São inúmeras as certificações CCNP e as mais conhecidas são:
  - CCNP Enterprise (antigo CCNP Routing and Switching);
  - CCNP Service Provider;
  - CCNP Data Center;
  - CCNP Collaboration;
  - CCNP Security.
- **CCIE (Cisco Certified Network Expert):** Certificação internacional de nível superior expert para a capacitação de profissionais que buscam conhecimentos específicos e avançados dos produtos e soluções da companhia. Entre as inúmeras certificações CCIE, as mais conhecidas são:
  - CCIE Enterprise Infrastructure (antigo CCIE Routing and Switching);
  - CCIE Enterprise Wireless;
  - CCIE Service Provider;
  - CCIE Data Center;
  - CCIE Collaboration;
  - CCIE Security.

Juniper Networks

A Juniper Networks é uma grande fabricante norte-americana de produtos de redes de comunicação, com foco em roteadores e comutadores de alta performance para o mercado de service providers e backbones. Do segmento de Enterprise Routing and Switching da Juniper podemos apresentar as certificações mais conhecidas, listadas a seguir.

- **JNCIA (Junos Network Certified Associate):** Certificação internacional projetada para profissionais que buscam conhecimentos básicos e intermediários sobre a funcionalidade central do Juniper Networks Junos OS.
- **JNCIS (Junos Network Certified Specialist):** Certificação internacional voltada a conhecimentos intermediários e especializados sobre implementações de roteamento e comutação no Juniper Networks Junos OS.

- **JNCIP (Junos Network Certified Professional):** Certificação internacional voltada a implementações de roteamento e comutação avançadas e à solução de problemas no Juniper Networks Junos OS.
- **JNCIE (Junos Network Certified Specialist):** Certificação internacional projetada para profissionais que buscam conhecimento de nível expert referente a implantação, gerenciamento e resolução de problemas de plataformas de roteamento e comutação empresariais baseadas no Juniper Networks Junos OS.

Huawei Technologies

A Huawei Technologies Co. Ltd. é uma empresa chinesa de abrangência global com foco em equipamentos para redes e telecomunicações. Atualmente, é uma das maiores fornecedoras de equipamentos para redes e telecomunicações do mundo. Atua em vários segmentos de TIC, como redes de dados, colaboração, data centers, telefonia celular e segurança, entre muitas outras. Como certificações na área de redes podemos indicar:

- **HCIA (Huawei Certified ICT Associate):** Certificação internacional de nível básico para a capacitação de profissionais que buscam compreender tecnologias de redes, bem como administração e gerenciamento de produtos Huawei, como roteadores, switches e storages, entre outros.
- **HCIP (Huawei Certified ICT Professional):** Certificação internacional de nível profissional para quem deseja adquirir conhecimentos de ajuste fino das tecnologias que a Huawei desenvolve.
- **HCIE (Huawei Certified ICT Expert):** Certificação internacional de nível superior expert para a capacitação de profissionais que desejam ter conhecimentos específicos e avançados dos produtos e soluções da companhia.

Outras certificações de destaque

O mercado de tecnologia da informação e comunicação passa por uma série de mudanças na infraestrutura de TIC das empresas. Com o desenvolvimento e a popularização da computação em nuvem, várias companhias tornaram-se clientes dessas tecnologias, exigindo que o profissional de redes se especialize no tema.

Entre as certificações mais conhecidas em computação em nuvem e virtualização atualmente no mercado, temos:

- a AWS Certified Solutions Architect;
- a Google Certified Professional Cloud Architect;
- a IBM Certified Cloud Solution Architect;
- a Microsoft Azure;
- a VMware Certified Professional;
- a CompTIA Cloud Essentials;
- a EXIN Cloud Computing Foundation.

Exercícios propostos

1. Qual é a finalidade das redes de computadores?
2. Como e de que forma a internet se originou e se desenvolveu?
3. Quais foram os motivos que fizeram os pesquisadores Vinton Cerf e Robert Kahn desenvolverem o TCP/IP?
4. Xerox Palo Alto Research Center participou do desenvolvimento e do aprimoramento de uma tecnologia de rede muito importante. Qual era a principal finalidade dessa tecnologia?
5. Imagine um planejamento de carreira pessoal e escolha ao menos duas atividades que você gostaria de desenvolver em breve.
6. Se você fosse empreender no segmento de TI, em qual atividade gostaria de investir? Por quê?
7. Em sua visão, por que as certificações internacionais em tecnologia auxiliam na empregabilidade?
8. Se você fosse escolher ao menos duas certificações, quais escolheria? Por quê?
9. Em sua opinião, qual seria o perfil de um profissional de redes de comunicação e quais seriam os conhecimentos necessários?
10. Por que as certificações da Amazon, da Google e da Azure estão em alta para profissionais de infraestrutura? Faça uma pesquisa sobre essas novas certificações.

Anotações

2

Fundamentos de eletricidade e sinais

OBJETIVOS

» Conhecer os conceitos básicos: tensão, corrente, resistência e potência

» Entender as leis aplicadas na eletricidade

» Conhecer os fundamentos de transmissão de dados

» Aprender sobre largura de banda e vazão de dados

Conceitos básicos: tensão, corrente, resistência e potência

A eletricidade é muito importante para o nosso cotidiano, porque sem ela não conseguiríamos fazer coisas das mais simples: assistir a TV, acompanhar um jogo pelo rádio, ler um bom livro à noite com a iluminação de uma lâmpada, imprimir um relatório em uma impressora, navegar pela internet, entre muitas outras. A eletricidade foi criada para o nosso bem-estar, e por essa razão é importante conhecermos os seus fundamentos. O estudo dos dispositivos eletrônicos, como o computador, aborda questões relacionadas ao movimento da corrente elétrica que atravessa diversas partes de um circuito e se propaga por um cabo de rede.

Toda e qualquer matéria é formada por um átomo, que consiste em um núcleo central constituído por duas minúsculas partículas: os prótons, de carga elétrica positiva, e os nêutrons, de carga elétrica neutra, envoltos por uma nuvem de elétrons conhecida como eletrosfera e de carga elétrica negativa.

Figura 1. Estrutura de um átomo. Os átomos que perdem ou ganham elétrons por meio de reações são conhecidos como íons. Estes, os íons, podem ser classificados como ânions (átomos que recebem elétrons e ficam carregados negativamente) e cátions (átomos que perdem elétrons e ficam carregados positivamente).

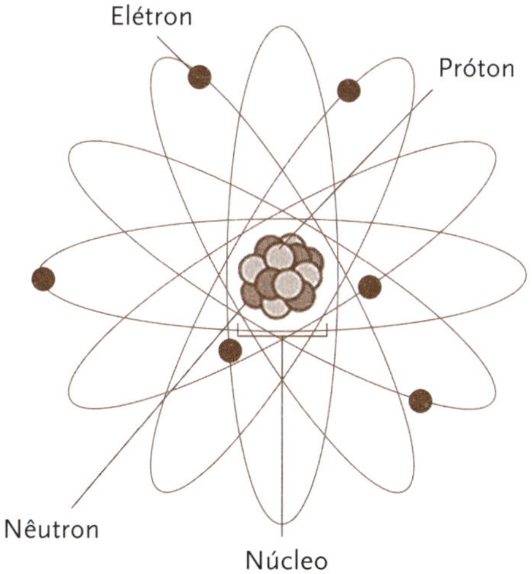

A eletricidade nada mais é do que o nome dado a um conjunto de fenômenos ocorridos graças à movimentação das cargas elétricas, inerentes à forma de energia que envolve o fluxo de elétrons. É o ramo da física responsável pelo estudo dos fenômenos das cargas elétricas e pode ser dividido em:

- eletroestática, que estuda os efeitos produzidos por cargas elétricas em repouso;
- eletromagnetismo, que estuda os efeitos produzidos por essas cargas no espaço;
- eletrodinâmica, que estuda as cargas elétricas em movimento.

Os condutores elétricos são materiais que oferecem uma baixa resistência elétrica e, por esse motivo, possibilitam a passagem da corrente elétrica ao longo de si, facilitando a condução de energia entre dois pontos. Como exemplo, temos os fios de cobre, de ouro e de alumínio, que são excelentes condutores e, por isso, muito utilizados na fabricação de circuitos elétricos/eletrônicos e de cabos de redes.

A eletricidade possui várias grandezas fundamentais, presentes em qualquer circuito elétrico: a tensão elétrica, a corrente elétrica, a resistência elétrica e a potência elétrica.

Tensão elétrica

A tensão elétrica também é conhecida como diferença de potencial elétrico entre dois pontos ou, apenas, como ddp ou DDP. Essa diferença de potencial é responsável por colocar em movimento ordenado as cargas elétricas livres do meio condutor. A unidade de medida da tensão elétrica é o volt (V), e o instrumento utilizado para sua medição é o voltímetro. Por exemplo, uma pilha elétrica comum está carregada eletricamente com 1,5 V.

Corrente elétrica

A corrente elétrica consiste no fluxo ordenado de partículas portadoras de carga elétrica ou no deslocamento de cargas elétricas (como os elétrons) dentro de um condutor, em razão da aplicação de uma diferença de potencial elétrico entre as suas extremidades. A unidade de corrente elétrica é o ampère (A), e sua grandeza é representada pela letra I (de "intensidade").

Um ampère (1 A) equivale a $6{,}2 \times 10^{18}$ elétrons atravessando um meio qualquer em 1 segundo. Esse mesmo número de elétrons pode transportar uma carga elétrica igual a 1 coulomb (1 C).

Para entender melhor esse sistema, imagine a utilização de uma pilha elétrica. Esta possui, em um lado, placas positivas com falta de elétrons; no outro, placas negativas com excesso de elétrons. Quando um consumidor elétrico é ligado nos polos da bateria, a diferença de potencial ou DDP irá provocar um movimento dos elétrons do polo negativo em direção ao positivo. Enquanto houver diferença de potencial, haverá corrente elétrica. Quando a quantidade de elétrons de um polo positivo se igualar à do polo negativo, a bateria estará descarregada, já que nesse caso não haverá corrente elétrica.

Figura 2. Esquema do circuito elétrico simples.

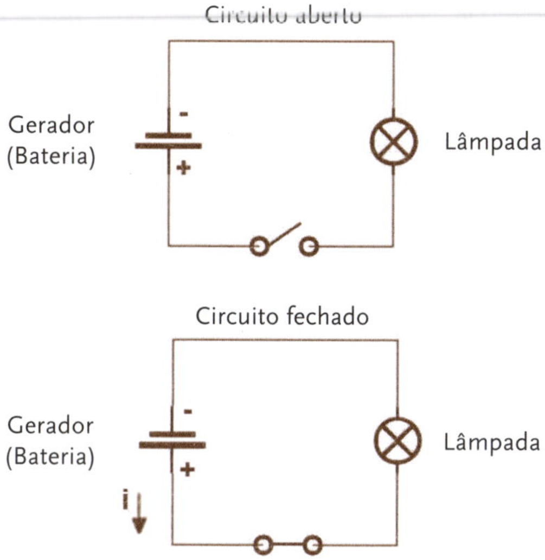

Resistência elétrica

A resistência elétrica é definida pela capacidade que um corpo tem de se opor à passagem de corrente elétrica, mesmo na existência de diferença de potencial aplicada. Sua intensidade pode ser calculada pelas leis de Ohm (ver página 37).

A unidade da resistência elétrica é o ohm (Ω), e sua grandeza, representada pela letra R. É através do cálculo da resistência elétrica que conseguimos determinar se um material é condutor ou isolante. Quanto menor a resistência elétrica, mais condutor é o material em relação à corrente elétrica; quanto maior a resistência do material, mais isolante ele é.

Materiais isolantes não permitem que as cargas se movam com facilidade por um sistema elétrico. Nesse caso, é possível transformar energia elétrica em energia térmica, limitando a passagem de corrente elétrica dentro de um circuito. Os dispositivos conhecidos como resistores oferecem essa resistência à corrente elétrica, chamada de impedância.

Potência elétrica

Potência elétrica também é considerada uma grandeza física e mede a quantidade de trabalho realizado em um intervalo de tempo, ou seja, é a medida da quantidade de energia elétrica fornecida ou consumida por um circuito elétrico. Ela pode ser calculada por meio de grandezas como corrente, tensão e resistência elétrica, e sua unidade de medida é o watt (W).

Por esse motivo, quanto mais energia for transformada em um menor intervalo de tempo, maior será a potência do aparelho em questão. Nota-se que um aparelho pode esquentar durante seu funcionamento, e isso ocorre porque a energia elétrica pode se transformar em energia térmica. Um exemplo são os chuveiros. Esse aquecimento, também conhecido como efeito Joule, é resultado das colisões entre os elétrons no sistema. A energia dissipada é a energia drenada nesse aquecimento.

Quadro 1. Resumo das grandezas elétricas e seus símbolos.

Grandeza elétrica	Letra que a representa	Unidade de medida	Símbolo da unidade de medida
Tensão elétrica Diferença de potencial elétrico (ddp) entre dois pontos em um circuito.	U (ddp)	Volt	V
Corrente elétrica Fluxo ordenado de partículas portadoras de carga elétrica dentro de um condutor.	I (intensidade)	Ampère	A
Resistência elétrica Capacidade de um corpo de se opor à passagem de corrente elétrica, mesmo na existência de ddp aplicada.	R	Ohm	Ω
Potência elétrica Quantidade de energia elétrica fornecida ou consumida por um circuito elétrico. Pode ser calculada por meio de grandezas como corrente, tensão e resistência.	P	Watt	W

Leis aplicadas na eletricidade

As leis que vamos apresentar nesta seção – as leis de Ohm e a lei de Joule – são consideradas fundamentais para o entendimento da eletricidade e da eletrônica analógica, pois determinam como a corrente elétrica se relaciona com os condutores. Também abordaremos a lei de Coulomb.

Leis de Ohm

As leis de Ohm, assim nomeadas em homenagem ao físico alemão Georg Simon Ohm e postuladas em 1827, permitem que calculemos importantes grandezas físicas, como a tensão, a corrente e a resistência dos mais diversos elementos presentes em um circuito elétrico.

Primeira lei de Ohm

A primeira lei de Ohm determina que, em condutores ôhmicos (resistência constante) mantidos a temperaturas constantes, a intensidade (i) de corrente elétrica será proporcional à diferença de potencial (ddp) aplicada entre suas extremidades, pelas fórmulas:

U = R . I

ou

R = U / I

ou

I = U / R

Onde:

R: Resistência, medida em ohm (Ω).

U: Diferença de potencial elétrico (ddp), medida em volts (V).

I: Intensidade da corrente elétrica, medida em ampère (A).

Figura 3. Circuito e a primeira lei de Ohm. **Exemplo de aplicação:** Precisamos calcular a corrente elétrica resultante da ligação entre uma bateria de 9 V e um circuito elétrico com resistência de 2,4 Ω. Se a R = U / I ou I = U / R, teremos I = 9 / 2,4 = 3,75. Ou seja, a corrente elétrica resultante será de 3,75 A.

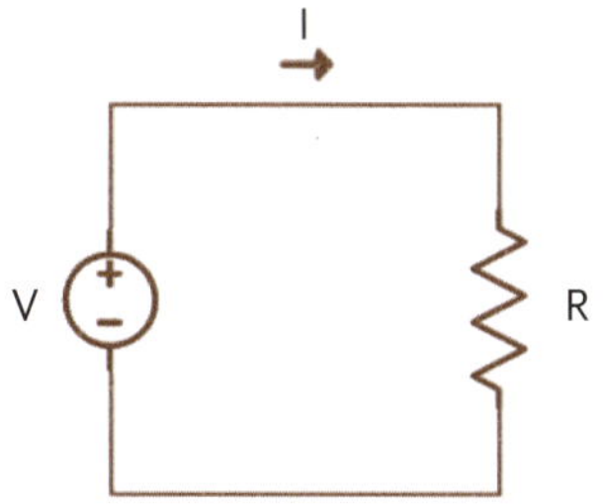

Segunda lei de Ohm

A segunda lei de Ohm estabelece que a resistência elétrica (R) é uma propriedade do corpo que é percorrido por uma corrente elétrica e depende de fatores geométricos, como o comprimento ou a área transversal do corpo. Depende também de uma grandeza conhecida como resistividade. A segunda lei de Ohm é dada pela fórmula:

$$R = \rho \cdot L / A$$

Onde:

R: Resistência, medida em ohm (Ω).

ρ: Resistividade do condutor, medida em ohm vezes metro (Ω m).

L: Comprimento, medido em metro (m).

A: Área de secção transversal, medida em milímetro quadrado (mm^2).

Lei de Joule

O efeito Joule ou efeito térmico é definido pela lei de Joule, nome dado em homenagem ao seu elaborador, o físico britânico James Prescott Joule, que estudou o fenômeno em 1840. Expressa a relação entre o calor gerado e a corrente elétrica que percorre um condutor em determinado tempo. Um resistor é um dispositivo que transforma a energia elétrica integralmente em energia térmica (calor). Ela pode ser calculada pela fórmula:

$$P = U \cdot I$$

Onde:

U: Diferença de potencial (ddp).

I: Intensidade de corrente elétrica, medida em ampère (A).

P: Potência dissipada, medida em watts (W).

Pela lei de Ohm, U = R . I, onde R é a resistência elétrica do resistor. Fazendo as substituições na equação, temos:

$$P = (R \cdot I) \cdot I$$

Então:

$$P = R \cdot I^2$$

ou

$$P = U^2 / R$$

Exemplo de aplicação: Precisamos calcular a resistência à corrente elétrica de um computador que possui uma fonte de 550 W de potência real e está conectado a uma tomada de 120 V.

Se I = P / U, então I = 550 / 120, daí I = 4,58 A.

Assim, se R = U / I, então R = 550 / 4,58, daí R = 120,08. Ou seja, **a resistência do computador é de 120,08 Ω**.

Lei de Coulomb

A lei de Coulomb, formulada e publicada pela primeira vez em 1783 pelo físico francês Charles Augustin de Coulomb, é uma lei experimental da física que descreve a interação eletrostática entre partículas eletricamente carregadas. Ele desenvolveu uma balança de torção, similar à balança usada por Henry Cavendish para a determinação da constante da gravitação universal, que conseguia calcular a força elétrica produzida pela carga de dois corpos puntiformes, pela fórmula:

$$F = k \cdot |Q1| \cdot |Q2| / d^2$$

Onde:

F: Intensidade da força elétrica, expressa em newton (N).

k: Constante dielétrica do vácuo, que equivale a $9 \cdot 10^9$ N . m^2 / C^2.

Q1 e Q2: Valores de cargas elétricas de cada corpo, medidos em coulomb (C).

d: Distância entre as partículas, medida em metro (m).

Exemplo de aplicação: Precisamos calcular a intensidade da força elétrica, dadas duas partículas de cargas elétricas $Q1 = 4{,}0 \cdot 10^{-16}$ C e $Q2 = 6{,}0 \cdot 10^{-16}$ C, que estão separadas no vácuo por uma distância de $2{,}0 \cdot 10^{-9}$ m. A constante dielétrica é $k = 9 \cdot 10^9$ N . m^2 / C^2.

$$F = 9{,}0 \cdot 10^9 \cdot 4{,}0 \cdot 10^{-16} \cdot 6{,}0 \cdot 10^{-16} / (2{,}0 \cdot 10^{-9})^2$$

$$F = 216{,}0 \cdot 10^{-23} / 4{,}0 \cdot 10^{-18}$$

$$F = 54 \cdot 10^{-5}$$

$$F = 5{,}4 \cdot 10^{-4} \text{ N}$$

A força elétrica possui em pares a ação e a reação, dependendo da interação que é realizada. Ou seja, quando as cargas elétricas são opostas, elas se atraem; quando as cargas elétricas são iguais, elas se repelem.

Fundamentos de transmissão de dados

Em redes de comunicação de dados, o termo "transmissão" significa a emissão de sinais através de um meio de rede. Ele se refere tanto ao processo de transmissão como ao progresso de sinalização. No passado, os seres humanos transmitiam informações diversas por meios como sinais de fumaça, código Morse, telégrafo. Atualmente, as técnicas de transmissão usadas na comunicação são complexas e variadas.

Sinal analógico e sinal digital

Uma das características mais importantes na transmissão dos dados é o tipo de sinalização envolvido. Em uma rede de dados, a informação pode ser transmitida por meio de um dos dois métodos de sinalização existentes: a sinalização analógica e a sinalização digital. Ambas consistem em tipos de sinal gerados por corrente elétrica, e a força de um sinal elétrico é diretamente proporcional à sua tensão. Assim, quando os especialistas em tecnologia de rede falam sobre a força de um sinal analógico ou de um digital, muitas vezes estão se referindo à voltagem do sinal transmitido em uma comunicação. A diferença essencial entre o sinal analógico e o digital é a maneira como a tensão cria cada um deles. No analógico, a tensão varia continuamente e aparece como uma linha ondulada. Sirenes de viaturas dos bombeiros e ouvir uma música ao vivo constituem exemplos de ondas analógicas.

Figura 4. Sinal analógico, em que a tensão varia continuamente.

Um sinal analógico, como outras formas de onda, caracteriza-se por quatro propriedades fundamentais: amplitude, frequência, fase e comprimento de onda.

A amplitude de uma onda é uma medida da sua resistência em qualquer ponto dado no tempo. Em um gráfico de onda, por exemplo, a amplitude consiste na altura da onda em qualquer ponto no tempo.

Considerando a indicação de amplitude em uma onda analógica, a frequência é o número de vezes em que se completam os ciclos de amplitude de uma onda, desde o ponto de partida, passando por sua maior amplitude e sua menor amplitude, até a volta para o ponto de partida, ao longo de um tempo fixo. A frequência é expressa em ciclos por segundo, ou hertz (Hz), nome dado em homenagem ao físico alemão Heinrich Hertz.

Figura 5. Sinal analógico detalhado.

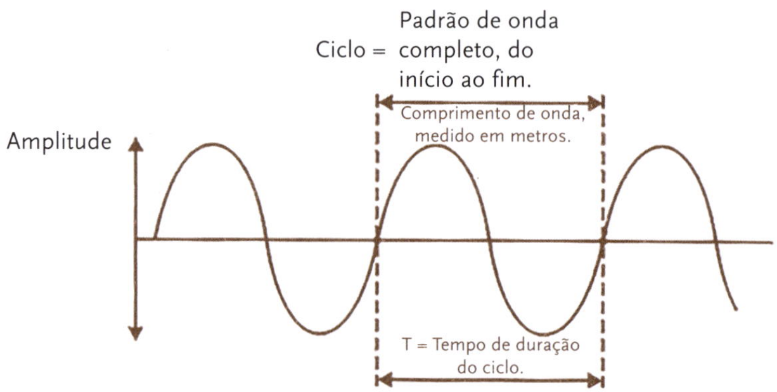

A transmissão analógica é mais suscetível a falhas de transmissão (por exemplo, o ruído), e sua tensão é variada e imprecisa. Qualquer tipo de interferência eletromagnética externa pode degradar o sinal a ser transmitido.

Diferentemente dos analógicos, os sinais digitais são compostos de impulsos precisos de voltagens positivas e de ausência de voltagem (zero voltagem). Um pulso de voltagem positiva (presença de voltagem ou ligado) é representado pelo valor 1, e o pulso de voltagem zero (ausência de voltagem ou desligado) é representado pelo valor 0. O uso desses sinais para representar uma informação é chamado de sistema binário, e cada pulso no sinal digital é chamado de um dígito binário, ou bit. Por esse motivo, um bit pode ter apenas um de dois valores possíveis: 1 ou 0. A quantidade de 8 bits agregados representa 1 byte, e este geralmente representa uma letra ou caractere especial a ser transmitido em uma rede de comunicações digitais. Por exemplo: o byte de 01111001 transmitido em uma rede digital significa o valor 121 em representação decimal, que é uma representação mais simples para nós, seres humanos.

Figura 6. Sinal digital, formado pelo sistema binário.

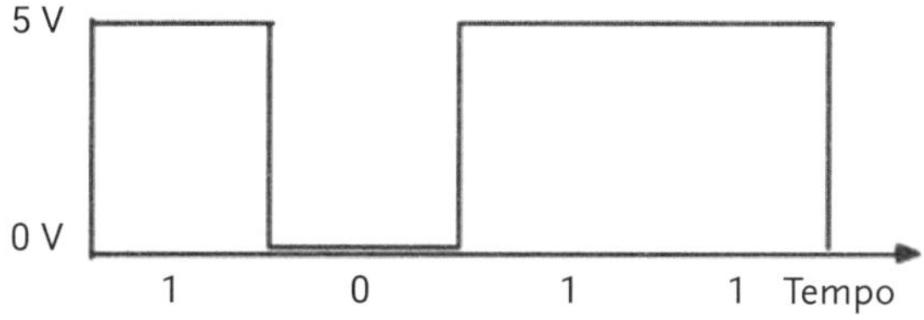

Computadores podem ler e gravar informações, como instruções de programas, informações de roteamento e endereços em rede, utilizando os bits e bytes. Quando um número está representado na forma binária (por exemplo, "01111001"), cada posição de bit (ou marcador de posição) no número representa um múltiplo específico de 2. Como vimos, 1 byte contém 8 bits, que tem oito marcadores de posição. Ao contar espaços reservados em 1 byte, você se move da direita para a esquerda. O mais distante espaço reservado para a direita é conhecido como a posição zero (bit de menor significância) e assim por diante: o bit na posição mais afastada para a esquerda está na sétima posição (bit de maior significância), completando assim um conjunto dos 8 bits, ou 1 byte.

Em um sinal de dados, vários bytes são combinados para formar uma mensagem e podem ser transmitidos e processados por um computador. Um determinado sistema de computação pode rapidamente traduzir esses números binários em códigos, usando representações de tabela - por exemplo, o ASCII e o EBCDIC, que expressam letras e números para representação de texto, ou o formato JPEG, que representa imagens. Ou seja, tudo o que transmitimos em uma rede digital é representado por sinais binários: uma mensagem por e-mail, um simples áudio, uma imagem.

É importante entender que ambos os mundos, o analógico e o digital, possuem uma variedade de técnicas de sinalização. Em cada técnica, normas ditam os tipos de transmissor, canal de comunicação e receptor que devem ser utilizados. Por exemplo, o tipo de transmissor ou de placa de rede a ser utilizado para computadores dentro de uma LAN (rede local) e a maneira como esse transmissor pode manipular a corrente elétrica para produzir sinais são diferentes das técnicas de sinalização utilizadas com um link de satélite ou um link de conexão óptica para transmissões remotas.

Modulação de dados

Os dados dependem quase exclusivamente da transmissão digital, mas em alguns ambientes e/ou locais os meios utilizados podem ser de transmissão analógica. Um exemplo são as redes públicas telefônicas ainda amplamente utilizadas no Brasil. Nesse caso, se você discar para a rede - por exemplo, a internet, utilizando um provedor de acesso à internet com o intuito de acessá-la –, os sinais de dados emitidos por seu computador deverão ser convertidos em forma analógica antes de chegar à linha de telefone. Mais tarde, eles serão convertidos de volta para a forma digital quando chegarem ao servidor de acesso do ISP. Um dispositivo de rede conhecido como modem (modulador/demodulador de sinal) realizará essa tradução.

A modulação de dados consiste em uma tecnologia utilizada para modificar os sinais analógicos, a fim de torná-los adequados para o transporte de dados ao longo de um caminho de comunicação. Na modulação, uma onda simples, chamada de onda portadora, é combinada a um outro sinal analógico para produzir um sinal único, que é transmitido a partir de um nó para outro. A onda portadora tem propriedades predefinidas (incluindo a frequência, a amplitude e a fase). Sua finalidade é ajudar a transmitir informações; em outras palavras, é apenas uma mensageira. Outro sinal, conhecido como onda de informação ou dados, é adicionado à onda portadora. Quando a onda de informação é adicionada, ele modifica uma propriedade da onda portadora (por exemplo, a frequência, a amplitude ou a fase). O resultado é um sinal novo, misturado, que contém propriedades da onda portadora com a adição dos dados.

Três tipos básicos de modulação são possíveis em transmissão de dados:

- modulação por amplitude (AM, do inglês Amplitude Modulation);
- modulação por frequência (FM, de Frequency Modulation);
- modulação por fase (PM, de Phase Modulation).

É claro que, para compreender esses conceitos de uma forma mais aprofundada, deveríamos estudar eletricidade e eletrônica, o que não é exatamente o principal objetivo do nosso livro. Nosso intuito aqui é apresentar, de uma forma sucinta, alguns termos, sintaxes e conhecimentos fundamentais que nos auxiliarão no capítulo referente a cabeamento estruturado, que irá tratar dos tipos de meios físicos de comunicação.

Digitalização

A digitalização é essencialmente o contrário da modulação. Considerando que a modulação de um sinal digital ocorre ao longo de um sinal analógico para a transmissão, em digitalização um sinal analógico é convertido em formato digital por meio de um processo de amostragem. Por exemplo, o sinal analógico resultante da fala humana pode ser amostrado e convertido em dados digitais, transmitido por linhas digitais e convertido de volta para o sinal analógico na outra extremidade. Essas duas funções são executadas por um dispositivo denominado codec (codificador/decodificador).

Sincronização

Quando dois dispositivos estão prestes a se comunicar, o transmissor deve, de alguma forma, notificar o receptor quanto ao momento de esperar para receber os dados. Isso permite que o receptor se prepare para receber os dados antecipadamente. Além disso, essas notificações devem ocorrer com frequência suficiente para que ambos os dispositivos mantenham um acordo sobre a distribuição exata dos dados ao longo do tempo. Esse processo é chamado de sincronização. Existem dois métodos básicos de sincronização: transmissão síncrona e transmissão assíncrona.

Direção da transmissão de dados

A transmissão de dados, tanto a analógica como a digital, pode também ser caracterizada pela direção na qual os sinais viajam ao longo dos meios físicos de comunicação. A diferença entre elas está na maneira como a informação é transmitida até alcançar o seu destino. Esses modos podem ser classificados como simplex, half-duplex e full-duplex. Para que possamos realizar a transmissão de dados é importante termos um transmissor (originador dos dados) e um receptor (destinatário dos dados).

Simplex

Nos casos em que os sinais podem viajar em uma única direção (unidirecional), a transmissão é considerada simplex. Um bom exemplo de comunicação simplex é a utilização de um scanner de supermercado ao ler o código de barras de determinado produto. A transmissão simplex é, às vezes, chamada também de comunicação de sentido único.

Figura 7. Comunicação simplex, em que os sinais viajam em uma só direção.

Half-duplex

Na transmissão half-duplex, os sinais podem viajar em ambas as direções pelo meio físico de rede, mas apenas em um sentido de cada vez. Ou seja, se um transmissor enviar um dado no canal, o receptor deverá aguardar o canal ficar livre para responder, caso contrário ocorrerá uma colisão de dados no meio (ou canal de transmissão). A transmissão half-duplex também é conhecida como sistema semi-duplex. Um bom exemplo ocorre quando falamos ao telefone: nesse tipo de comunicação, apenas um pode falar por vez, pois se ambos falarem a informação poderá não ser claramente entendida.

Figura 8. Comunicação half-duplex, em que os sinais viajam nas duas direções, porém em um sentido de cada vez.

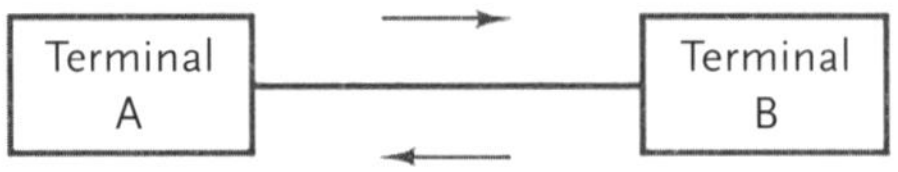

Full-duplex

Nessa forma de transmissão, os sinais estão livres para viajar em ambas as direções através de um meio físico, de forma simultânea e livre de colisões. A full-duplex é também conhecida como transmissão bidirecional. Seria como se duas pessoas pudessem interagir ao mesmo tempo em uma ligação telefônica e, mesmo assim, ambas conseguissem entender claramente as informações, livres de colisões. Os comutadores de rede (switches) são dispositivos que permitem tal forma de comunicação em suas interfaces de rede.

Figura 9. Comunicação full-duplex, em que os sinais viajam livremente e de forma simultânea.

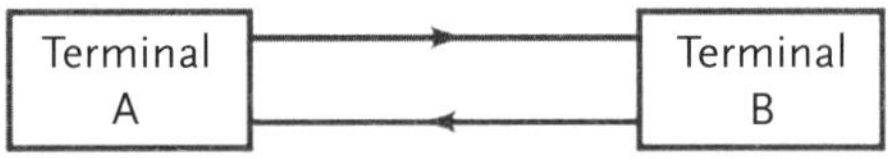

Largura de banda e vazão de dados

A característica de transmissão de dados mais frequentemente discutida e analisada por profissionais de rede é o rendimento. A vazão de dados (throughput) é a medida que define a quantidade de dados transmitida durante determinado tempo em um meio físico de comunicação. Ela também pode ser chamada de capacidade ou largura de banda (embora largura de banda seja tecnicamente diferente de rendimento, pois se refere à capacidade total que um meio pode suportar, enquanto o rendimento é uma medida mais real).

O rendimento é habitualmente expresso como uma quantidade de bits transmitida por segundo (velocidade com que os bits trafegam), com prefixos utilizados para designar diferentes quantidades de rendimento. Por exemplo, o prefixo "quilo" combinado com a palavra "bit" (como em "quilobits") indica 1.000 bits por segundo. Em vez de falar de uma taxa de transferência de 1.000 bits por segundo, normalmente falamos que o rendimento foi de 1 kilobit por segundo ou 1 Kbps.

No quadro a seguir podemos verificar as terminologias, abreviaturas e diferentes quantidades de rendimento ou vazão com que os dados são transmitidos.

Quadro 2. Valores da unidade de bit.

Unidade	Valor binário	Valor em bytes
Bit	0 ou 1	Não tem
Kilobyte	2^{10}	1.024
Megabyte	2^{20}	1.048.576
Gigabyte	2^{30}	1.073.741.824
Terabyte	2^{40}	1.099.511.627.776
Petabyte	2^{50}	1.125.899.906.843.624
Exabyte	2^{60}	1.152.921.504.606.846.976
Zetabyte	2^{70}	1.180.591.620.717.411.303.424
Yotobyte	2^{80}	1.208.925.819.614.629.174.706.176

Como dito anteriormente, muitas vezes a expressão "largura de banda" é utilizada de forma imprecisa como sinônimo de rendimento. Na verdade, largura de banda e throughput são conceitos bastante semelhantes, porém a largura de banda consiste em uma medida da diferença entre as frequências mais altas e as mais baixas que um meio pode transmitir. Essa gama de frequências, que é expressa em Hz, está diretamente relacionada com a vazão, que é uma medida real. Então, para nós, profissionais de rede, é mais comum falar de vazão de dados (throughput), pois o mais importante para nós é identificar quantos bits por segundo estão passando por aquele meio de comunicação.

Exercícios propostos

1. Como você explicaria, com suas palavras, a estrutura de um átomo?
2. O que é eletricidade?
3. Qual é a diferença entre tensão elétrica e corrente elétrica? Cite exemplo do dia a dia.
4. O que é resistência elétrica?
5. Identifique ao menos dois tipos de isolante elétrico.
6. Qual é a diferença entre a lei de Ohm e a lei de Joule?
7. Com qual finalidade é utilizada a lei de Coulomb?
8. Qual é a diferença entre sinal analógico e sinal digital?
9. Qual é a diferença entre transmissões simplex, half-duplex e full-duplex?
10. Qual é a diferença entre largura de banda e taxa de transferência?

Anotações

Anotações

3
Estrutura de cabeamento de rede

OBJETIVOS

» Aprender sobre infraestrutura de rede e cabeamento estruturado

» Obter visão geral sobre padronização e normas técnicas

» Conhecer e planejar um ambiente de conexão

» Aprender sobre tipos de meios físicos e ferramentas

Infraestrutura de rede

Muitos profissionais de tecnologia da informação e comunicação acabam tendo problemas de quedas repentinas em conexões de rede. Pesquisas mais recentes indicam que a maioria desses problemas está relacionada à camada física da rede, por não ser projetada e montada segundo padrões e critérios de qualidade. Além disso, as conexões de rede são um tema mais próximo do dia a dia dos usuários, que muitas vezes não estão treinados para acessar os sistemas de computação de forma correta. Quando uma rede de comunicação é bem projetada, instalada e configurada e seus usuários são bem treinados para acessar os sistemas e manter procedimentos seguros para esses acessos, é muito difícil termos problemas nessa infraestrutura de TIC.

Dependendo do tamanho dessas redes e da quantidade de usuários conectados, sua infraestrutura pode ser simples ou complexa. Por exemplo, imagine que o administrador de rede tenha que montar uma infraestrutura para a conexão de cinco computadores, uma impressora e um link de internet. Com certeza, será um projeto muito mais simples e de menor custo se comparado com uma infraestrutura de milhares de máquinas conectadas.

Em uma instalação simples e pequena, é normal que o cliente não tenha uma verba tão grande para a aquisição de equipamentos de TIC. Nesse caso, geralmente se opta por uma infraestrutura linear, a qual possui poucos dispositivos de interconexão, como os antigos hubs e atuais switches, que não necessitam de tantas interfaces. Ou seja, se você pretende ligar apenas seis dispositivos em sua rede local, um comutador de rede com oito portas se torna suficiente. Além disso, não se costuma fazer uma identificação tão elaborada e padronizada em redes desse tamanho, pois os problemas geralmente são identificados visualmente pelo administrador.

No entanto, caso essa infraestrutura tenha uma grande quantidade de dispositivos de rede conectados (hosts) e seu crescimento seja escalável (aumenta com rapidez), a administração se torna muito complicada. Nesse cenário, os profissionais de rede optam por seguir padrões de montagem e gerenciamento, com o intuito de organizar melhor suas instalações e identificar possíveis erros com mais facilidade. Daí a importância de seguirmos padrões de estrutura de cabeamento, o que é conhecido como cabeamento estruturado.

Cabeamento estruturado

Como dito anteriormente, em instalações de sistemas de cabeamento estruturado seguimos padrões e normatizações que podem eliminar grande parte do tempo de inatividade de uma rede. Outro fator muito importante a ser levado em conta é que os componentes físicos de um cabeamento estruturado representam menos de 10% do investimento total aplicado em um projeto de rede. E, mesmo representando esse baixo percentual, seu tempo de sobrevida é superior ao de outras tecnologias utilizadas em um ambiente de rede, como computadores, impressoras, roteadores e comutadores, entre outras.

O cabeamento estruturado é o único que precisa ser instalado para lidar com as necessidades de telefonia e comunicação de dados agora e no futuro. É um sistema que fornece uma abordagem muito "estruturada" para o sistema de uma rede de mídia mista, ou seja, o cabeamento suporta todo o tráfego de informações transmitidas, como voz, dados, vídeo. Poderia ser descrito como um conjunto de sistemas que compreende produtos de transmissão e segue regras de projeto de engenharia, a fim de permitir que usuários possam aplicar voz, dados e imagens em uma única infraestrutura, maximizando as taxas de dados transmitidos.

Ele divide toda a infraestrutura de rede em blocos gerenciáveis e, em seguida, tenta integrar esses blocos para produzir as redes de alto desempenho aos clientes das redes. Isso significa proteção e retorno do investimento, além de melhoria nas condições de gestão. Todos os cabos provenientes dos diferentes locais de trabalho são terminados e rotulados em uma conexão passiva e centralizada na sala de telecomunicações, o que facilita sua identificação e um rápido gerenciamento, fatores de grande importância aos profissionais que dão suporte aos recursos de rede.

Figura 1. Cabeamento estruturado.

O cabeamento estruturado apresenta diversas vantagens, como as apresentadas a seguir.

- **Consistência:** Ter um sistema de cabeamento estruturado significa que possui o mesmo sistema de cabeamento para dados, voz e vídeo.
- **Suporte para equipamentos multivendor:** Um sistema de cabo baseado em padrões pode suportar aplicações e hardware, mesmo com uma mistura de dispositivos de outros fornecedores.
- **Simplificação de movimentos/adições/alterações:** Sistemas de cabeamento estruturado conseguem suportar quaisquer alterações nos sistemas.

- **Simplificação de solução de problemas:** Esses sistemas reduzem a possibilidade de problemas, minimizam quedas de rede e facilitam isolar um problema e corrigi-lo.
- **Suporte para aplicações futuras:** Tais sistemas também suportam futuras aplicações, como multimídia, videoconferência e outras, com pouca ou nenhuma complicação.

Vale ressaltar a importância do isolamento de falhas que o sistema de cabeamento estruturado permite. Ao dividir toda a infraestrutura em blocos gerenciáveis simples, é mais fácil testar e isolar os pontos específicos de falhas e corrigi-los com o mínimo de perturbação para a rede. Uma abordagem estruturada em cabeamento ajuda também a reduzir os custos de manutenção e aumentar a escalabilidade das redes que tendem a mudar com frequência.

Padronização e normas técnicas

No início da criação das redes de computadores, os sistemas operacionais e os sistemas físicos de interconexão eram proprietários. Se naquela época você tivesse de desenvolver um projeto de infraestrutura de rede, deveria montá-lo baseando-se em um fabricante apenas, que fornecia praticamente todo o ambiente necessário para a sua infraestrutura de TIC. Isso parecia ser muito bom, porém, caso algum componente da rede apresentasse algum problema, a única alternativa era adquirir desse mesmo fabricante e pelo valor que ele desejasse, pois não havia concorrência.

Com a evolução da tecnologia e, consequentemente, das redes, muitos outros dispositivos de fabricantes diferentes necessitaram ser conectados entre si, o que se tornava praticamente impossível com as redes proprietárias. Nesse contexto, veio a necessidade das definições de normas e padrões, em relação tanto aos componentes físicos de interconexão como aos componentes lógicos (sistemas operacionais e protocolos de comunicação), que permitissem que dispositivos de diversos fabricantes se comunicassem em uma única infraestrutura.

Normas de padronização

A padronização é a base das plataformas de redes de telecomunicações. Elas estabelecem diretrizes e recomendam as melhores práticas para cada aspecto de sistemas de telecomunicações, design de rede e instalação e verificação do meio, para um bom desempenho. Normas estabelecem critérios técnicos para assegurar a uniformidade e a compatibilidade dentro das redes e entre elas, possibilitando a conexão de dispositivos de múltiplos fornecedores.

Em estrutura de cabeamento, as normas definem os tipos de meios a serem utilizados, suas distâncias, as formas de conexão, os parâmetros de desempenho, os requisitos de ensaio e muitas outras características. Ao fornecer as melhores práticas, podem reduzir as despesas de inatividade e de instalação.

Histórico de padrões de cabeamento

Até 1985 não existiam normas de cabeamento estruturado. As empresas de telefonia da época utilizavam sistemas proprietários de um único fornecedor. Nesse contexto, a CCIA (Associação da Indústria Informática e de Comunicações) e a EIA (Aliança das Indústrias de Eletrônica), dos Estados Unidos, acabaram se aproximando para a discussão sobre o desenvolvimento de padrões de cabeamento, e essas discussões se centralizaram na criação de padrões para voz e dados voltados a ambientes comerciais e sistemas de cabeamento residenciais. Em 1991, a TIA (Associação da Indústria de Telecomunicações), resultante da fusão, em 1988, dos Fornecedores de Telecomunicações dos Estados Unidos e do Grupo de Informação e Tecnologias de Telecomunicações, publicou o padrão para seu Edifício Comercial de Telecomunicações, conhecido como ANSI/TIA/EIA 568. Ele foi o primeiro padrão usado para definir um sistema de telecomunicações genérico e que iria apoiar um ambiente multivendor e multiproduto, permitindo que sistemas de cabeamento fossem instalados sem planos definidos para equipamentos instalados posteriormente. De tempos em tempos, os comitês de padronização revisam as normas.

Organizações de padronização

Atualmente, há um número muito grande de organizações que desenvolvem normas relacionadas a cabeamento e sistemas de comunicações. Podemos citar aqui as mais conhecidas, que incluem as já citadas EIA, ANSI e TIA.

- **ABNT (Associação Brasileira de Normas Técnicas):** É a organização de padronização técnica no Brasil. Muitas normas ABNT são baseadas em normas americanas e europeias.
- **ANSI (American National Standards Institute):** Grupo que coordena e adota normas nacionais nos Estados Unidos. Seria o equivalente à nossa ABNT.
- **EIA (Electronics Industries Alliance):** Organização privada para as indústrias de produtos eletrônicos nos Estados Unidos. A EIA é credenciada pela ANSI para desenvolver padrões e especificações técnicas de componentes eletrônicos.
- **TIA (Telecommunications Industry Association):** Mais conhecida por desenvolver, com a EIA, padrões de cabeamento. TIA é a principal associação comercial para obter informações de comunicações e da indústria de tecnologia de entretenimento, com foco em telecomunicações.
- **ISO (International Organization for Standardization):** Grupo que é o maior desenvolvedor mundial de normas e inclui grupos de padrões de países-membros em todo o mundo.
- **IEC (International Electrotechnical Commission):** Organização internacional de normalização que prepara e publica padrões internacionais para todas as tecnologias elétricas, eletrônicas e afins.
- **IEEE (Institute of Electrical and Electronics Engineers):** Organização internacional líder em desenvolvimento de padrões em uma ampla gama de disciplinas, incluindo energia elétrica, TI, segurança da informação e telecomunicações.

Principais normas em cabeamento estruturado

O avanço da tecnologia é rotina no mundo corporativo. Em função disso, as constantes mudanças e atualizações tornam-se fundamentais para o desenvolvimento de diversas atividades, com foco na evolução tecnológica, no aumento de competitividade, na redução de custos e na diminuição de erros. Isso não é diferente no cabeamento estruturado.

A norma ANSI/TIA/EIA-568 é com certeza a mais importante nesse aspecto e foi dividida em cinco partes. Ela tem passado por alterações, como muitas outras, com a finalidade de acompanhar as tendências de mercado e as novas tecnologias. Para apresentar essas atualizações, é inserida uma letra no final de cada revisão. A letra A representa a primeira revisão; a letra B, a segunda revisão, e a letra C representa a terceira revisão.

A partir da quarta revisão, representada pela letra D, a ordem desses indicadores foi alterada de posição, tornando o nome mais coerente com as demais normas. Ou seja, os indicadores de parte e revisão se inverteram, de modo que a 4ª revisão da 3ª parte passou a se chamar ANSI/TIA/EIA-568.3-D.

Quadro 1. Normas e padrões técnicos e suas competências.

Norma/padrão	Conteúdo	Temas que descreve
ANSI/TIA/ EIA-568.0-D Cabeamento genérico de telecomunicações nas instalações do cliente.	Padrão que fornece estrutura, topologias e distâncias, instalação, desempenho e requisitos de teste para cabeamento de telecomunicações genérico. Esse padrão constitui a base para o projeto de infraestrutura de cabeamento de telecomunicações nas instalações e pode ser usado para atender às necessidades de cabeamento de um padrão específico.	Estrutura do sistema de cabeamento de telecomunicações. Compatibilidade de ambiente. Requisitos de instalação de cabeamento. Desempenho de transmissão de cabeamento e requisitos de teste. Anexos abordando cabeamento de fibra óptica centralizado, cabeamento multilocatário, informações de suporte de aplicativos, classificações ambientais e diretrizes compartilhadas de invólucros e caminhos compartilhados.

Norma/padrão	Conteúdo	Temas que descreve
ANSI/TIA/ EIA-568.1-D Cabeamento padrão de telecomunicações para edifícios comerciais.	Norma com requisitos que facilitam o planejamento e a instalação de um sistema de cabeamento estruturado em um ambiente de edifício comercial. A estrutura para cabeamento de prédios comerciais é baseada na estrutura do sistema de cabeamento genérico especificada em TIA-568.0-D. Os critérios técnicos e de desempenho para sistemas de cabeamento de par trançado balanceado são especificados em TIA-568-C.2. Os critérios técnicos e de desempenho para sistemas de cabeamento de fibra óptica são especificados em TIA-568.3-D.	Infraestrutura de cabeamento de telecomunicações. Topologias físicas de rede. Instalações de entrada. Salas de equipamentos. Salas e gabinetes de telecomunicações. Cabeamento de backbone. Cabeamento horizontal. Área de trabalho. Espaços para edifícios multilocatários. Referências de requisitos de instalação de cabeamento. Referências de requisitos de desempenho de transmissão. Pontos de consolidação.
ANSI/TIA/ EIA-568.2-D Componentes padrão de telecomunicações e cabeamento de par trançado balanceado.	Padrão de nível de componente que incorpora adendos da norma anterior e é orientado para os fabricantes de sistemas de cabos de par trançado e componentes. Especifica o desempenho do canal e os procedimentos de teste para os sistemas CAT3, CAT5e, CAT6, CAT6a e CAT8 e componentes de par trançado balanceado em cobre. Também apresenta limites de atenuação e informações sobre configurações de modelagem dos meios, definindo métodos de teste especificado para todas as categorias de hardware de conexão.	Requisitos mecânicos e de transmissão para canais, links permanentes, cabos e conectores. Confiabilidade do conector. Requisitos das medições. Procedimentos de teste de cabeamento e componentes. Método de ensaio de impedância e limites de perda NEXT. Dispositivos de teste para conector e outros.

Norma/padrão	Conteúdo	Temas que descreve
ANSI/TIA/ EIA-568.3-D Componentes padrão de cabeamento de fibras ópticas.	Padrão que especifica os requisitos de desempenho e transmissão para cabos de fibra óptica, conectores, hardware de conexão e patch cords. Também aborda os métodos de transição usados para manter a polaridade da fibra óptica e garantir a conectividade entre transmissores e receptores usando conectividade simplex, duplex e array.	Tipos de cabo de fibra óptica. Especificação de comprimento de onda. Atenuação e largura de banda. Hardware e adaptadores de conexão. Cordões de fibra e formas de transição. Especificação de desempenho.
ANSI/TIA/ EIA-568.4-D Componentes padrão de cabeamento coaxial broadband.	Padrão que especifica os requisitos e recomendações para cabeamento coaxial de 75 Ω de banda larga, cabos, condutores e hardware de conexão utilizados para suportar televisão por antena comunitária, televisão por satélite e outras aplicações de banda larga. Também estão incluídos requisitos de transmissão, requisitos mecânicos e requisitos relacionados à EMC (compatibilidade eletromagnética) para cabeamento, cabos e conectores, instalação de cabeamento, procedimentos de terminação de conector e procedimentos de teste de campo.	Topologia de conexão coaxial broadband. Subsistemas de cabeamento 1, 2 e 3. Desempenho do link série 6 e série 11. Hardware e cabo de conexão coaxial. Requerimentos de instalação. Requisitos de teste de campo. Anexos que tratam de informações básicas para requisitos de cabeamento coaxial e barramento multiponto.

Norma/padrão	Conteúdo	Temas que descreve
ANSI/TIA/ EIA-569-C Caminhos e espaços de telecomunicações.	Norma que define os caminhos, espaços e ambientes para a acomodação dos meios físicos de comunicação em edifícios comerciais. Essa versão mais recente inclui requisitos de climatização, práticas recomendadas de temperatura e umidade relativa do ar, diretrizes de alimentação em ambientes e requisitos de iluminação.	Compatibilidade ambiental. Instalações de telecomunicações. Espaços de construção. Provedor de acesso e espaços do provedor de acesso.
ANSI/TIA/ EIA-606-B Padrão de administração para infraestrutura de telecomunicações.	Administração de uma planta de cabeamento, o que se torna cada vez mais importante em um edifício que poderá ter muitos usuários e aplicações de redes ao longo da sua vida útil.	Esse padrão especifica quatro classes de administração com base na complexidade da planta de cabeamento a ser administrada. Também traz um adendo para instalações em data center e informações técnicas adicionais.

Principais normas técnicas brasileiras

Como dito anteriormente, a ABNT é a entidade responsável pela adequação e pela padronização de normas técnicas no Brasil. Existe uma série de normas internas descritas para o ambiente de cabeamento, como as listadas a seguir.

- **ABNT NBR 14565:2019:** Cabeamento estruturado para edifícios comerciais. Essa norma estabelece requisitos para um sistema de cabeamento estruturado para utilização em dependências de um único edifício (LAN) ou de um conjunto de edifícios comerciais em um campus (CAN).
- **ABNT NBR 16264:2016:** Cabeamento estruturado residencial. A norma estabelece um sistema de cabeamento estruturado para uso nas dependências de uma residência ou um conjunto de edificações residenciais e específicas para uma infraestrutura de cabeamento em três grupos de aplicações:
    - tecnologias da informação e telecomunicações;
    - tecnologias de broadcast;
    - automação residencial.

- **ABNT NBR 16665:2019:** Cabeamento estruturado para data centers. Essa norma especifica um sistema de cabeamento estruturado para ambientes de data centers e se aplica aos tipos de cabeamentos metálicos e ópticos.
- **ABNT NBR 16415:2015:** Caminhos e espaços para cabeamento estruturado. Tem a função de especificar a estrutura e os requisitos necessários para os caminhos e espaços, internos ou entre edifícios, para troca de informações e cabeamento estruturado de acordo com a ABNT NBR 14565:2019.

Ambiente de conexão

A estrutura do sistema de cabeamento de telecomunicações, como foi dito anteriormente, baseia-se nas normas ANSI/TIA/EIA-568.0-D e ANSI/TIA/EIA-568.1-D, as quais fornecem uma representação dos elementos funcionais que compreendem um sistema de cabeamento genérico. A figura 2 apresenta os elementos funcionais descritos em um sistema de construção de cabeamento comercial, como os seguintes ambientes:

- instalações de entrada;
- salas de equipamentos;
- sala de telecomunicações ou, em algumas implementações, recintos de telecomunicações;
- cabeamento de backbone;
- cabeamento horizontal;
- área de trabalho.

Figura 2. Subsistemas de cabeamento estruturado. **AP:** Provedor de acesso (access provider). **EF:** Instalação de entrada ou entrada de facilidades (entrance facility). **ER:** Sala de equipamentos (equipment room). **MC:** Principal conexão cruzada – Distribuidor C (main cross-connect – Distributor C). **IC:** Interconexão intermediária – Distribuidor B (intermediate cross-connect – Distributor B). **TR:** Sala de telecomunicações (telecommunications room). **TE:** Gabinete de telecomunicações (telecommunications enclosure). **HC:** Conexão horizontal cruzada ou interconexão horizontal – Distribuidor A (horizontal cross-connect – Distributor A). **WA:** Área de trabalho (work area). ► : Tomada de telecomunicações (telecommunications outlet/conector – equipment outlet). ⋈ : Conexão cruzada (cross-connect).

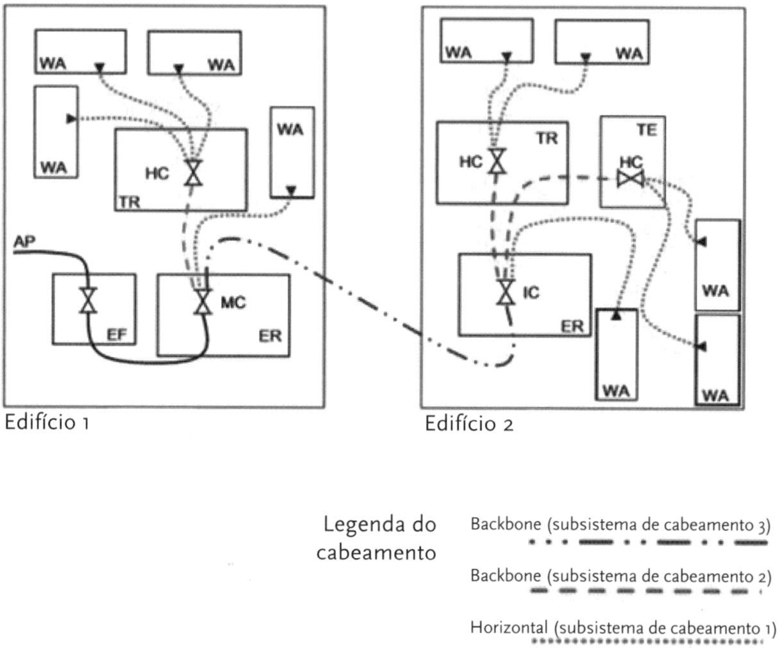

A EF (instalação de entrada ou entrada de facilidades) consiste nos cabos, no hardware de conexão, nos dispositivos de proteção e em outros equipamentos que se conectam ao cabeamento do AP (provedor de acesso). Ou seja, a instalação de entrada seria o ponto de consolidação do cabo que vem do ISP (provedor de internet) para o edifício comercial, permitindo à rede local acessar o mundo exterior.

As ERs (salas de equipamentos) são consideradas distintas das TRs (salas de telecomunicações) e dos TEs (gabinetes de telecomunicações) em razão da natureza ou da complexidade dos equipamentos que elas contêm. Uma ER pode fornecer uma ou todas as funções de uma TR ou de um TE.

A MC (principal conexão cruzada) de um edifício comercial está localizada em uma ER. As ICs (interconexões intermediárias) e as HCs (interconexões horizontais), ou ambas, de um edifício comercial também podem estar localizadas em uma ER.

É muito importante observar que, em uma infraestrutura de cabeamento, podemos ter apenas uma MC, que age como concentradora principal do meio físico na rede. Podemos ter várias ICs, que agem como uma espécie de concentradora em edifícios ligados à MC, e várias HCs, que seriam os pontos de ligação com a conectividade horizontal, ou seja, cabeamento e infraestrutura cobrem o andar em que estão posicionados e têm como função fazer a ligação dos usuários daquele ambiente.

As TRs (salas de telecomunicações) e os TEs (gabinetes de telecomunicações) fornecem um ponto de acesso comum para backbones e vias de construção. As TRs e os TEs também podem conter o cabeamento usado para conexão cruzada.

A HC (conexão horizontal cruzada) de um edifício comercial está localizada em uma TR (sala de telecomunicações) ou em um TE (gabinete de telecomunicações). A MC (principal conexão cruzada) e as ICs (conexões cruzadas intermediárias) de um edifício comercial também podem estar localizadas em um TR. O TR e qualquer TE devem estar localizados no mesmo andar das áreas de trabalho atendidas, com a finalidade de ligação de seus usuários.

As conexões cruzadas e as interconexões horizontais e de backbone (espinha dorsal da rede) devem ser terminadas em um hardware de conexão que atenda aos requisitos das normas ANSI/TIA/EIA-568.2-D (para cabo de par trançado) ou ANSI/TIA/EIA-568.3-D (para cabo de fibra óptica). Essas terminações de cabo não devem ser realocadas para implementar movimentações, adições e alterações no sistema de cabeamento.

Cabos de backbone, cabeamento horizontal e cabos de área de trabalho

Os termos "cabos horizontais" e "de backbone" (às vezes, chamado de cabo vertical) não têm nada a ver com a orientação física do cabo (em direção ao horizonte ou verticalmente). Os cabos horizontais passam por entre um painel de conexão cruzada em um armário de fiação (rack) e uma tomada de telecomunicações de parede que tem como objetivo a ligação de clientes da rede. Cabos de backbone correm por entre os armários de fiação e o ponto principal de conexão cruzada de um edifício (geralmente chamado de sala de equipamentos).

É muito importante lembrar que, como os cabos de backbone geralmente interligam os racks horizontais e intermediários à sala de equipamentos principal, eles se tornam a espinha dorsal da rede, que geralmente é o meio pelo qual os dados precisam passar por maior velocidade. Os backbones geralmente possuem sistemas de redundância para evitar problemas de conectividade, pois, se um backbone apresentar algum problema, certamente um pedaço da rede ou a rede toda serão comprometidos. Os componentes típicos encontrados em um ambiente de cabeamento estruturado incluem o cabo horizontal, o cabo de backbone, as tomadas de telecomunicações e os cabos de conexão (patch corder). As áreas de trabalho oferecem a conectividade ao usuário final, interligando os racks de rede às tomadas de telecomunicações.

Figura 3. Infraestrutura de cabeamento. 1: Entrada do edifício. 2: Sala de equipamentos. 3: Cabeamento de backbone. 4: Armário de telecomunicações. 5: Cabeamento horizontal. 6: Área de trabalho.

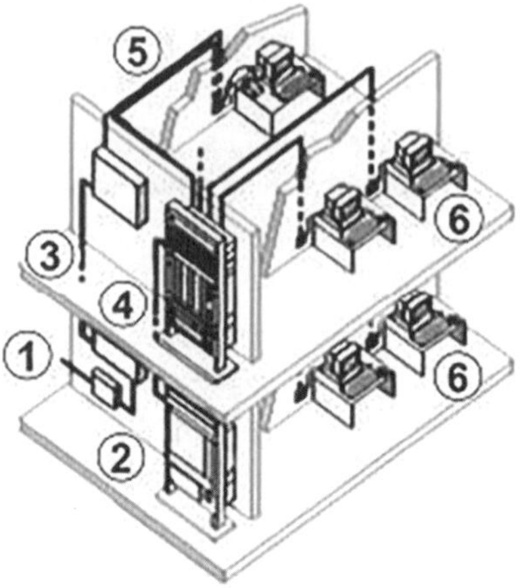

Geralmente, esses subsistemas são compostos dos meios físicos de conectorização explicados a seguir.

Cabos horizontais

Os trechos horizontais ou cabeamento horizontal são implementados com mais frequência por cabos de condutores metálicos de 100 Ω, compostos por quatro pares e conhecidos como do tipo UTP (Unshielded Twisted Pair ou par trançado não blindado), conforme especificado no padrão ANSI/TIA/EIA-568 para edifícios comerciais.

O padrão também prevê o cabeamento horizontal a ser implementado usando fibra óptica multimodo de 62,5/125 μm ou 50/125 μm. (O símbolo μm representa a unidade de medida mícron, muito pequena, que equivale à milésima parte do milímetro.) O padrão reconhece o cabo de 150 Ω como do tipo STP (Shielded Twisted Pair ou par trançado blindado), mas não o recomenda para novas instalações, e espera-se que seja removido da próxima revisão do padrão. Se desejar utilizar um cabo com blindagem recomendada, orienta-se a utilização do cabo ScTP (Screened Twisted Pair). Já o cabo coaxial não é mais um tipo de cabo horizontal reconhecido para instalações de voz ou dados.

Cabos de backbone

Os cabos de backbone podem ser implementados usando UTP de 100 Ω, fibra óptica multimodo de 62,5/125 μm ou 50/125 μm ou cabo óptico singlemode de 8,3/125 μm. Nem 150 Ω STP nem cabo coaxial são mais permitidos para o backbone. A fibra óptica é o meio de instalação preferido pelos administradores de rede por causa das limitações de distância associadas à fiação de cobre (as fibras alcançam distâncias muito maiores). Outra vantagem de utilizar, em um backbone, as fibras ópticas está no fato de que vidro não conduz eletricidade e, portanto, não está sujeito à interferência eletromagnética, como nos cabos de cobre.

Cabos de área de trabalho

Como já foi dito, os componentes da WA (área de trabalho) estendem-se desde a saída de telecomunicações/extremidade do conector do sistema de cabeamento horizontal até a tomada posicionada em WA, que geralmente é uma conexão metálica do tipo UTP e/ou uma conexão óptica do tipo multimodo. É possível também usar um dispositivo passivo de rede conhecido como MUTOA (Multi-User Telecommunications Outlet Assembly), que age como um ponto múltiplo de conexão física.

Tipos de meios físicos e ferramentas

As normas técnicas especificam uma série de meios físicos que podem ser utilizados principalmente em ambiente de redes locais. Os mais usados para a conexão de dispositivos finais de usuários, como é o caso dos computadores pessoais e das impressoras, são os UTPs (cabos metálicos não blindados). E, para a conexão do backbone, que interliga geralmente os comutadores de rede (switches), são as fibras ópticas multimodo. Vamos conhecer um pouco mais sobre esses componentes.

Cabos metálicos de par trançado

Os tipos de cabos de pares trançados (principalmente os não blindados, os UTPs) são com certeza absoluta os meios físicos mais utilizados em instalações de redes de dados, por serem de fácil conectorização e baixo custo.

Esses tipos de cabo possuem dois fios de cobre isolados (em pares) dispostos em um padrão regular espiral. Um único par de fios que pode atuar como uma única ligação de comunicação. Tipicamente, um certo número desses pares (o mais comum é o de oito fios, posicionados em quatro pares) é agrupado em um cabo, e eles são enrolados em uma bainha resistente de proteção.

Figura 4. Cabo UTP (cabo de par trançado não blindado).

Mas o UTP tem a desvantagem de ser um meio bastante susceptível a interferências e ruído, por causa das características elétricas do meio. Portanto, devemos evitar passar esse tipo de cabo próximo a cabos de alimentação de energia elétrica e/ou utilizá-lo em ambientes próximos a motores elétricos, luminárias fluorescentes e outros dispositivos elétricos. O trançamento dos pares só diminui problemas de interferência de diafonia causada pelos próprios cabos internos e, por esse motivo, não bloqueia interferências externas ao meio. Em razão disso, foram criados cabos de pares trançados blindados, os STPs, que possuem uma capa extraprotetora. Mesmo assim, em alguns casos eles não evitam EMI (Electromagnetic Interference ou interferência eletromagnética).

Esse é o motivo pelo qual temos esses tipos de cabos: UTP, STP e outras vertentes, STP/FTP, S/UTP e F/UTP, ScTP e SFTP.

Figura 5. Cabo STP (cabo de par trançado blindado).

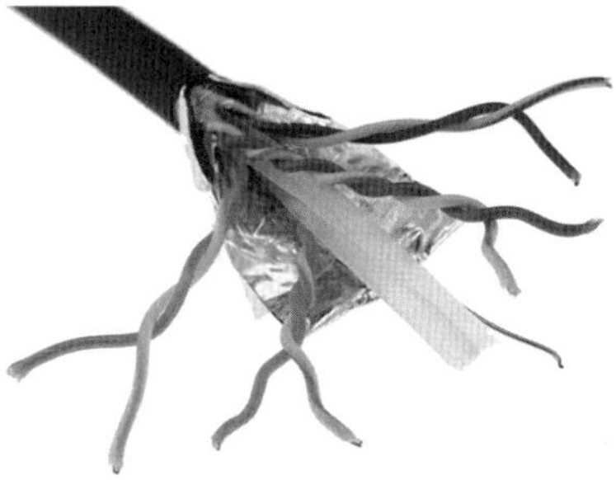

Categorias de cabos

Os cabos UTP foram padronizados pelas normas de padronização ANSI/TIA/EIA 568 e suas evoluções. Eles são divididos em categorias, levando em conta o nível de segurança, a largura de banda e a bitola (diâmetro) do fio.

Quadro 2. Categorias de cabos de par trançado.

Categoria	Largura de banda	Taxa de Dados	Aplicação
CAT1	0,1 MHz	Até 1 Mbps	Cabo de telefonia
CAT2	1 MHz	Até 4 Mbps	Token-Ring (TR)
CAT3	16 MHz	Até 10 Mbps	TR e Ethernet
CAT5	100 MHz	Até 100 Mbps	TR, Ethernet e FastEthernet
CAT5e	100 MHz	Até 1.000 Mbps	Ethernet, FastEth e GigaEth
CAT6	250 MHz	Até 10 Gbps	GigaEth e 10 GigaEth
CAT6a	500 MHz	Até 10 Gbps	GigaEth e 10 GigaEth

Categoria	Largura de banda	Taxa de Dados	Aplicação
CAT7	600 MHz	Até 10 Gbps	GigaEth e 10 GigaEth
CAT7a	1.000 MHz	Até 10 Gbps	GigaEth e 10 GigaEth
CAT8	1.600 MHz	Até 40 Gbps	10 GigaEth e 40 GigaEth

Montagem/terminação do cabo de par trançado

Os fios individuais em um cabo UTP são codificados por cores para facilitar a identificação e a finalização (conectorização do cabo no conector macho, conhecido como conector modular de oito vias, ou 8P8C, e como RJ-45). Um cabo de quatro pares tem oito condutores; quatro desses condutores são coloridos nas cores azul, laranja, verde ou marrom e chamados de condutores de anel. Os outros quatro condutores são de cor branca, somada à cor original, e chamados de condutores de ponta. Cada condutor de ponta é acoplado a um condutor de anel e trançado junto para formar um par.

A norma ANSI/TIA/EIA 568 define duas terminações de cabo: as terminações dos tipos T-568-A e T-568-B. Podemos verificar a padronização de cores dessas terminações na figura a seguir.

Figura 6. Terminação dos cabos UTP. No T-568-A, **B-V:** Branco e verde. **V:** Verde. **B-L:** Branco e laranja. **A:** Azul. **B-A:** Branco e azul. **L:** Laranja. **B-M:** Branco e marrom. **M:** Marrom. E, no T-568-B, **B-L:** Branco e laranja. **L:** Laranja. **B-V:** Branco e verde. **A:** Azul. **B-A:** branco e azul. **V:** Verde. **B-M:** Branco e marrom. **M:** Marrom.

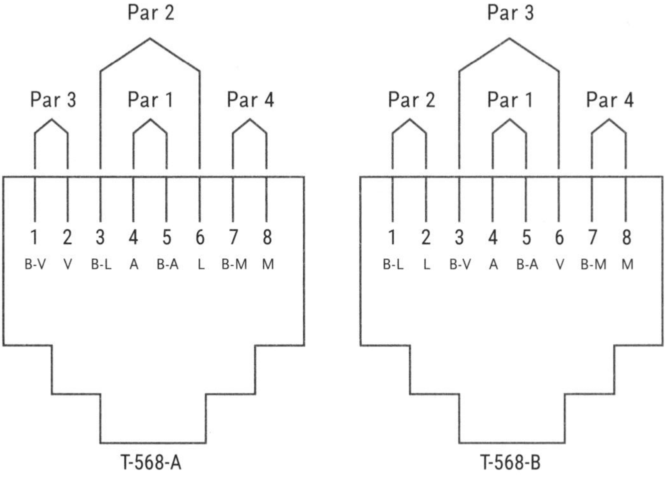

Temos duas terminações possíveis porque podemos ter cabos de rede que ligam switches em computadores, conhecidos como cabos retos, diretos ou straight-through, que possuem a sua montagem repetindo o padrão nas duas extremidades do patch cord. Já quando ligamos dois computadores diretamente, precisamos utilizar um cabo conhecido como cabo cruzado ou cross-over, que em uma extremidade tem a terminação T-568-A e, na outra extremidade, a terminação T-568-B.

Conectorização e ferramentas de cabeamento metálico

O trabalho de montagem de uma infraestrutura física de rede passa pelas etapas de projeto físico, layout, especificação de componentes, passagem de cabos em canaletas, conectorização e identificação dos meios físicos. Os patch cords, conforme normatização, deveriam ser adquiridos já montados e testados pelos fabricantes de cabeamento (Furukawa, Panduit e outros). Porém, é importante que nós, técnicos de redes, tenhamos conhecimento para a montagem de cabo direto ou de cabo cross-over.

Podemos conectar o cabo de par trançado tanto no conector RJ-45 como nos blocos do patch panel (bloco M110), como keystone.

Figura 7. Patch panel e blocos de conexão.O processo de fixação do conector modular de 8 vias (RJ-45) no cabo de par trançado é conhecido como crimpagem, e para isso o administrador de rede necessita adquirir ferramentas específicas, como as apresentadas a seguir.

Figura 8. Decapador de cabo ou stripper. Essa ferramenta, como o nome indica, tem a função de decapar (ou descascar) o fio de cobre ou a fibra óptica. É apresentada em diversos modelos.

Figura 9. Alicate de crimpagem. Essa é uma ferramenta indispensável para a conectorização (crimpagem) do conector modular de oito vias (RJ-45) no cabo de par trançado, pois exerce uma pressão adequada, sem prejudicar os componentes.

Figura 10. Alicate de corte. O alicate de corte parece ser dispensável, pois muitos alicates de crimpagem possuem essa função. Mas, para cortes dos cabos mais precisos, recomenda-se ter esse dispositivo.

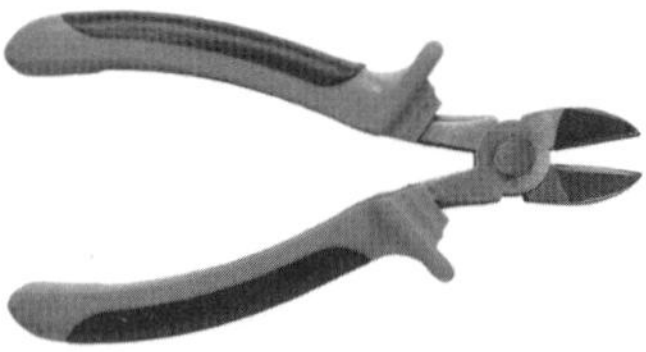

Figura 11. Ferramenta de inserção/terminação (punch down). Da mesma forma que o alicate de crimpagem é utilizado para a conectorização do RJ-45 no cabo de par trançado, a ferramenta de inserção, também conhecida como ferramenta punch down, é usada para a conectorização do cabo de par trançado nos blocos dos painéis de conexão (patch panel). Essa ferramenta, além de pressionar o fio do cabo no encaixe do bloco, corta o excesso de fio, realizando um bom acabamento.

Figura 12. Testador de cabo. É muito interessante que o técnico de cabeamento tenha um testador de cabo simples, para a realização de testes de funcionamento e qualidade dos pontos realizados na infraestrutura.

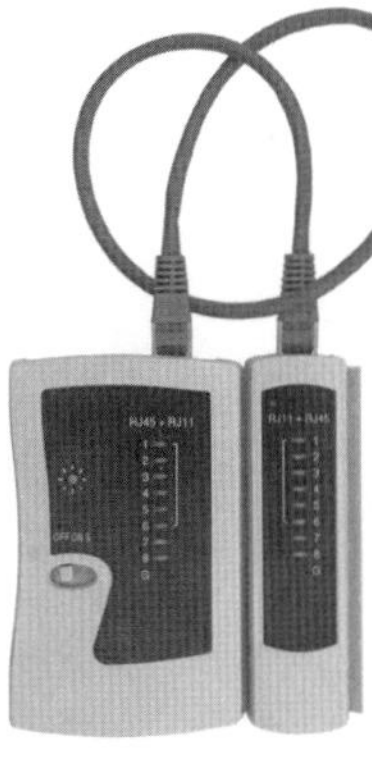

Cabeamento de fibra óptica

A tecnologia de fibra óptica é mais complexa em sua operação do que a mídia de cobre padrão (cabos metálicos), porque as transmissões são realizadas através de pulsos de luz, em vez de transições de tensão. Ou seja, as codificações de "uns" ou "zeros" são representadas por "ONs" e OFFs" de luz propagada pelo meio, dentro de um instante de tempo.

A fonte de luz é geralmente um laser ou algum tipo de LED (diodo emissor de luz). Os cabos de fibra óptica são otimizados para um comprimento de onda específico da luz.

Como vantagens de sua utilização, podemos citar propagação de dados a longas distâncias, maior taxa de dados transmitidos, imunidade a interferências eletromagnéticas e maior segurança na transmissão. Como desvantagens, há o maior custo de aquisição e a exigência de uma instalação mais especializada.

As fibras ópticas são compostas de revestimento (jacket), casca (cladding) e núcleo (core).

Figura 13. Componentes da fibra óptica.

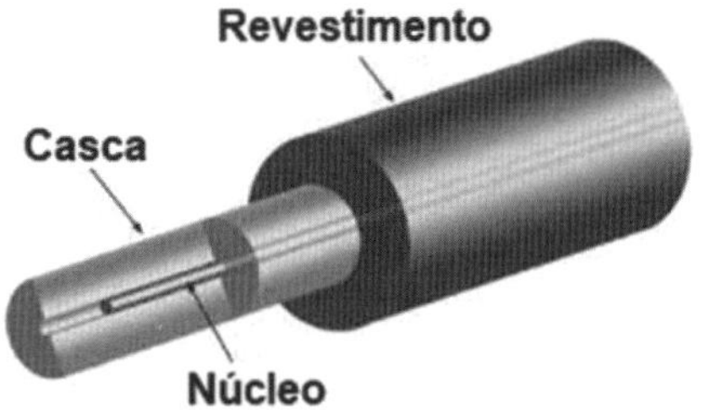

Fibras ópticas monomodo

Um núcleo de fibra de vidro de modo único, monomodo ou singlemode é muito estreito (geralmente menor que 10 μ) e, na maioria das vezes, feito de vidro de sílica. Para manter o tamanho do cabo gerenciável, o revestimento para um núcleo de vidro de monomodo costuma ter mais de 10 vezes o tamanho do núcleo (em torno de 125 μ). As fibras monomodo são caras, mas, por causa da falta de atenuação (menos de 2 dB por quilômetro), permitem velocidades muito altas: em alguns casos, trafegar dados superiores a 50 Gbps.

Figura 14. Fibra óptica monomodo (singlemode).

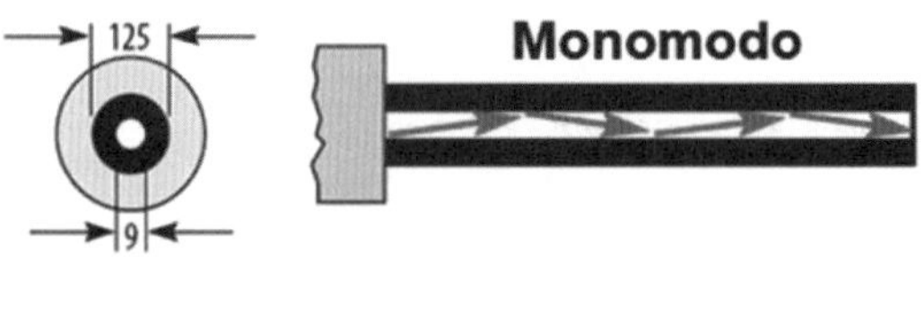

Fibras ópticas multimodo

As fibras multimodo podem ser de vários tipos, como vidro multimodo de índice gradual, sílica multimodo revestida de plástico (PCS) e plástico multimodo (POF). Geralmente, esse tipo de fibra possui um diâmetro de núcleo maior e menor custo de fabricação se comparado com as fibras singlemode. Os núcleos variam de 50 µ a 62,5 µ de diâmetro, e em geral os dispositivos de transmissão são os LEDs. Por esse motivo, são muito utilizadas dentro de conexões locais (entre switches, por exemplo) ou para a ligação de servidores em rede.

Figura 15. Fibra óptica multimodo.

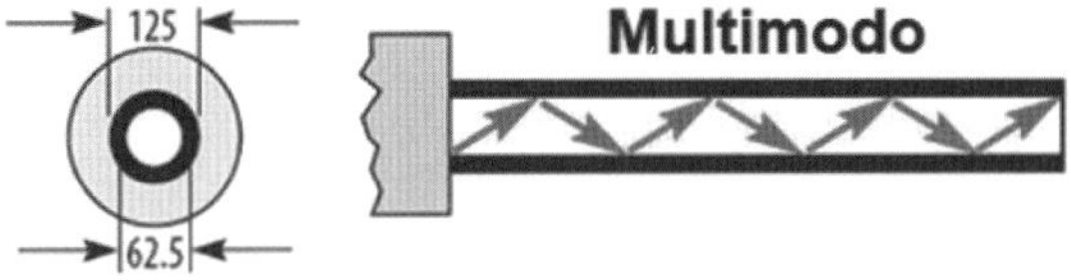

Certificação de rede

Muitos fabricantes, para prover a garantia dos produtos que são vendidos, solicitam aos seus clientes que a rede passe por uma certificação. Essa certificação geralmente é realizada por empresas especializadas, as quais não costumam ser as mesmas que vendem os componentes passivos de redes (cabos, patch cords, patch panels etc.). Na certificação, todos os pontos de rede passam por testes de qualidade, por meio de equipamentos de testagem devidamente calibrados.

Após o teste, é emitido um pequeno relatório de cada ponto verificado. Esse relatório é arquivado em uma pasta de cabeamento, para apresentar sua aprovação conforme padrões especificados em normas de testagem.

Figura 16. Testador para certificação de rede óptica. O equipamento é chamado de OTDR (Optical Time-Domain Reflectometer ou reflectômetro óptico de domínio do tempo).

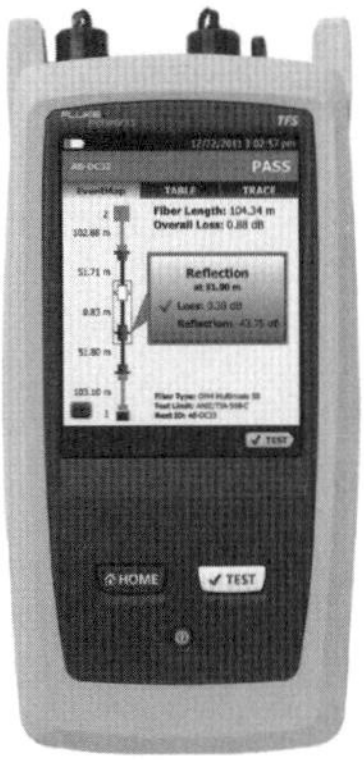

Exercícios propostos

1. Como podemos definir infraestrutura de redes?
2. Para que serve o cabeamento estruturado?
3. Quais motivos levaram as redes a serem padronizadas?
4. Procure identificar as características de duas organizações de padronização.
5. Quais são os meios físicos de comunicação de redes mais usados? Quais seriam exemplos deles?
6. Qual é a norma técnica que especifica o cabeamento padrão de telecomunicação para edifícios comerciais?
7. Quais são as diferenças entre cabos UTP e ScTP?
8. Onde as fibras ópticas são mais utilizadas?
9. Qual é a diferença entre cabeamento de backbone e cabeamento horizontal?
10. Quais ferramentas são utilizadas para a crimpagem de cabos de rede?

Anotações

Anotações

4 Fundamentos de redes de computadores

OBJETIVOS

» Aprender sobre interconexão de redes

» Conhecer dispositivos finais e intermediários de rede

» Identificar diagramas e tipos de topologia

» Entender as definições das redes de comunicação

Introdução à interconexão de redes

A interconexão de redes (internetworking) representa a interligação funcional de duas ou mais redes de comunicação. Os recursos de cada uma tornam-se disponíveis para os usuários e as máquinas conectadas às outras redes. A internetworking requer uma combinação de tecnologias, endereçamentos e protocolos de comunicação. Estes devem ser compreendidos e respeitados universalmente em toda a internetwork, para que possam se comunicar. Muitos dispositivos diferentes podem ser usados para construir internetworks, incluindo bridges, switches e roteadores. Embora os limites entre esses dispositivos tenham sido historicamente distintos, os avanços tecnológicos vêm atenuando essas diferenças. Os roteadores, por exemplo, oferecem a capacidade única de descobrir caminhos (ou rotas) ao longo de grandes e complexas redes e poderiam comparar diferentes rotas aprendidas por meio de um protocolo, com o intuito de encontrar redes de destino de forma mais eficiente.

As redes de computadores podem ser consideradas um conjunto de dispositivos de rede interconectados entre si por meios físicos de comunicação, como cabos metálicos, cabos ópticos e até mesmo o próprio ar, se estivermos considerando as redes de comunicação sem fio. Esses dispositivos de redes (network devices) também são conhecidos como hosts e possuem a finalidade de compartilhar os mais variados recursos e prover comunicação.

Em um passado não tão distante, essas redes continham apenas algumas dezenas de dispositivos interconectados dentro de um ambiente local, mas, com a evolução das tecnologias e as novas formas de comunicação, as redes foram tomando dimensões maiores e com abrangência global, como é o caso da internet, também conhecida como a rede das redes.

No início das conexões de rede com o mundo exterior, as transmissões de dados tinham velocidade de 1.200 Kbps ou 2.400 Kbps e eram realizadas por conexões discadas e com a utilização de modem analógico. Com o aumento de capilaridade de rede e a evolução das tecnologias e velocidades implementadas, atualmente os ISPs podem prover conexões aos seus usuários com taxas de transferência entre 10 Mpbs e 1 Gbps, por tecnologias de cabo metálico ou fibra óptica.

Componentes de rede

Quando uma mensagem é enviada de um dispositivo de origem para um dispositivo de destino em uma rede de comunicação, ela atravessa uma série de dispositivos e protocolos responsáveis por sua correta e rápida entrega. Essa infraestrutura torna-se o alicerce da rede, suportando-a. Ela tem o intuito de fornecer um canal estável e confiável no qual nossas comunicações possam ocorrer de forma segura.

Uma infraestrutura de rede contém três categorias básicas de componentes de rede:

- dispositivos de rede (hosts);
- meio físico (cabo coaxial, cabo de par trançado, fibra óptica);
- serviços e protocolos de rede.

Dispositivos de rede e meios físicos de comunicação são os elementos físicos (hardware da rede). O hardware de rede geralmente define os componentes visíveis e palpáveis na plataforma de rede, como um servidor, um computador pessoal, um comutador (switch), um roteador, um ponto de acesso para redes sem fio ou até mesmo os cabos de rede utilizados para conectar os dispositivos. No caso de meio físico sem fio, as mensagens são transmitidas pelo próprio ar, pela utilização de frequências de rádio invisíveis ou por ondas infravermelhas.

Tais componentes de rede são utilizados para fornecer serviços e processos, que são os programas de computador, chamados de softwares, instalados e executados nos dispositivos conectados a uma rede. Um serviço de rede fornece informações em resposta a uma solicitação de uma aplicação cliente. Esses serviços incluem muitos dos aplicativos de rede mais comuns e utilizados nos dias de hoje, como os serviços de hospedagem de e-mail, de arquivos e de páginas na web, e alguns protocolos fornecem a funcionalidade relacionada ao direcionamento e à movimentação das informações através das redes.

Dispositivos finais e intermediários de rede

Os dispositivos de rede, como computadores pessoais, notebooks, impressoras, pontos de acesso e comutadores, entre outros, podem ser descritos como dispositivos finais ou intermediários. Vamos aprofundar nosso conhecimento sobre alguns deles.

Dispositivos finais de rede

Os dispositivos de rede que estão mais próximos dos usuários e com os quais os usuários têm maior familiaridade são conhecidos como dispositivos finais de rede ou, apenas, hosts. Eles formam a interface entre os usuários clientes e a rede de comunicação.

Alguns exemplos de dispositivos finais de rede ou hosts:

- computadores (estações de trabalho, laptops e servidores);
- impressoras de rede;
- telefones VoIP;
- terminal de telepresença;
- câmeras de vídeo e segurança;
- dispositivos móveis (smartphones, tablets, PDAs e scanners).

Um host pode ser a origem ou o destino de uma mensagem transmitida pela rede. Para distinguir um do outro, cada host em uma rede é identificado utilizando um endereço. Quando um host inicia a comunicação da informação, ele utiliza o endereço do host destino para especificar para onde a mensagem deverá ser transmitida de forma efetiva.

Para que o dispositivo final de rede possa ser conectado em sua infraestrutura, é necessário que ele possua uma placa de rede, também chamada de NIC (Network

Interface Card ou cartão de interface de rede). O endereço de identificação de um host dentro de uma rede local geralmente é armazenado em uma memória não volátil encaixada na placa de rede. As placas de rede possuem vários tipos de interface de conexão, tanto em relação ao computador (PCI, PCMCIA ou USB) como em relação ao meio exterior (BNC, RJ-45 e muitos outros).

Figura 1. Placa de rede (Network Interface Card).

Dispositivos intermediários de rede

Os dispositivos intermediários de rede permitem a interconexão dos dispositivos finais e têm por objetivo definir os limites da rede. Esses dispositivos fornecem conectividade e funcionam em segundo plano para garantir que os dados sejam transmitidos através da rede. Eles também fazem com que a rede possa crescer conforme sua necessidade, pois podem se conectar entre si, aumentando a portabilidade e a capilaridade de rede.

Exemplos de alguns dispositivos intermediários de rede:

- hubs e switches (acesso à rede cabeada);
- pontos de acesso (acesso à rede sem fio);
- roteadores (interconexão);
- firewalls (segurança).

O gerenciamento dos dados é realizado pelos dispositivos intermediários à medida que eles fluem pela rede. Eles também utilizam o endereço do host destino em conjunto com as informações aprendidas dos protocolos sobre os destinos da rede, a fim de determinar o caminho que as informações devem percorrer na rede em questão.

Os processos em execução dos dispositivos de rede intermediários desempenham as seguintes funções:

- regenerar e retransmitir sinais de dados;
- manter informações sobre caminhos que existem na rede;
- notificar outros dispositivos de erros e falhas de comunicação;
- direcionar dados por caminhos alternativos quando houver uma falha de conexão;

- classificar e direcionar mensagens de acordo com prioridades de QoS (Quality of Service ou qualidade de serviço) aplicadas na rede;
- permitir ou negar o fluxo de dados, com base em configurações de segurança limítrofe.

Como foi dito, são várias as opções de dispositivos intermediários de rede. Os comutadores de rede (switches) são responsáveis por prover a comunicação dos dispositivos de redes finais dentro de um ambiente local. Os roteadores agem como um gateway de rede, que tem como função permitir a conectividade de duas ou mais redes diferentes, e os firewalls podem também definir rotas e proteger a rede de eventuais ataques cibernéticos.

Vamos então conhecer mais detalhes de alguns desses dispositivos intermediários de rede.

Repetidor

Os dispositivos de repetição de sinal, ou apenas repetidores de rede, são dispositivos de camada física e têm como função estender os limites físicos da rede, amplificando o sinal transmitido, para que este possa alcançar seu destino sem perda de dados. Geralmente, os repetidores clássicos fazem a interligação de dois segmentos de rede.

Figura 2. Repetidor de rede.

Hub

Os hubs são considerados repetidores multiportas. Eles também têm como finalidade amplificar um sinal, mas, como possuem várias interfaces de conexão, permitem que vários segmentos sejam conectados centralizadamente, possibilitando aumentar a quantidade de hosts na rede. Os hubs foram uma alternativa para evitar múltiplos pontos de falha que eram comuns nas redes cabeadas com cabos coaxiais.

Figura 3. Hub Ethernet.

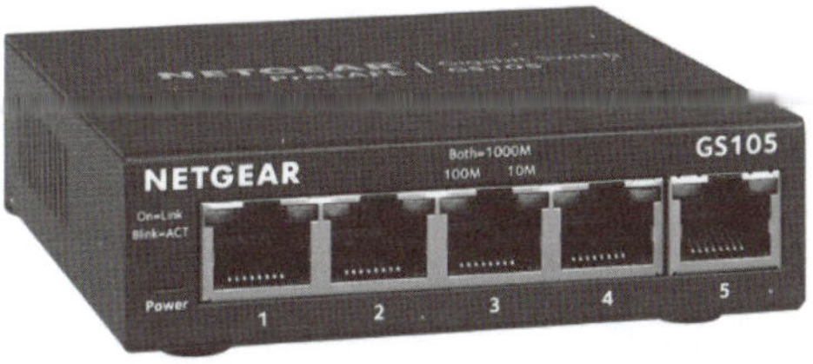

Bridge

Os bridges têm a finalidade de interligar dois segmentos de redes, assim como os repetidores. No entanto, são dispositivos mais "inteligentes", pois conseguem aprender e mapear endereços físicos dos dispositivos finais, além de tomar decisões de encaminhamento.

Figura 4. Bridge, também chamado de ponte.

Switch

Assim como os hubs são repetidores multiportas, os comutadores de rede (switches) podem ser considerados bridges multiportas, possibilitando fazer a ligação de vários segmentos de forma centralizada. Esses dispositivos também aprendem e mapeiam endereços físicos em uma tabela de endereçamento geralmente armazenada em memória volátil de alta velocidade (RAM), fazendo uma relação com suas interfaces e tomando decisões de encaminhamento baseadas nessas informações.

Figura 5. Comutador de rede (switch).

Roteador

Os dispositivos de roteamento ou apenas roteadores (routers) têm como função aprender as várias rotas em uma rede e tomar decisões de encaminhamento baseadas nos protocolos ou no processo de roteamento devidamente configurados. Para isso, esses processos necessitam manter a topologia sempre atualizada e estável, enviando os dados para determinado destino através de um melhor e mais rápido caminho possível.

Figura 6. Roteador (router).

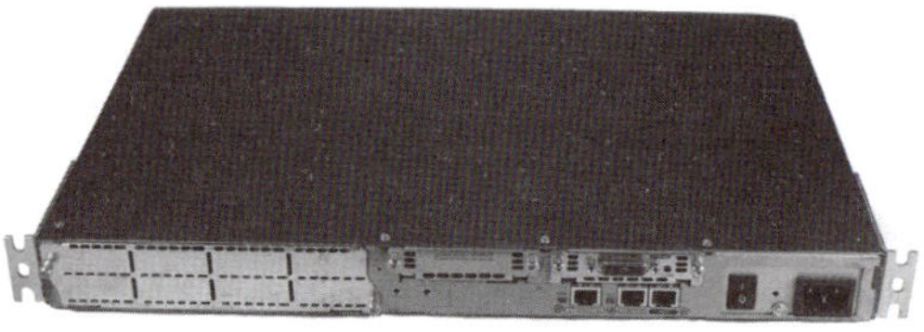

Meios físicos de rede

A comunicação de rede é transmitida por um meio físico, que fornece o canal em que a mensagem é transmitida de um dispositivo de origem para um dispositivo de destino.

As redes modernas utilizam basicamente três tipos de meio físico para possibilitar a interconexão dos dispositivos de rede, fornecendo um caminho pelo qual os dados devem ser transmitidos. Esses meios físicos são:

- condutores metálicos (cabo de par trançado e cabo coaxial);
- fibras de vidro ou polímero/plástico (cabo de fibra óptica);
- transmissão sem fio através do ar.

A codificação do sinal que deve ocorrer na mensagem a ser transmitida é diferente para cada tipo de meio físico utilizado. Nos condutores metálicos (fios metálicos), os dados são codificados em impulsos elétricos que correspondem a padrões específicos e podem representar letras e números. Nas transmissões de fibra óptica, são enviados pulsos de luz dentro de cadeias de luz infravermelha ou visível em tempos específicos. Na transmissão sem fio, padrões de ondas eletromagnéticas representam os vários valores de bit que trafegam pelo ar.

Diferentes tipos de meios físicos de rede possuem diferentes características mecânicas, procedimentais e elétricas para o mesmo propósito, que é a transmissão dos dados na rede de forma confiável. Os critérios para a escolha de um meio físico de rede são:

- a distância ao longo da qual o meio físico consegue carregar um sinal com êxito;
- o ambiente no qual o meio físico deve ser instalado;
- a quantidade de dados que devem ser transmitidos;
- a velocidade com que esses dados devem ser transmitidos;
- o custo do meio físico e da instalação de infraestrutura utilizada.

Diagramas e tipos de topologia

Diagramas de topologia

Diagramas de topologia de rede são obrigatórios para qualquer profissional que trabalhe com uma rede de comunicação de dados. Eles fornecem um mapa visual dos dispositivos que fazem parte dessa rede e como estes estão conectados. Os dois tipos de diagrama de topologia são os apresentados a seguir.

- **Diagramas de topologia física:** Identificam a localização física de dispositivos intermediários e interfaces configuradas, bem como a instalação dos cabos em uma rede.
- **Diagramas de topologia lógica:** Identificam logicamente dispositivos, portas e esquema de endereçamento IP utilizados nos hosts que fazem parte de uma rede.

Tipos de topologia

É muito importante não confundir tipos de diagrama de rede com os tipos de topologia. Estes, os tipos de topologia, também são dois, conforme citado abaixo.

- **Topologia física:** Representa como a rede é devidamente construída fisicamente, ou seja, onde estão posicionados os dispositivos finais dos usuários, os dispositivos intermediários de conectorização e os meios físicos. A topologia física está muito relacionada ao hardware de rede, pois, além de observar como a rede foi construída, é possível tocá-la. Como exemplos, temos topologia física em barra, em anel e em estrela, entre outros.
- **Topologia lógica:** Representa a forma como a rede internamente trabalha, ou seja, como é o funcionamento dos métodos de acesso e dos protocolos responsáveis

pela transmissão dos dados na rede. A topologia lógica está relacionada com o software de rede, que não pode ser visto nem tocado. Exemplos: topologia lógica de passagem de token e topologia lógica de difusão (broadcast).

Topologias físicas de rede

Para que possamos montar um diagrama de rede, é importante conhecermos um pouco sobre as tipologias físicas mais utilizadas, que são as apresentadas a seguir.

Figura 7. Topologia física ponto a ponto. Como o nome indica, nas topologias físicas ponto a ponto os dispositivos de rede estão diretamente conectados, sendo um o transmissor, e o outro, o receptor dos dados transmitidos.

Figura 8. Topologia física ponto-multiponto. Aqui, temos os dispositivos de rede finais interligados a um concentrador, e este interligando um servidor de rede.

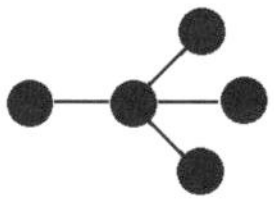

Figura 9. Topologia física em barramento. Nessa topologia, também conhecida como topologia em barra ou varal, os dispositivos de redes estão ligados lado a lado (adjacentes) em sequência; o primeiro computador da topologia não se conectoriza ao último computador dessa mesma topologia. A topologia física em barramento foi inicialmente utilizada nas redes Ethernet.

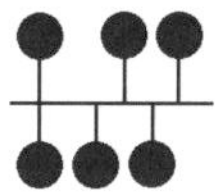

Figura 10. Topologia física em anel simples. Nessa topologia, os dispositivos de rede também estão posicionados lado a lado, porém o primeiro dispositivo da rede se conecta com o último dessa mesma topologia, fechando um anel físico. Ela foi inicialmente utilizada nas redes IBM Token-Ring.

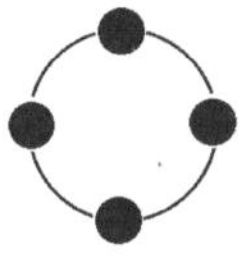

Figura 11. Topologia física em anel duplo. Assim como na topologia física em anel simples, na topologia em anel duplo os dispositivos de redes estão posicionados lado a lado, e o primeiro dispositivo da rede se conecta com o último dessa mesma topologia, formando um anel físico duplo e, geralmente, redundante. Ela foi muito utilizada nas redes IBM Token-Ring e nas redes FDDI.

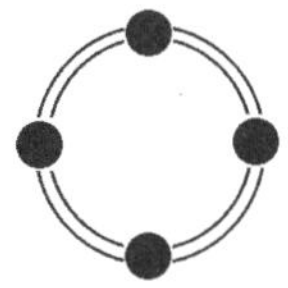

Figura 12. Topologia física em estrela simples. Esse tipo interliga seus dispositivos de rede a um concentrador de rede, que pode ser um hub ou um switch Ethernet, por exemplo.

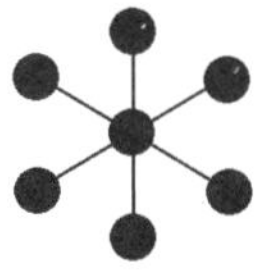

Figura 13. Topologia física em estrela hierárquica. Essa topologia também é conhecida como topologia física em árvore e, da mesma forma que a topologia em estrela simples, conectoriza seus dispositivos de usuários em concentradores de rede. No entanto, isso é feito de uma forma estruturada e hierarquizada, com o intuito de melhorar o desempenho de propagação dos dados e permitir uma maior escalabilidade de rede (crescimento da rede).

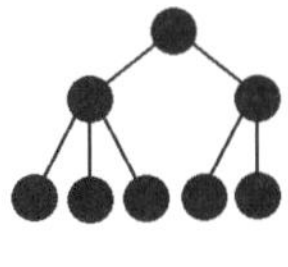

Figura 14. Topologia física híbrida ou mista. Como o nome já indica, é uma topologia que agrega dois ou mais tipos de topologia física diferentes.

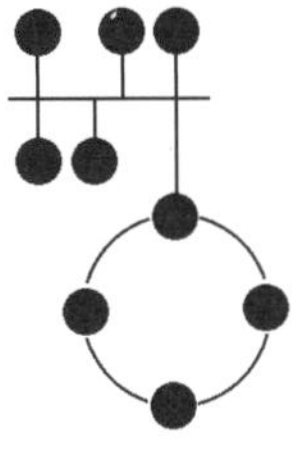

Figura 15. Topologia física em malha completa (full-mesh). Essa tipologia é muito utilizada em redes que necessitam de múltiplos caminhos redundantes e de altíssima escalabilidade, pois todos os pontos (nós da rede) se conectam com todos os outros pontos dessa infraestrutura. É muito utilizada em provedores de serviços.

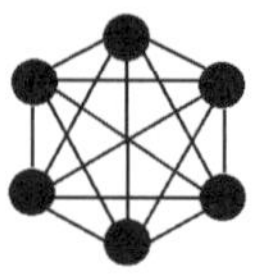

Figura 16. Topologia física em malha parcial (partial-mesh). Da mesma forma que a topologia de malha completa, a topologia de malha parcial é uma rede de alta escalabilidade, porém de redundância parcial, pois nem todos os nós são interligados entre si.

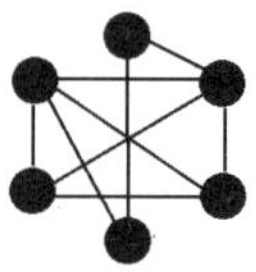

Definições das redes de comunicação

Uma infraestrutura de rede pode variar muito em relação aos seguintes itens:

- tamanho da área de cobertura da rede;
- número de usuários conectados à rede;
- número e tipos de serviços disponíveis aos usuários.

Em virtude disso, as redes de comunicação seguem algumas definições. As mais utilizadas são as apresentadas a seguir.

PAN

PAN (Personal Area Network ou rede de área pessoal) é uma rede doméstica que conecta dispositivos ao alcance de um indivíduo. Ou seja, nesse tipo de classificação, a rede é formada pela comunicação a curtas distâncias entre equipamentos em um ambiente reduzido, como uma mesa de trabalho ou até mesmo o próprio corpo. As conexões geralmente são sem fio, e é mais recorrente o uso da tecnologia bluetooth.

TAN

TAN (Tiny Area Network ou rede de área minúscula) é um tipo de rede de área local com apenas alguns nós conectados, geralmente instalada em residências ou ambientes de pequenos escritórios, para que os dispositivos possam compartilhar recursos (modems, arquivos, impressoras). Alguns autores a classificam como uma HAN (Home

Area Network), e por esse motivo alguns fabricantes possuem uma vertical de produtos para o chamado mercado SOHO (Small Office/Home Office).

LAN

LAN (Local Area Network ou rede de área local) é uma infraestrutura que fornece acesso a usuários e dispositivos finais em uma área geograficamente limitada, como um andar de um edifício, uma sala de aula ou até mesmo uma pequena empresa. Essas redes geralmente possuem altíssimas taxas de transferência entre os dispositivos e são administradas por uma equipe proprietária (dona da rede).

WAN

WAN (Wide Area Network ou rede de área ilimitada ou remota) consiste em uma infraestrutura de rede que fornece acesso a outras redes dentro de uma grande área geograficamente ilimitada. A internet seria o melhor exemplo de uma rede desse tipo e, por esse motivo, é conhecida como WAN pública.

MAN

MAN (Metropolitan Area Network ou rede de área metropolitana) é uma infraestrutura de rede que abrange uma área física geograficamente maior que a de uma LAN, porém menor que a de uma WAN e de abrangência do tamanho de uma cidade, por exemplo. As MANs são operadas normalmente por uma entidade pública, ou uma grande organização privada. No Brasil, não é muito comum encontrar esse tipo de rede.

CAN

CAN (Campus Area Network ou rede de área campus) é uma infraestrutura que inicialmente foi definida para dentro de uma rede universitária, que conectava edifícios dentro de um *campus* universitário. Atualmente, essas redes são consideradas de infraestrutura privada e permitem a conectividade de edifícios dentro de um *campus* empresarial (Campus Network).

SAN

SAN (Storage Area Network ou rede de área de armazenamento) é uma infraestrutura de rede projetada para suportar servidores de rede e fornecer armazenamento, recuperação e replicação de dados. Envolve servidores de alto desempenho, vários conjuntos de discos (chamados de blocos) e tecnologias de interconexão de redes específicas, como FC (Fibre Channel).

RAN

O termo RAN (Regional Area Network ou rede de área regional) não é muito conhecido e utilizado. Ele descreve um ambiente regional que pode ser posicionado entre LAN e WAN e de comutação de alta velocidade.

WLAN

WLAN (Wireless Local Area Network ou rede de área local sem fio) é semelhante a uma LAN cabeada, mas interconecta os dispositivos de rede sem fio dentro de uma área geográfica limitada e sob administração comum. Da mesma forma que definimos WLAN, podemos definir WWAN, WMAN e assim por diante - todas utilizando a transmissão dos dados via ar.

VLAN

VLAN (Virtual Local Area Network ou rede de área local virtual) consiste em um recurso que pode ser configurado em comutadores de rede (switches) que suportem essa funcionalidade por meio de seus sistemas operacionais. É uma forma de criar redes virtuais (virtualização de rede) em um mesmo hardware, garantindo maior flexibilidade, melhor performance de rede, gerenciamento facilitado e maior segurança.

Exercícios propostos

1. O que é um host de rede?
2. Qual é a diferença entre dispositivo final de rede e dispositivo intermediário de rede?
3. Qual é a diferença entre hub e switch?
4. Qual é a diferença entre bridge e roteador?
5. Qual é a diferença entre topologia física e topologia lógica de rede?
6. A topologia de barramento foi inicialmente utilizada em qual tipo de tecnologia de rede local?
7. Quais motivos levaram a topologia física em barramento a perder espaço para a topologia física em estrela?
8. Qual topologia de rede física você usaria para uma rede com mais de 500 computadores interconectados?
9. Qual é a diferença entre LAN e WAN?
10. Qual é a topologia física mais utilizada em redes que necessitem de redundância de links?

Anotações

5
Projeto hierárquico e arquitetura de rede

OBJETIVOS

- » Aprender sobre planejamento de rede
- » Conhecer projeto de rede hierárquico
- » Entender os modelos de referência em camadas
- » Obter visão geral sobre encapsulamento e desencapsulamento de dados

Planejamento de rede

O planejamento de rede é um processo extremamente importante para a criação de um alicerce tecnológico, fazendo com que uma infraestrutura de TIC funcione adequadamente e atenda às necessidades de seus usuários. Um bom administrador de infraestrutura trabalha para que as redes atendam às demandas de uma corporação e, por esse motivo, precisa ter conhecimento técnico em infraestrutura física, sistemas operacionais, formas de comunicação, armazenamento de dados e integração de sistemas. Precisa também conhecer administração e gestão, já que uma das suas atividades é analisar tendências, mensurar crescimento e identificar falhas com a alta gestão de uma companhia.

O planejamento permite que a rede corporativa se mantenha em constante processo de otimização e viabiliza métricas e políticas de gestão para projetos e expansões futuras.

Um bom planejamento de redes exige que pensemos pelo menos nos quatro pontos apresentados a seguir.

- **Entendimento da instituição:** É muito difícil desenvolver um planejamento sem conhecer os processos internos da empresa, como ela funciona, quais são suas expectativas de crescimento (para mensurar os pontos mais importantes da infraestrutura) e quais as políticas de acesso às informações.
- **Entendimento da infraestrutura:** Nem sempre um planejamento visa à criação de um projeto novo. Às vezes, os projetos são de adaptação ou de melhorias da infraestrutura atual. Entender sobre capacidade da rede, equipamentos atuais, gargalos e eventuais falhas ajuda o administrador a pensar novas soluções para efetuar mudanças e prover expansão da infraestrutura de TIC.
- **Definição de uma hierarquia:** Os ambientes de redes permitem o compartilhamento de recursos aos pertencentes a essa infraestrutura, mas nem todos devem acessar as mesmas informações. Definir uma hierarquia de acesso à rede promove melhoria de performance e aumenta a segurança dos dados.
- **Aquisição de dispositivos redundantes:** Redundância de rede é uma solução custosa e envolve a aquisição de sistemas duplicados para evitar indisponibilidade dos recursos. Porém, dependendo dos negócios da instituição, esses recursos não podem ser dispensados, como o comutador principal da rede, o servidor que armazena os dados de clientes e os links que provêm acesso ao meio exterior. Às vezes, a aquisição de dispositivos sobressalentes pode ser mais barata e atender parcialmente a tais requisitos.

Noções de projeto

De acordo com o Guia PMBOK®, desenvolvido pelo PMI (Project Management Institute) e que acabou se tornando uma das maiores referências no assunto, um projeto é definido como um esforço temporário empreendido para obter um produto, serviço ou resultado único. Ou seja, nenhum projeto é exatamente igual a outro, pois, mesmo que se utilize um mesmo modelo, os contextos de inserção podem ser diferentes.

Conforme a definição, um projeto tem tempo para acabar, de modo que é necessário atribuir datas de início e de término para ele. Isso pode não ser exatamente aplicado para um processo, pois este geralmente é cíclico e, por esse motivo, repete-se durante um tempo.

Nós, profissionais de tecnologia, passamos por inúmeras mudanças, já que o mercado vem se tornando mais e mais disputado, assim como o nível de exigência dos clientes vem ficando cada vez mais alto. Por esses motivos, conhecer e aplicar metodologias de projeto conhecidas se torna uma referência indispensável, pois permite uma adequada e já testada execução em todas as atividades envolvidas no assunto. A gestão de projetos eficiente traz diversos benefícios, como:

- redução de custos;
- otimização do tempo;
- resultados mais efetivos;
- controle dos riscos;
- maior engajamento da equipe;
- maior satisfação do cliente.

Gestão de projetos

Não há uma recomendação, um guia de melhores práticas ou uma metodologia específica para o desenvolvimento de projetos de redes de computadores, até porque o seu desenvolvimento depende muito do negócio da empresa. Isso quer dizer que fazer um projeto de rede para uma agência bancária é bem diferente de fazer o mesmo para um hospital ou para uma indústria.

No entanto, existem inúmeras metodologias de gerenciamento de projetos, e cada uma tem suas características específicas e que podem ser adequadas de forma mais eficaz para projetos de TI com foco no segmento de redes. A utilização de uma determinada metodologia também depende muito da afinidade do gestor e do nível de gerenciamento desejado. A seguir, apresentamos algumas metodologias muito utilizadas em nosso segmento.

- **Scrum:** É uma metodologia muito conhecida para o desenvolvimento de produtos de tecnologia da informação e que pode ser utilizada em conjunto com a gestão de projetos. É considerada uma metodologia ágil, que agrega um conjunto de boas práticas focadas na rapidez e na eficiência das ações de uma equipe, no uso de aplicativos, na participação do cliente e na capacidade de reagir a eventuais mudanças.
- **PRINCE2:** É uma metodologia utilizada para o desenvolvimento e a entrega de produtos, que devem ser entregues durante a execução do projeto. Por isso, acaba sendo considerada uma metodologia ágil.
- **PMBOK:** Não é exatamente considerada uma metodologia, mas um guia tradicional de melhores práticas em gestão de projetos elaborado pelo Project

Management Institute. Para que os gestores sejam capazes de planejar, executar e controlar todos os pontos relativos a um projeto, o documento é dividido em dez áreas de conhecimento:

- gerenciamento de integração;
- gerenciamento do escopo;
- gerenciamento de cronograma;
- gerenciamento de custos;
- gerenciamento da qualidade;
- gerenciamento de recursos humanos;
- gerenciamento de comunicações;
- gerenciamento de riscos;
- gerenciamento das aquisições;
- gestão das partes interessadas.

Ciclo de vida do projeto

O ciclo de vida do projeto é definido como um conjunto de fases, desde seu início até o fim. As fases descrevem logicamente as atividades de uma ou mais entregas que possibilitam a conclusão de um projeto. As entregas são produtos tangíveis e verificáveis, como relatórios e protótipos, entre outros exemplos. Temos basicamente dois tipos de ciclo de vida de projeto, explicados a seguir.

- **Ciclo de vida preditivo:** Também conhecido como ciclo de vida determinado, tem seu escopo detalhado desde o início. Alterações são feitas apenas mediante solicitações formais, submetidas ao comitê gestor de mudanças. Na área de TIC, podemos dar como exemplo a elaboração e a instalação de um projeto de cabeamento estruturado.
- **Ciclo de vida adaptativo:** Também conhecido como ciclo de vida ágil. Diferentemente do ciclo de vida determinado, não possui um escopo preciso em sua origem, pois pode ser detalhado à medida que o projeto se desenvolva e novas informações sejam trazidas. Geralmente, tem ciclos menores de trabalho e verificações em curtos espaços de tempo, permitindo flexibilidade e rapidez em eventuais mudanças. Nesse tipo de ciclo de vida, cada atividade gera um incremento à funcionalidade do produto, dando uma visão panorâmica do projeto, o qual vai sendo aprofundado a cada iteração. Na área de TIC, podemos dar como exemplo o desenvolvimento de um software ou aplicativo.

Grupos de processos

Em gestão de projetos os grupos de processos são conjuntos de atividades organizadas, que devem ser realizadas ao longo do projeto. Esses grupos são independentes das fases de ciclo de vida dos projetos, ou seja, um processo pode se repetir em uma determinada fase do projeto ou não estar presente nela. Podemos definir cinco grupos de processos conhecidos, apresentados no quadro a seguir.

Quadro 1. Grupos de processos formadores de um projeto.

Grupo	Características
Processos de iniciação	Auxiliam a definir novos projetos, alinhando expectativas dos clientes e elaborando uma versão preliminar do escopo, a estimativa de custos, os recursos a serem utilizados e o cronograma de entrega. Nessa etapa é preenchido o termo de abertura do projeto.
Processos de planejamento	Determinam a criação do escopo total do projeto. Também estabelecem o refinamento dos objetivos e as fases do projeto para a sua conclusão.
Processos de execução	Visam colocar em prática os trabalhos definidos no plano de gerenciamento do projeto e no escopo do projeto. Incluem a coordenação dos recursos, a otimização de tempo, o orçamento e a identificação e o engajamento das pessoas interessadas.
Processos de controle	Destinam-se ao acompanhamento das atividades do projeto e ao gerenciamento, para medir desempenho, levantar tendências, corrigir desvios e aprovar mudanças.
Processos de encerramento	Referem-se à conclusão e à finalização formal das fases ou do projeto, certificando se datas e atividades foram respeitadas e entregues a contento.

Áreas de conhecimento

As áreas de conhecimento de gestão de projetos consistem nos campos de especialização que trazem um conjunto de processos, práticas e ferramentas relacionados ao projeto em questão. Como nosso intuito é o desenvolvimento de projetos relacionados à infraestrutura de TIC, vamos utilizar como base as dez áreas de conhecimento descritas no PMBOK.

- **Gerenciamento de integração:** Refere-se às práticas de gestão de projetos e busca garantir a conexão e a integridade das informações relacionadas a todos os planos de projeto. É uma atribuição exclusiva do gerente de projetos, que assume a orquestração de todas as atividades, por ter uma visão geral do projeto. Aqui se definem o desenvolvimento do plano, o termo de abertura do projeto, o gerenciamento de conhecimento e trabalho, a realização do controle integrado a mudanças e o encerramento de fases do projeto.

- **Gerenciamento do escopo:** Identifica e estabelece o que é necessário para concluir o projeto com sucesso, coletando requisitos, planejando, definindo e validando o escopo.
- **Gerenciamento de cronograma:** Tem o objetivo de organizar o escopo em um cronograma que permita a gestão de tempo (estimativa e duração) das atividades e dos recursos a serem realizados, evitando possíveis atrasos.
- **Gerenciamento de custos:** Busca estimar, definir e controlar um orçamento adequado para o projeto, garantindo que não se ultrapasse esse valor e os interesses de todos sejam respeitados sem prejuízos.
- **Gerenciamento da qualidade:** Área cuja finalidade é garantir que o projeto seja concluído e entregue com qualidade, atendendo às necessidades e expectativas dos clientes. Costumamos dizer que um projeto tem qualidade quando ele consegue atender a essas necessidades apresentando poucos defeitos ou mesmo nenhum defeito.
- **Gerenciamento de recursos humanos:** Pretende garantir que o gerente de projetos e sua equipe possuam os recursos corretos para suas atividades. Podemos definir dois tipos de recursos: os recursos de equipe (pessoas que irão trabalhar) e os recursos físicos (materiais, equipamentos e suprimentos). Essa área também levanta necessidades de capacitação das equipes para a realização dos trabalhos com segurança e agilidade.
- **Gerenciamento de comunicações:** Tem o objetivo de promover uma divulgação eficiente de informações, certificando-se de que os participantes sejam comunicados corretamente sobre todas as ações e decisões tomadas no projeto. Existem dois tipos de comunicação nessa área de conhecimento: a verbal e a não verbal.
- **Gerenciamento de riscos:** Trata da gestão das incertezas, ou seja, tem a finalidade de evitar ameaças ao projeto, potencializando oportunidades e administrando de forma adequada eventuais riscos.
- **Gerenciamento das aquisições:** Apoia a tomada de decisões de compra e relacionamento com os fornecedores de produtos e serviços para atendimento ao projeto, estabelecendo normas de aquisição aos participantes. Geralmente esse papel é realizado pelo gerente de projetos em apoio com o setor de compras da organização.
- **Gerenciamento das partes interessadas:** Visa identificar pessoas e entidades que podem afetar o projeto ou serem por ele afetadas, desenvolvendo estratégias de engajamento e nível de influência. As pessoas interessadas também são conhecidas pelo termo *stakeholders*.

Fases de projetos de rede

Com base nas melhores práticas em projetos de redes e seguindo as recomendações descritas no Guia PMBOK®, podemos apresentar de forma genérica algumas fases importantes para o desenvolvimento de projetos de redes de comunicação. São as apresentadas o quadro a seguir.

Quadro 2. Fases de projetos de rede.

Fase	Objetivos e atividades
1 Identificação de necessidades, restrições e objetivos do cliente.	Nessa fase são identificados os requisitos para o desenvolvimento do projeto de infraestrutura de rede. O gerente de projetos precisa entender os processos da empresa, quais são seus objetivos em médio e longo prazos e identificar as necessidades para atender às expectativas dos clientes. A rede deve ser pensada como um recurso tecnológico de apoio ao negócio do cliente e não deve impactar negativamente o funcionamento dos processos. É importante conhecer a situação atual da infraestrutura (caso ela exista), para coletar dados sobre a topologia física e lógica da rede, o tráfego de dados na rede, o gerenciamento e a segurança.
2 Projeto lógico.	Nessa fase se desenvolvem as topologias lógicas e os layouts das redes locais, bem como a conectividade com redes externas. É feito estudo de aplicação de endereçamento, prevendo expansões da rede (escalabilidade) sem impactar o desempenho dos recursos computacionais ofertados aos clientes. São selecionados os protocolos de redes e é feita a adoção de nomes dos equipamentos. São desenvolvidas estratégias de gerenciamento e segurança.
3 Projeto físico.	Nessa fase há a especificação dos meios físicos apropriados para o transporte dos dados na rede (cabeamento estruturado), a entrada de cabeamento externo, as salas de equipamentos, as salas de telecomunicações e a especificação de áreas de trabalho. Uma vez escolhidos os protocolos de redes que serão usados na infraestrutura, é feita a identificação de comutadores (switches), servidores, armazenadores, pontos de acesso, impressoras e estações de trabalho para a conectividade de rede local. Também são definidos modems, roteadores, links de comunicação externa e dispositivos de segurança aplicados nas redes que permitirão a conectividade externa.

Fase	Objetivos e atividades
4 Testes e documentação.	Nessa fase deve ser definido e implementado um plano de testes adequado aos serviços oferecidos em rede. São definidos scripts e ferramentas a serem utilizados nessas atividades. São estabelecidos também processos de ajuste e otimização de rede, como diminuição de domínios de broadcast, modelagem de tráfego, qualidade de serviço, documentação e identificação dos recursos da rede.

Projeto de rede hierárquico

Como já sabemos, as redes de comunicação precisam atender aos requisitos e necessidades dos clientes, atuando como um alicerce para as tecnologias que serão adotadas por uma companhia. Os projetos de redes geralmente são categorizados com base nos ambientes em que serão instalados e pela quantidade de dispositivos que serão atendidos. De uma forma geral, podemos ter as categorias abaixo.

- **Rede pequena:** Pode atender até 200 dispositivos.
- **Rede média:** Pode atender entre 201 e 1.000 dispositivos.
- **Rede grande:** Pode atender acima de 1.000 dispositivos.

Por esse motivo, o projeto de rede pode ser alterado conforme o crescimento dos dispositivos, criando uma infraestrutura mais adequada aos serviços que ela oferece e, muitas vezes, de maior complexidade e difícil gerenciamento. Para que possamos obter uma boa implantação de uma infraestrutura, buscamos seguir alguns importantes princípios, apresentados a seguir.

- **Escalabilidade:** É uma característica desejável em quaisquer sistemas, redes ou processos, pois indica a capacidade crescente de trabalho. Ou seja, indica que a rede está apta a crescer.
- **Modularidade:** Trata-se de uma característica relacionada à separação de várias funções em módulos. Por exemplo, rede campus, data center, backbone, etc.
- **Disponibilidade:** É uma característica que define o tempo em que a rede oferece seus recursos. Normalmente, a disponibilidade pode ser enquadrada em três classes, de acordo com faixas de percentuais. Em geral, são dados em porções de noves:
  - disponibilidade básica (de 99,0% a 99,9%);
  - alta disponibilidade (de 99,99% a 99,9999%);
  - disponibilidade contínua (valores de aproximadamente 99,99999%).

Por exemplo, no caso de uma rede que apresente uma disponibilidade de 99,0% a 99,9%, isso equivale a dizer que, em um ano de operação, a rede pode ficar indisponível de 8,76 horas a 3,65 dias.

- **Confiabilidade:** Refere-se à probabilidade de uma rede continuar funcionando mesmo quando uma falha acarretar a perda de conexão de um link. A confiabilidade da rede será tanto melhor quanto maior for o tempo de operação livre de falhas, conhecido como MTBF (Mean Time Between Failures ou tempo médio entre falhas). A confiabilidade também será tanto melhor quanto menor for o tempo de paralisação decorrente de falhas, definido como MTTR (Mean Time To Repair ou tempo médio para reparo).
- **Resiliência:** Define a capacidade da rede de manter níveis aceitáveis de operação frente a anomalias intencionais ou não intencionais, como sobrecarga operacional, ataques cibernéticos ou problemas de configuração.
- **Flexibilidade:** Refere-se à otimização de recursos, como modificar partes da rede, adicionar novos serviços ou aumentar sua capacidade sem a necessidade de grandes mudanças, como substituições de equipamentos.
- **Redundância:** Trata-se de uma eventual duplicação de componentes de rede com o intuito de manter um serviço ininterruptamente e evitar que dados sejam perdidos, garantindo a continuidade dos negócios em caso de falhas, intencionais ou não intencionais. Pode ser administrada em nível de software (por exemplo, dois protocolos rodando com a mesma finalidade em um mesmo dispositivo) ou em nível de hardware (como a duplicação de comutadores em um backbone de rede).
- **Interoperabilidade:** Define a capacidade de um sistema de se comunicar com outro de forma transparente e funcional, independentemente do tipo e do fabricante de um dispositivo ou sistema operacional utilizado.

Podemos utilizar vários modelos de projetos de redes, sendo eles lineares ou hierárquicos. Os projetos lineares são mais simples porque não exigem tantos dispositivos intermediários de conexão e costumam ser desenvolvidos para redes pequenas e limitadas.

Figura 1. Projeto de rede linear.

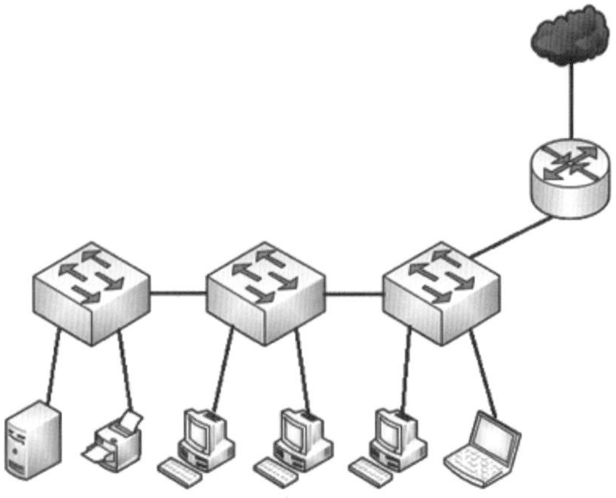

Os projetos de redes hierárquicos são mais robustos e mais caros, pois são desenvolvidos para atender a redes médias, grandes e em pleno crescimento. Como o nome diz, são modelos segmentados em camadas hierárquicas, com funções bem específicas. O modelo de projeto hierárquico de redes utilizado para redes campus possui três camadas: camada de acesso, camada de distribuição e camada principal (ou núcleo).

Figura 2. Projeto de rede hierárquico.

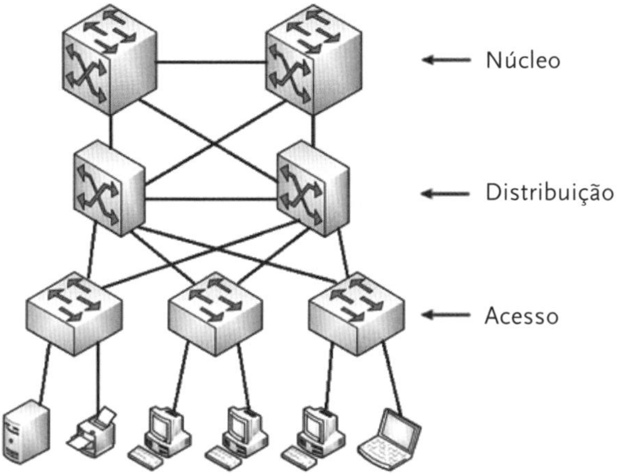

- **Camada de acesso:** Em um ambiente de rede local, essa camada permite a conexão de dispositivos finais de rede, como os computadores pessoais, as impressoras departamentais e os telefones IP. Já em ambientes remotos, podemos conectar os roteadores de borda de um determinado provedor de serviços.
- **Camada de distribuição:** Agrega dispositivos intermediários (como comutadores de redes) com as camadas de acesso e de núcleo. Essa camada controla o fluxo do tráfego da rede, segmentando a infraestrutura. Caso sejam criados domínios de broadcast diferentes, a camada de distribuição também pode ser responsável pelo roteamento e pela segurança dos dados, permitindo melhores gerenciamento, performance, confiabilidade, disponibilidade e escalabilidade de rede. É nessa camada que geralmente são criadas políticas de acesso.
- **Camada de núcleo:** É interligada à camada de distribuição e tem a função de conectorização de backbone com altíssimas taxas de transferência (vazão de dados) e suporte a grande quantidade de envio de dados. Por exemplo, a ligação entre dois edifícios comerciais em uma rede campus.

Vale ressaltar que, em redes um pouco menores, é comum a camada de distribuição ser integrada às funções da camada de núcleo. Esse tipo de topologia é conhecido como núcleo colapsado ou núcleo recolhido.

Arquitetura de rede

As redes de computadores ou redes de comunicação são sistemas complexos, formados por várias entidades físicas (como é o caso da infraestrutura de acabamento e dispositivos de rede, também conhecida como hardware) e entidades lógicas (como é o caso dos sistemas operacionais, protocolos e aplicações e serviços específicos, conhecidos como softwares).

A arquitetura de rede é um conjunto de dispositivos e protocolos descritos em camadas específicas, que carregam informações suficientes para facilitar a compreensão sobre o funcionamento da rede e prover interconexão física e lógica de seus elementos, desde a geração de um sinal até formas com que os dados são entregues.

Os dispositivos finais (por exemplo, computadores pessoais, notebooks, tablets, telefones celulares) são interconectados por dispositivos intermediários de rede e por protocolos de comunicação responsáveis pela transmissão dos dados de forma precisa. Resumidamente, os dispositivos finais, os meios físicos de comunicação, os protocolos e os dispositivos intermediários formam essa arquitetura.

Modelos de referência em camadas

Um modelo de referência em camadas, como o modelo OSI/ISO e o modelo TCP/IP, é muitas vezes utilizado para auxiliar a visualizar a interação entre vários protocolos de rede. Um modelo de camadas tem como principal intuito representar a operação dos protocolos que ocorrem dentro de cada camada do modelo, bem como as interações dos protocolos com as camadas acima ou abaixo da camada correspondente.

A utilização dos modelos de referência em camadas apresenta diversas vantagens, como as apresentadas a seguir.

- Auxilia na compreensão de como é o funcionamento da rede como um todo, de forma segmentada por camadas, tanto em relação aos protocolos de cada camada como em relação aos dispositivos de rede a serem utilizados na topologia de rede a ser implementada.
- Estimula a competição e o desenvolvimento dos protocolos, pois os produtos de diferentes fornecedores podem trabalhar em conjunto, garantindo interoperabilidade entre as tecnologias utilizadas.
- Impede que mudanças de tecnologia ou habilidade em uma camada afetem outras camadas acima e abaixo do modelo, permitindo que, caso uma camada seja alterada, ela não venha a mudar o estado de outras camadas (engenharia modular).
- Auxilia na elaboração de novos protocolos, pois, sabendo onde um protocolo deverá operar, conhecem-se as regras específicas de cada camada e como elas irão manipular e interagir com suas camadas inferiores e superiores.
- Fornece uma padronização comum para descrever funções e habilidades da rede de dados.

Existem dois tipos básicos de modelo de rede, descritos a seguir.

- **Modelo de referência (modelo de direito):** Como o nome indica, esse modelo oferece consistência em todos os tipos de protocolos e serviços de rede, descrevendo como são realizados os processos e o que precisa ser feito em uma camada específica. O principal propósito desse modelo é propiciar um melhor entendimento das funções e dos processos envolvidos na comunicação dos dados. Às vezes, é conhecido como um protocolo de direito (como uma lei). O modelo de referência OSI (Open System Interconnection), da ISO (International Organization for Standardization), ou OSI/ISO, ou apenas OSI, é o modelo de referência de rede mais amplamente conhecido pelo segmento de TI. Ele é utilizado para o entendimento e a elaboração de layouts de rede de dados, especificações de operação, resolução de problemas e especificação de dispositivos a serem utilizados em uma rede.
- **Modelo de protocolo (modelo de fato):** Esse modelo corresponde à estrutura real de um conjunto específico de protocolos. Ou seja, descreve de fato toda a funcionalidade necessária para que ocorra interatividade humana com a rede de dados. O modelo TCP/IP é um modelo de fato, visto que descreve as funções que ocorrem realmente em cada camada de protocolos dentro da arquitetura. Note que nós, técnicos de rede, configuramos os dispositivos utilizando protocolos do TCP/IP, enquanto usamos o modelo OSI apenas para facilitar o entendimento de como a rede funciona.

O modelo de referência OSI

O modelo de referência Open System Interconnection foi elaborado pela ISO em meados de 1984 para fornecer uma estrutura na qual fosse possível criar um conjunto de protocolos de sistemas abertos, com o objetivo de padronizar as interconexões entre os dispositivos de rede de forma independente.

Em contrapartida, a velocidade com que a internet baseada no protocolo TCP/IP foi adotada e a frequência com a qual se expandia causaram atrasos no desenvolvimento e na aceitação do conjunto de protocolos do OSI. Embora poucos protocolos desenvolvidos usando as especificações OSI sejam amplamente utilizados atualmente em outras arquiteturas, o modelo OSI de sete camadas possibilitou grandes contribuições para o desenvolvimento de outros protocolos e novos produtos de rede. Esse modelo fornece uma lista extensiva de funções e serviços que podem ocorrer em cada camada. Ele também descreve a interação de cada uma com suas camadas diretamente acima e abaixo.

As sete camadas do modelo OSI são física, de enlace de dados (também chamada apenas camada de enlace), de rede, de transporte, de sessão, de apresentação e de aplicação. Elas são numeradas de baixo para cima. Todas as vezes que desejarmos representar um dispositivo de rede ou o funcionamento de um protocolo, vamos utilizar o modelo de referência OSI.

Figura 3. Modelo de referência OSI.

Descrição das camadas do modelo OSI

Como dito antes, o modelo OSI é utilizado como referência para o entendimento de modelos de fato e arquiteturas de rede funcionais. Por esse motivo, é muito importante entender as funcionalidades de cada camada.

1. **Camada física:** Define as características elétricas, mecânicas e procedimentais dos meios físicos de comunicação. Ou seja, é nela que o sinal binário (bit) é convertido em sinais elétricos e ópticos para que a informação seja recebida pela placa de rede. Características como intensidade do sinal, largura de banda, resistência e comprimento que os cabos de rede podem suportar são também funcionalidades dessa camada, que é considerada a camada 1 do modelo OSI.

2. **Camada de enlace:** É responsável por receber e tratar quadros de dados recebidos pela camada física, verificando erros e garantindo integridade nessa recepção. Também faz a ligação entre a camada física e a camada de rede (daí o nome enlace ou link de dados). Nas redes Ethernet, é na camada de enlace que se identificam os endereços físicos (MAC ou Media Access Control), importantes para definir o posicionamento de dispositivos dentro de uma rede local. A camada de enlace é considerada a camada 2 do modelo OSI.

3. **Camada de rede:** É responsável pela condução dos pacotes de dados em uma rede, por meio de protocolos de roteamento que identificam os melhores caminhos a serem seguidos para a entrega de um dado em uma rede de destino. Assim, o processo de escolha de melhores rotas, também conhecido como roteamento, é baseado nessa camada. Para isso, é importante que se identifiquem os endereços de rede (endereços lógicos), como o protocolo IP, responsável por carregar as informações na grande rede (protocolo roteado), ou seja, internet. A camada de rede é considerada a camada 3 do modelo OSI.

4. **Camada de transporte:** Como o nome indica, é responsável por transportar os dados fim a fim (host a host) de forma eficiente e confiável. As informações a serem transmitidas são quebradas em segmentos ou datagramas de rede e reagrupadas nos dispositivos de destino. A camada de transporte é considerada a camada 4 do modelo OSI.

5. **Camada de sessão:** É responsável pelo gerenciamento, pela abertura e pelo encerramento das sessões de comunicação entre os aplicativos de rede. É também responsável pela troca de informações e pela comunicação entre dispositivos de rede, por meio de protocolos especificamente implementados. A camada de sessão é considerada a camada 5 do modelo OSI.

6. **Camada de apresentação:** Responde pelo formato e pela representação dos dados na rede. Ou seja, é nessa camada que utilizamos os codificadores de textos, de imagens, de áudios e as formas de compactação e criptografia dos dados que devem ser transmitidos. A camada de apresentação é considerada a camada 6 do modelo OSI.

7. **Camada de aplicação:** Por ser a última camada do modelo OSI, é a mais próxima das aplicações de usuários. Estes utilizam softwares específicos dos mais variados serviços, como aplicações de e-mail eletrônico, compartilhamento de arquivos e envio de mensagens, entre outras. É a camada responsável por apresentar os processos de rede às aplicações de usuário – por exemplo, a aplicação Microsoft Outlook é um editor de e-mails e utiliza os protocolos de rede SMTP (Simple Mail Transfer Protocol), POP (Post Office Protocol) e IMAP (Internet Message Access Protocol) para transmitir e receber essas mensagens. A camada de aplicação é considerada a camada 7 do modelo OSI.

Arquitetura TCP/IP

A arquitetura TCP/IP ou modelo de fato do conjunto de protocolos TCP/IP, usada nas comunicações de rede, foi desenvolvida no início da década de 1970. É chamada de modelo da internet, pois suas características e sua usabilidade foram inicialmente implementadas nessa grande rede, o que a fez se tornar uma arquitetura base para comunicações fora das redes locais. Ou seja, esse modelo permitia conectividade remota na grande rede.

Essa arquitetura define quatro camadas de funções (mas isso depende do autor; pode ser que você leia um livro ou um artigo indicando que o modelo tem cinco camadas). Tais funções são necessárias para que as comunicações sejam bem-sucedidas. O modelo de protocolos TCP/IP é um padrão aberto, ou seja, não proprietário e independente da uma marca ou empresa patrocinadora que controle seus recursos, permitindo que qualquer usuário o utilize livremente.

As definições do padrão e dos protocolos TCP/IP são discutidas em um fórum público e definidas pelas RFCs (Requests for Comments), que consistem em documentos técnicos publicamente disponíveis. As RFCs descrevem as especificações formais dos protocolos de comunicação e dos recursos que descrevem o seu uso de forma aberta e livre. Essas especificações são produzidas pela IETF (Internet Engineering Task Force), formada por empresas, instituições de pesquisa e notáveis na área de redes.

A arquitetura TCP/IP possui quatro camadas (em nosso caso): a camada de acesso à rede (também chamada de link), a camada de internet, a camada de transporte e a camada de aplicação.

Figura 4. Arquitetura TCP/IP.

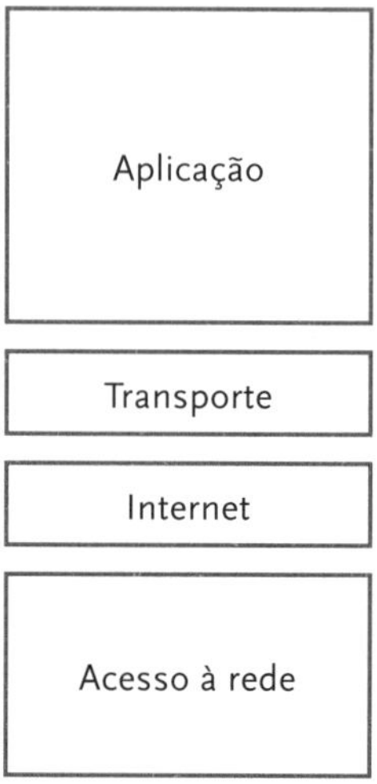

Descrição das camadas da arquitetura TCP/IP

Como já pudemos observar anteriormente, o TCP/IP é muito mais do que a junção de um protocolo de transporte e um protocolo de rede. Ele é considerado uma arquitetura de rede, um conjunto de protocolos que foram adequadamente implementados nas camadas de acesso à rede, de internetworking, de transporte e de aplicação desse modelo. Essa arquitetura de comunicação aberta foi criada para a implementação de redes de longa distância. Posteriormente, após a sua ampla divulgação e a robustez verificada, acabou sendo implementada também em ambientes de redes locais, substituindo protocolos dominantes de mercado na época, como o IPX/SPX, da Novell, e muitos outros criados para LANs.

Da mesma forma que o modelo de referência OSI, ele é dividido em camadas distintas e com funções específicas para que os dados sejam transferidos de forma confiável e segura.

1. **Camada de acesso à rede (link):** Essa é a camada mais inferior da arquitetura TCP/IP e define características de link de dados, que controla o acesso ao meio de rede e de camada física, responsável pelas propriedades de sinalização, taxa de transferência e questões relacionadas ao hardware e aos meios de comunicação, como os cabos metálicos e ópticos.

2. **Camada de internet:** É responsável pelo processo de escolha de rotas de destino por meio de um melhor caminho (roteamento) e pelo endereçamento lógico, caracterizado pelo IP, que define os endereços de redes de uma infraestrutura. Além do protocolo IP, fazem parte dessa camada o ARP (Address Revolution Protocol), que tem como função resolver endereços físicos (MAC) dado um endereço lógico (IP), e o ICMP (Internet Control Message Protocol), que tem a característica de conceber informações por meio de relatórios de redes, muito importantes para a medição de estabilidade e falhas de conexão. Como exemplo de aplicativos de teste de conectividade que utilizam o ICMP, podemos apresentar o *ping* e o *traceroute*.
3. **Camada de transporte:** A camada de transporte da arquitetura TCP/IP é similar à do modelo OSI. Ou seja, tem como objetivo transmitir os dados de forma íntegra e confiável ou rapidamente, provendo conectividade fim a fim. Nessa camada estão o TCP (Transmission Control Protocol), que garante a entrega dos dados de forma segura e íntegra por meio de mecanismos de checagem, confirmação de entrega e remontagem de dados, e o UDP (User Datagram Protocol), o qual permite que os dados sejam transmitidos rapidamente e é muito utilizado para aplicações sensíveis a atrasos, como transmissões de voz e vídeo.
4. **Camada de aplicação:** A camada de aplicação da arquitetura TCP/IP é comparada com as três camadas superiores do modelo OSI, integrando as funcionalidades das camadas de sessão, de apresentação e de aplicação desse modelo de referência. Carrega uma série de protocolos que interagem com as aplicações dos usuários finais, como o DHCP (Dynamic Host Configuration Protocol), usado para configurar automaticamente endereços de redes e outras informações nos hosts da infraestrutura, o DNS (Domain Name Systems), utilizado para a tradução de nomes de domínios, o FTP (File Transfer Protocol), destinado ao compartilhamento e à transferência de arquivos aos usuários da rede, o HTTP (Hypertext Transfer Protocol), utilizado para a navegação de portais na internet, o SMTP, o POP e o IMAP, esses três últimos utilizados para o transporte ou a recepção de mensagens de e-mail.

Comparação dos modelos OSI/ISO e TCP/IP

Sem sombra de dúvida, os protocolos da arquitetura TCP/IP são os mais utilizados, e para seu melhor entendimento utilizamos como comparação o modelo de referência OSI/ISO. No modelo OSI, as camadas física e de enlace de dados são representadas como a camada de acesso à rede da arquitetura TCP/IP, e as três camadas superiores do modelo de referência, que são as camadas de sessão, de apresentação e de aplicação, estão descritas em uma única camada do modelo TCP/IP, a sua camada de aplicação.

Na camada de acesso à rede, o conjunto de protocolos TCP/IP não especifica os protocolos utilizados na transmissão em um meio físico; ele descreve somente a transmissão da camada de internet aos protocolos da rede física. As camadas 1 e 2 do modelo OSI identificam os procedimentos necessários para acessar o meio físico com o intuito de enviar dados em uma rede de comunicação.

As analogias diretas entre os dois modelos de rede (TCP/IP e OSI) ocorrem nas camadas 3 e 4 do modelo OSI. A camada 3 do modelo OSI, que é a camada de rede, é utilizada quase universalmente para descrever os processos de como a rede envia dados através de um melhor caminho de rede (roteamento) e especifica endereços lógicos, que definem principalmente em qual rede determinado host destino se encontra. O IP é o protocolo que faz parte do conjunto TCP/IP e inclui várias funcionalidades descritas detalhadamente na camada de rede (a camada 3 do modelo OSI).

A camada 4 do modelo OSI (transporte) descreve os vários serviços e funcionalidades necessários para que um determinado dado seja enviado de forma confiável e íntegra em uma transmissão. Essas funções incluem negociação, reconhecimento, confirmação de entrega, recuperação de erros e sequenciamento dos dados enviados. A camada de transporte da arquitetura TCP/IP fornece funções similares, dependendo do protocolo de transporte utilizado na transmissão das informações. Os protocolos de transporte mais conhecidos na camada de transporte do TCP/IP são o Transmission Control Protocol e o User Datagram Protocol.

A camada de aplicação da arquitetura TCP/IP inclui uma série de protocolos que devem fornecer funcionalidades específicas a uma variedade de aplicações para o usuário final. As camadas 5, 6 e 7 do modelo OSI são usadas como referência para os desenvolvedores e fornecedores de software e aplicativos de usuário, fazendo com que os produtos e a aplicação de rede funcionem de forma interoperável. A figura 5 ilustra a comparação do modelo OSI com a arquitetura TCP/IP.

Figura 5. Comparação entre o modelo OSI e o modelo TCP/IP.

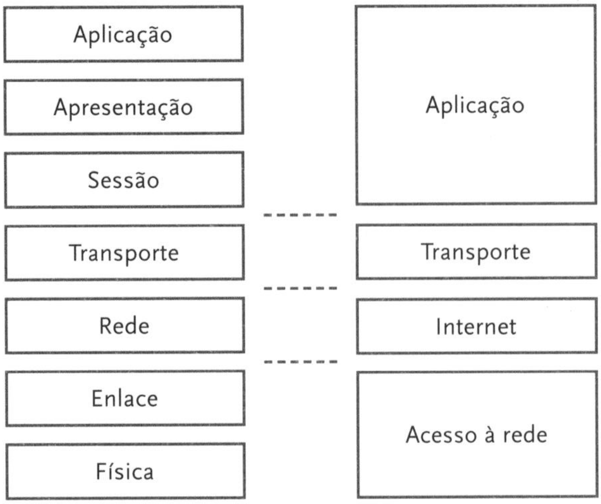

Encapsulamento e desencapsulamento de dados

Quando uma informação é transmitida ou recebida em uma comunicação de rede, os dados são encapsulados ou desencapsulados para ser processados e identificados corretamente com o intuito de alcançar seus objetivos.

No processo de encapsulamento são adicionadas informações em cabeçalhos de protocolo antes que a transmissão seja de fato realizada pela camada física. Esses encapsulamentos formam pequenos blocos de dados conhecidos como PDU (Protocol Data Unit).

No processo de desencapsulamento, quando um determinado pacote chega ao seu destino, o seu cabeçalho é examinado e removido, com a finalidade de ler camadas mais internas desse invólucro.

Figura 6. Encapsulamento e desencapsulamento de dados.

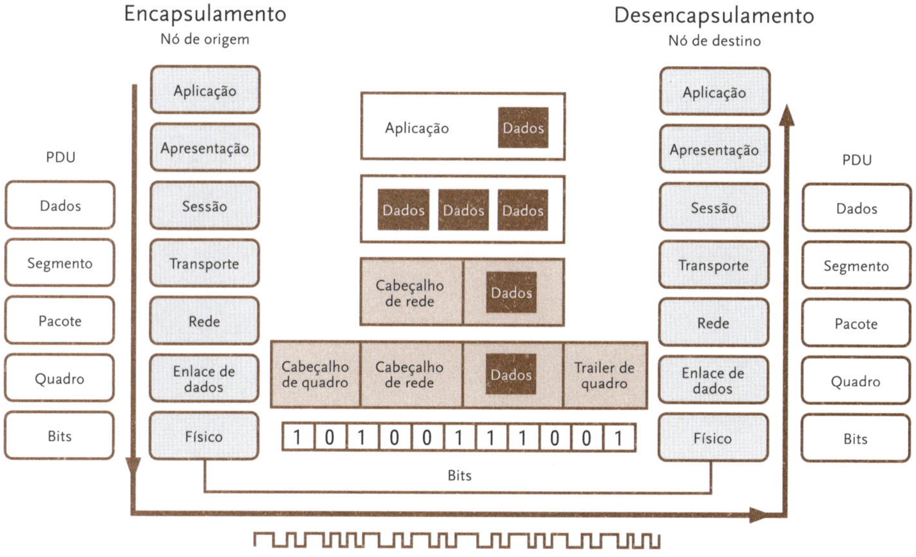

O PDU da camada física é o bit; o da camada de enlace é o quadro; o da camada de rede é o pacote; o da camada de transporte é o segmento, e o das camadas sessão, apresentação e aplicação é o dado.

Exercícios propostos

1. Descreva algumas metodologias de projetos conhecidas.
2. Quais são as dez áreas de conhecimento descritas no Guia PMBOK®?
3. Quais são as três camadas do projeto hierárquico de rede?
4. Qual é a diferença entre modelo de direito e modelo de fato? Dê exemplos.
5. Explique para que serve o modelo OSI.
6. Quais são as camadas do modelo OSI e qual a função de cada uma delas?
7. Quais são as camadas do modelo TCP/IP?
8. Quais são os dois protocolos de transporte da arquitetura TCP/IP mais conhecidos? Explique suas principais características.
9. Faça uma comparação entre os modelos OSI e TCP/IP. Identifique similaridades e diferenças.
10. O que são encapsulamento e desencapsulamento de dados?

Anotações

Anotações

6

Protocolos e padrões de rede

OBJETIVOS

- » Conhecer protocolos e padrões de redes
- » Entender a conceituação e a estrutura do IPv4
- » Entender a conceituação e a estrutura do IPv6
- » Conhecer protocolos de transporte e aplicações

PROTOCOLOS E PADRÕES

Os protocolos de rede são os conjuntos de normas e padrões que permitem que dois ou mais dispositivos conectados a uma rede se comuniquem entre si. Os protocolos atuam como uma "linguagem universal", que pode ser interpretada por computadores de qualquer fabricante, em qualquer sistema operacional de rede.

Os diversos protocolos de rede devem ser capazes de interagir e trabalhar em conjunto para que a comunicação de rede seja bem-sucedida e realize corretamente suas funções de entrega. Conjuntos de protocolos são implementados por dispositivos de rede no software, no hardware ou em ambos, e uma das melhores maneiras de visualizar como os protocolos funcionam de fato é verificar a interação como uma pilha de protocolos.

Uma pilha de protocolos demonstra como os protocolos individuais dentro de uma arquitetura de rede são devidamente implementados. Estes são segmentados e visualizados em camadas específicas, que interagem com serviços de nível superior ou inferior de cada camada estudada. As camadas inferiores da pilha estão relacionadas com a movimentação de dados pela rede e o fornecimento de serviços nas camadas superiores, que se concentram no conteúdo da mensagem que está sendo enviada de um host origem para um host destino.

Para que os dispositivos de rede se comuniquem com sucesso, um conjunto de protocolos de rede deve descrever exigências mínimas de funcionamento e interações precisas. Os protocolos de comunicação de rede definem um formato e um conjunto de padrões e regras comuns para a troca de mensagens entre os dispositivos. Alguns protocolos de rede comuns na arquitetura do IPv4 são o IP, o HTTP e o DHCP, entre outros.

Os protocolos de comunicação de rede descrevem os seguintes processos:

- como a mensagem está formatada ou estruturada para ser enviada na rede de comunicação;
- o processo pelo qual os dispositivos de rede compartilham informações sobre caminhos com outras redes;
- quando e como as mensagens de erro do sistema são transmitidas entre os dispositivos de rede;
- o estabelecimento, o gerenciamento e o término de sessões de transferências de dados a serem realizadas.

Por exemplo, o IP define como um pacote de dados é entregue dentro de LAN (uma rede local) ou enviado para uma WAN (uma rede remota de longa distância). As informações do protocolo IPv4 são transmitidas em um formato ou padrão específico para que o receptor possa interpretá-las corretamente, fazendo com que os dados sejam recebidos com sucesso.

Importantes protocolos de camada de rede

Existe uma gama muito grande de protocolos de camada de rede (por exemplo, o IPX, da Novell, e o NetBEUI, da Microsoft, entre outros). Como estamos tratando de tecnologias relacionadas à internet, vamos então focar os protocolos de rede que são normalmente implementados:

- IPv4 (Internet Protocol versão 4);
- IPv6 (Internet Protocol versão 6).

Características do protocolo IP

O Internet Protocol é o serviço da camada de rede implementado pelo conjunto de protocolos da arquitetura ou família TCP/IP. Ele foi desenvolvido como um protocolo com baixa sobrecarga e, por esse motivo, fornece somente as funções necessárias para enviar um pacote de um host origem a um host destino através de um sistema de redes interconectadas. Esse protocolo não foi elaborado para rastrear e gerenciar o fluxo dos pacotes sozinho, de modo que é preciso o auxílio de outras camadas.

O IP possui três características básicas.

- **Independente de meio físico:** A operação desse protocolo é independente do meio físico em que se faz o transporte dos dados.
- **Sem orientação à conexão (connectionless):** Nenhuma conexão entre o host origem e o host destino é estabelecida antes de encaminhar de fato os pacotes de dados.
- **Melhor esforço:** A entrega do pacote não é garantida, ou seja, a entrega pode não ser confiável, daí a necessidade de protocolos que garantam esse envio integralmente.

Conceituação e estrutura do IPv4

O protocolo IPv4 vem sendo utilizado desde o ano de 1983, quando foi implantado na ARPANET, a rede de pesquisa precursora da internet. A internet é baseada no IPv4 como protocolo de rede desde essa época. Ou seja, para que uma máquina se comunique com a internet, é necessário que o IPv4 esteja instalado em seu sistema operacional.

Um pacote IPv4 possui duas partes, descritas abaixo.

- **Cabeçalho IP:** Composto de vários campos que identificam as características essenciais para que o pacote possa ser transmitido.
- **Payload:** Também chamado de campo de dados e que contém as informações de segmento acima (camada 4) e os dados reais a serem transmitidos.

Cabeçalho do IPv4

Um cabeçalho de pacote IPv4 consiste nos campos que contêm informações muito importantes sobre o pacote e que serão utilizados para o dado ser entregue corretamente. A figura 1 apresenta os campos do IPv4 e suas respectivas características.

Figura 1. Cabeçalho do IPv4.

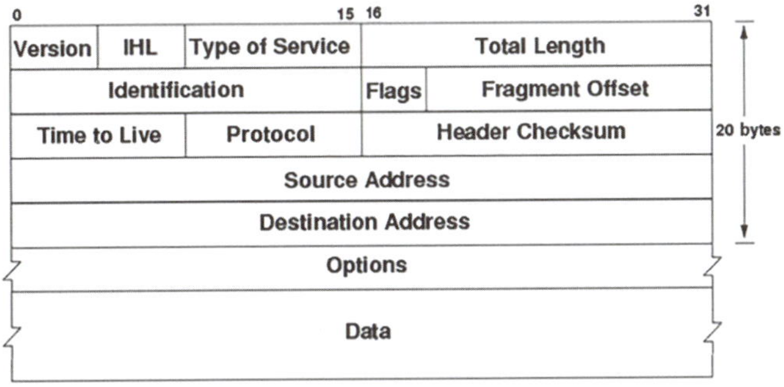

Os campos do cabeçalho IPv4 incluem os descritos a seguir.

- **Version:** Contém um valor binário de 4 bits que identificam a versão do pacote IP. Nos pacotes IPv4, esse campo é sempre definido como 0100.
- **IHL (Internet Header Length):** Contém um valor binário de 4 bits que indicam o número de palavras de 32 bits no cabeçalho. O valor do IHL varia conforme os campos *Options* e *Padding*. O valor mínimo desse campo é de 20 bytes, e o valor máximo, de 60 bytes.
- **Type of Service:** Anteriormente, campo ToS, mas atualmente chamado de DS (Differentiated Services ou serviços diferenciados). Esse campo é composto de 8 bits que determinam a prioridade de cada pacote que é utilizado por um mecanismo de QoS (Quality of Service ou qualidade de serviço).
- **Total Length:** Às vezes conhecido como o comprimento do pacote, é um campo de 16 bits que definem o tamanho total do pacote, incluindo cabeçalho e dados. O pacote de comprimento mínimo é de 20 bytes (cabeçalho de 20 bytes + dados de 0 byte), e o máximo é de 65.535 bytes.
- **Identification:** Esse campo de 16 bits identifica exclusivamente o segmento de um pacote de IP original.
- **Flags:** Esse campo de 3 bits identifica como o pacote é fragmentado, ou seja, quebrado em partes menores. É utilizado em conjunto com os campos *Fragment Offset* e *Identification* para auxiliar na reconstrução do fragmento dentro do pacote original.
- **Fragment Offset:** Esse campo de 13 bits identifica a ordem na qual o fragmento do pacote deve ser colocado na reconstrução do pacote original.

- **Time to Live:** Esse campo de 8 bits é utilizado para limitar a vida de um pacote transmitido na rede. Ele é especificado em segundos, mas é geralmente conhecido como contagem de saltos, ou seja, por quantos dispositivos intermediários de rede o pacote atravessou. O remetente do pacote define o valor inicial do TTL (Time to Live) e diminui em um a cada vez que o pacote é processado (salto) por um dispositivo de roteamento.
- **Protocol:** Esse campo de 8 bits indica o tipo de dados que o pacote está carregando, permitindo que a camada de rede passe esses dados para um protocolo apropriado nas camadas superiores.
- **Header Checksum:** Esse campo de 16 bits é utilizado para verificar possíveis erros do cabeçalho IP. O checksum do cabeçalho é recalculado e comparado ao valor no campo *Checksum*. Se os valores não coincidem, o pacote é descartado.
- **Source Address:** Contém um valor binário de 32 bits que representam o endereço IPv4 de origem do pacote.
- **Destination Address:** Contém um valor binário de 32 bits que representam o endereço IPv4 de destino do pacote.

Conceituação e estrutura do IPv6

O esgotamento de endereços IPv4 em decorrência do crescimento escalável da internet e a aplicação de novas tecnologias que não funcionam adequadamente com esse protocolo levou a IETF (Internet Engineering Task Force), no início da década de 1990, a apresentar um substituto. Assim foi desenvolvido o IP versão 6, ou IPv6, que supera as limitações do seu antecessor, o IPv4, e traz em sua arquitetura melhorias baseadas em demandas tecnológicas atuais.

As melhorias que o IPv6 fornece incluem as descritas a seguir.

- **Aumento do espaço de endereçamento:** Os endereços IPv6 são baseados em um endereçamento hierárquico de 128 bits, diferentemente do IPv4, que possui 32 bits. Isso aumenta significativamente o número de endereços IPs disponíveis e que podem ser utilizados como endereços tanto de significado local como de significado global (usado mundialmente). E, também diferentemente do protocolo IPv4, que pode fornecer aproximadamente 4.294.967.296 endereços exclusivos, o IPv6 é capaz de oferecer a impressionante quantidade de 340 undecilhões de endereços.
- **Melhor tratamento de pacotes:** O cabeçalho IPv6 foi simplificado com uma quantidade menor de campos se comparado com o do IPv4. Isso melhora o gerenciamento do pacote enviado pelos roteadores intermediários e oferece melhor suporte e mais opções de escalabilidade e longevidade avançadas.
- **Fim da necessidade de utilização do NAT:** Com um número tão grande de endereços públicos do IPv6, o NAT (Network Address Translation) não é mais uma aplicação necessária. Isso evita muitos problemas associados à utilização de NAT, principalmente em aplicações que exijam conectividade fim a fim, como jogos e propagação de aplicações de vídeo.

- **Segurança integrada:** O IPv6, por ser mais atual, suporta originalmente recursos de autenticação e privacidade embutidos em sua estrutura, ou seja, não possui a necessidade da utilização de protocolos de segurança externos ao protocolo, como ocorrido no IPv4.

Cabeçalho do IPv6

O cabeçalho do IPv6 possui o tamanho de 40 bytes (em grande parte por causa do comprimento dos endereços IPv6 de origem e de destino) e oito campos de cabeçalho (três campos básicos de cabeçalho IPv4 e cinco campos de cabeçalho adicionais). Sem sombra de dúvida, as mais importantes melhorias do IPv6 na comparação com o IPv4 são a estrutura de cabeçalho simplificado e o limite extenso de endereçamento.

Figura 2. Cabeçalho do IPv6.

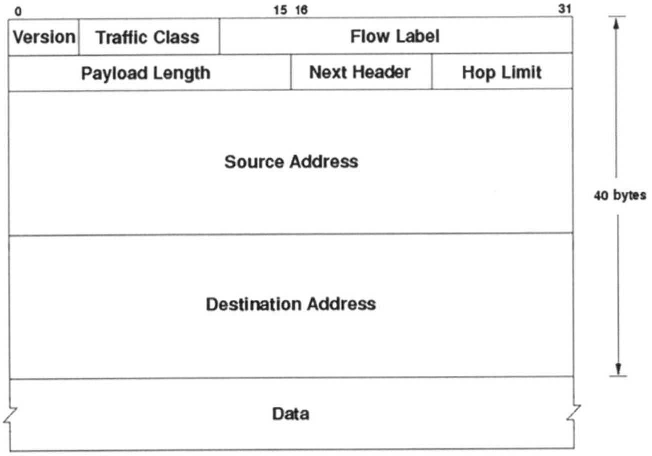

Os campos no cabeçalho do pacote IPv6 incluem os descritos a seguir.

- **Version:** O campo contém um valor de 4 bits que identificam a versão do pacote IP. Em pacotes IPv6, esse campo é sempre definido como 0110.
- **Traffic Class:** Esse campo de 8 bits é equivalente ao campo *Differentiated Services* do IPv4. Ele contém um valor de 6 bits que identificam o DSCP (Differentiated Services Code Point), utilizado para classificar pacotes, e um ECN (Explicit Congestion Notification) de 2 bits, utilizado para controle de congestionamento de tráfego.
- **Flow Label:** Esse campo de 20 bits fornece um serviço especial para aplicações em tempo real. Ele pode ser usado para informar roteadores e switches para que mantenham o caminho do fluxo de pacotes de modo que estes não necessitem ser reordenados.

- **Payload Length:** esse campo de 16 bits é equivalente ao campo *Total Length* do cabeçalho do IPv4. Ele define o tamanho total do pacote (fragmento), incluindo cabeçalho e extensões opcionais.
- **Next Header:** Esse campo de 8 bits é equivalente ao campo *Protocol* do IPv4. Ele exibe o tipo de payload que o pacote está carregando, permitindo que a camada de rede passe os dados para o protocolo apropriado nas camadas superiores. Esse campo também é usado caso haja cabeçalhos de extensão opcionais adicionados aos pacotes IPv6.
- **Hop Limit:** Esse campo de 8 bits substitui o campo de IPv4 do TTL. Esse valor é diminuído por um a cada roteador que encaminha o pacote. Quando o contador chega a 0, o pacote é descartado e uma mensagem ICMPv6 é encaminhada ao host envio, indicando que o pacote não atingiu seu destino.
- **Source Address:** Esse campo de 128 bits identifica o endereço IPv6 do host origem.
- **Destination Address:** Esse campo de 128 bits identifica o endereço IPv6 do host destino.

Um pacote IPv6 pode conter também os novos cabeçalhos de extensão (EH ou Extension Header), cujo objetivo é fornecer informações opcionais de camada de rede. Esses tipos de cabeçalhos são opcionais e, por esse motivo, são incluídos entre o cabeçalho e o payload do IPv6. Os EHs são usados para várias funções (por exemplo, fragmentação, segurança, suporte à mobilidade e outras funcionalidades).

Importantes protocolos de camada de transporte

A camada de transporte tem como função estabelecer uma sessão de comunicação temporária entre dois hosts finais, permitindo que os dados sejam transmitidos corretamente. Ela pode fornecer um método de distribuição em toda a rede que assegure que os dados sejam colocados de forma ordenada e o receptor os receba sem problemas. É nessa camada que os dados são segmentados em pedaços menores (segmentos) e têm seus fluxos controlados para que possam ser originalmente reagrupados no host destino em uma transmissão. Na arquitetura TCP/IP, esses processos de segmentação dos dados e de reagrupamento das informações no destinatário podem ser obtidos pela utilização de dois protocolos da camada de transporte: o TCP (Transmission Control Protocol) e o UDP (User Datagram Protocol).

As principais responsabilidades dos protocolos de camada de transporte são:

- rastrear a comunicação de uma forma individual entre as aplicações nos dispositivos de origem e de destino;
- segmentar os dados para que sejam gerenciados, controlados e reagrupados ou remontados nos dispositivos de destino;
- identificar a aplicação apropriada por meio de números de porta de conexão e controlar o fluxo do processo de comunicação.

Confiabilidade da camada de transporte

A camada de transporte também tem como objetivo gerenciar os requisitos necessários para que a comunicação seja confiável, pois diferentes aplicações de rede possuem diferentes características e necessidades para seu bom funcionamento.

A camada de rede que possui o protocolo IP está preocupada apenas com o endereçamento, a estrutura de encapsulamento dos pacotes e a tomada de decisão de encaminhamento dos dados por meio do processo de roteamento. Ou seja, o protocolo IP não especifica como os pacotes serão transportados ou entregues em um receptor. Nesse contexto, os protocolos de transporte surgem como auxílio, definindo e especificando como as informações devem ser transmitidas entre dispositivos de rede.

O protocolo de transporte TCP é considerado um protocolo de transporte confiável, muito completo e que pode garantir que todos os segmentos de dados cheguem ao destino. Ao contrário, o protocolo UDP tem um cabeçalho muito simples e praticamente não fornece qualquer confiabilidade na transmissão, porém, por ser um protocolo enxuto, possui maior flexibilidade e maior rapidez quando transportado na rede.

TCP

No conjunto de protocolos TCP/IP, o protocolo de transporte TCP é descrito inicialmente na RFC 793 e está localizado entre as camadas de internet e de aplicação. Usando o TCP, as aplicações de rede transmitidas entre hosts tornam-se muito mais confiáveis e íntegras. O TCP é considerado um protocolo orientado à conexão, ou seja, os dados do usuário não são trocados entre os dispositivos até que uma conexão seja estabelecida previamente entre os dois pontos finais. Essa conexão é realizada e gerenciada durante toda a transmissão de dados entre os nós.

As conexões TCP têm três fases:

- estabelecimento de conexão;
- transferência de dados;
- término de conexão.

Estrutura do cabeçalho do TCP

Cada segmento TCP possui um cabeçalho no segmento medido em palavra de 32 bits e possui, por padrão, um tamanho de 20 bytes. Podemos observar a estrutura do cabeçalho do TCP e seus campos na figura 3.

Figura 3. Cabeçalho do segmento TCP.

```
0                          15 16                          31
┌──────────────────────────┬──────────────────────────────┐  ▲
│       Source Port        │      Destination Port        │  │
├──────────────────────────┴──────────────────────────────┤  │
│                    Sequence Number                       │  │
├─────────────────────────────────────────────────────────┤  │
│                 Acknowledgement Number                   │  │
├──────┬────────┬──────────┬──────────────────────────────┤ 20 bytes
│ Data │Reservd │U A P R S F│       Window Size           │  │
│Offset│        │R C S S Y I│                              │  │
│      │        │G K H T N N│                              │  │
├──────┴────────┴──────────┼──────────────────────────────┤  │
│        Checksum          │       Urgent Pointer         │  │
├─────────────────────────────────────────────────────────┤  ▼
│                        Options                          │
├─────────────────────────────────────────────────────────┤
│                          Data                           │
└─────────────────────────────────────────────────────────┘
```

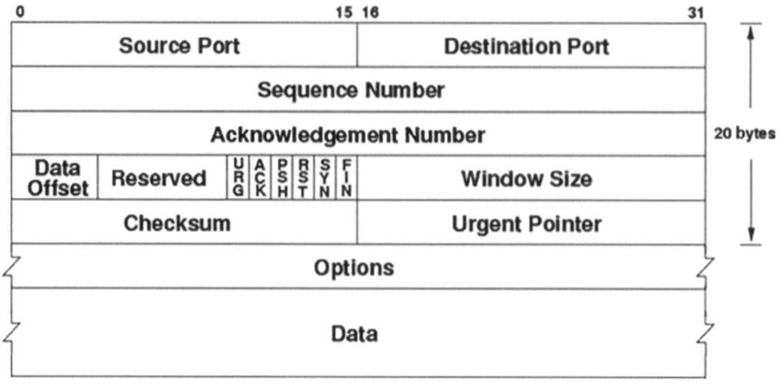

Os campos no cabeçalho do segmento TCP incluem os citados a seguir.

- **Source Port:** Esse campo de 16 bits especifica o número de porta que identifica a aplicação que origina a transmissão.

- **Destination Port:** Esse campo de 16 bits especifica o número de porta que identifica a aplicação que deve receber a transmissão.

- **Sequence Number:** Esse campo de 32 bits define o número de bloco, usado somente para a remontagem dos dados.

- **Acknowledgement Number:** Esse campo (cuja tradução é número de confirmação) de 32 bits indica os dados que foram recebidos e devidamente confirmados.

- **Data Offset:** Traduzido como deslocamento de dados, define o comprimento do cabeçalho.

- **Reserved:** Esse campo (cuja tradução é reservado) de 6 bits é reservado para o futuro.

- **Bits de controle:** Esse campo de 6 bits inclui códigos de bit, ou flags, que indicam a finalidade e a função do segmento TCP. São seis flags conhecidas: URG, ACK, PSH, RST, SYN e FIN.

- **Window Size:** Traduzido como tamanho da janela, esse campo de 16 bits indica o número de bytes que podem ser aceitos ao mesmo tempo.

- **Checksum:** Esse campo de 16 bits é usado para a verificação de erros do cabeçalho e de dados do segmento.

- **Urgent Pointer:** Esse campo de 16 bits indica se os dados são urgentes. Em caso afirmativo, esses dados são enviados mais rapidamente.

- **Options:** Esse campo de tamanho de palavras de 0 a 32 bits é utilizado para a comunicação por meio de software, com outra conexão.

- **Data:** Esse campo define o que o segmento carrega.

Aplicativos que utilizam TCP

A lista a seguir traz os aplicativos mais comuns que utilizam diretamente os serviços de transferência de dados confiáveis fornecidos pelo TCP.

Quadro 1. Aplicativos que usam TCP.

Aplicativo	Características
FTP File Transfer Protocol.	Fornece um mecanismo para mover arquivos de dados entre sistemas finais. Os programas cliente e servidor FTP, assim como a maioria dos navegadores da web, contêm uma implementação do protocolo FTP.
HTTP Hypertext Transfer Protocol.	Protocolo usado para mover páginas da web por meio de uma conexão de internet. O protocolo HTTP é construído em navegadores da web e servidores web.
IMAP Interactive Mail Access Protocol.	Fornece aos clientes acesso a mensagens de e-mail e caixas de correio através de uma rede. Ele é incorporado em aplicações de e-mail.
POP Post Office Protocol.	Permite que clientes leiam e removam mensagens de e-mail residente em um servidor remoto. Ele é incorporado em aplicações de e-mail.
Rlogin Remote login.	Fornece à rede capacidade de login remoto.
SMTP Simple Mail Transfer Protocol.	Usado para entregar mensagens de e-mail de um sistema para outro. Ele é incorporado em aplicações de e-mail.
SSH Secure Shell.	Fornece acesso remoto a computadores, proporcionando algoritmos de criptografia dos dados.
Telnet	Fornece terminal de rede ou capacidade de login remoto sem algoritmos de segurança.

UDP

O protocolo de transporte UDP, descrito inicialmente no RFC 768, é muito mais simples que o TCP, e seu PDU é chamado de datagrama. Os datagramas são considerados não confiáveis, pois não garantem que o dado será reconstruído se não forem recebidos em ordem correta. O gerenciamento sobre se as aplicações foram ou não enviadas corretamente fica a cargo de camadas superiores do modelo, ou seja, a camada de aplicação acaba adquirindo tal responsabilidade.

Embora o UDP não seja confiável, a falta de verificação e correção de erros torna esse protocolo muito mais rápido e eficiente para diversas aplicações de dados intensivos ou menos sensíveis ao tempo, como o DNS (Domain Name Service), o SNMP (Simple Network Management Protocol), o DHCP (Dynamic Host Configuration Protocol) e o RIP (Routing Information Protocol, este considerado um protocolo de roteamento). A utilização do protocolo de transporte UDP também é adequada para streaming de vídeo e aplicações com grandes quantidades de imagens (por exemplo, os jogos digitais).

Algumas características que descrevem o datagrama UDP.

- **Sem orientação à conexão (connectionless):** Não possui um mecanismo de estabelecimento de conexão entre os dispositivos na comunicação, antes que os dados sejam transmitidos efetivamente.

- **Entrega não confiável:** Não fornece mecanismos de confiabilidade para que os dados possam ser enviados de uma forma segura e não possui processos de retransmissão de dados perdidos ou corrompidos.

- **Sem reconstrução ordenada:** Os dados devem ser transmitidos em sequência e recebidos nessa mesma ordem, pois o UDP não possui técnicas de remontagem e reagrupamento dos datagramas enviados.

- **Sem controle de fluxo:** Não possui um mecanismo de controle e gerenciamento da qualidade na transmissão dos dados. Se a origem transmitir os dados e os recursos de rede ficarem sobrecarregados, o host destino provavelmente irá descartar os dados até que os recursos possam se tornar disponíveis novamente. Além disso, ele não possui um mecanismo de reenvio de dados descartados ou corrompidos.

Estrutura do cabeçalho do UDP

Apesar de o UDP não incluir os mecanismos de confiabilidade e de controle de fluxo que o TCP implementa, a entrega de dados de baixa carga faz do UDP um protocolo de transporte muito bom para aplicações que podem tolerar algumas perdas de dados. Esses datagramas UDP são enviados como o "melhor esforço".

Figura 4. Cabeçalho do datagrama UDP.

```
0                      15 16                      31
┌───────────────────────┬───────────────────────┐  ▲
│     Source Port       │   Destination Port    │  │
├───────────────────────┼───────────────────────┤  8 bytes
│     UDP Length        │    UDP Checksum       │  │
├───────────────────────┴───────────────────────┤  ▼
│                     Data                      │
└───────────────────────────────────────────────┘
```

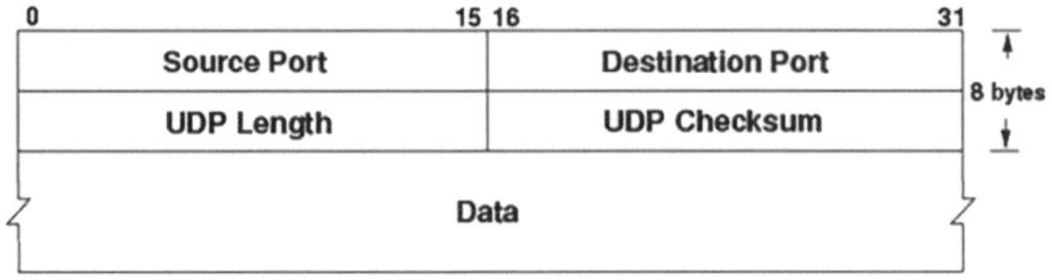

Os campos no cabeçalho do segmento UDP incluem os citados a seguir.

- **Source Port:** Esse campo de 16 bits define o número de porta que identifica a aplicação que origina a transmissão.

- **Destination Port:** Esse campo de 16 bits define o número de porta que identifica a aplicação que deve receber a transmissão.
- **UDP Length:** Esse campo de 16 bits é também conhecido como deslocamento de dados e apresenta o comprimento do cabeçalho de segmento TCP.
- **UDP Checksum:** Esse campo de 16 bits é usado para a verificação de erros do cabeçalho e de dados do segmento.

Aplicativos que utilizam UDP

Entre os aplicativos mais comuns que usam diretamente os serviços de transferência de dados não confiáveis fornecidos pelo UDP estão os citados a seguir.

Quadro 2. Aplicativos que usam UDP.

Aplicativo	Características
DNC Domain Name Service.	Fornece um mecanismo de tradução de domínios de rede para endereços IP correspondentes e vice-versa.
SNMP Simple Network Management Protocol.	Protocolo utilizado para o gerenciamento de dispositivos de rede.
DHCP Dynamic Host Configuration Protocol.	Fornece serviços e mapeamento de endereços para dispositivos de redes solicitantes.
TFTP Trivial File Transfer Protocol.	Protocolo de transferência de arquivos trivial, muito usado em transmissão de arquivos pequenos, como o arquivo de configuração de um roteador.
RIP Routing Information Protocol.	Protocolo de roteamento do tipo vetor-distância muito usado para redes pequenas.

Portas TCP e UDP

Como vimos anteriormente, nos cabeçalhos de cada segmento TCP ou datagrama UDP existem campos que especificam números de porta de origem e de destino. O número da porta de origem é o número que associa a aplicação original do dispositivo que irá participar da transmissão, e a porta de destino é o número que identificará a aplicação ou o serviço de que o dispositivo de origem necessita utilizar na transmissão. Uma porta, então, é um identificador numérico definido e marcado dentro de cada segmento, utilizado para rastrear conversas específicas e serviços de destino solicitados.

- **Porta de origem:** O número da porta de origem é gerado aleatoriamente pelo sistema operacional de um dispositivo de envio para identificar uma conversação entre dois dispositivos que fazem parte da transmissão. Isso permite que várias conversações ocorram simultaneamente. Em outras palavras, um dispositivo pode enviar várias solicitações de serviço HTTP para um servidor web ao mesmo tempo. As conversas separadas são rastreadas com base em portas de origem.
- **Porta de destino:** O host origem preenche também um número de porta de destino no segmento para informar qual o servidor destinatário, e sua aplicação será solicitada. Por exemplo, a porta 80 refere-se aos serviços HTTP utilizados para navegação na web.

Figura 5. Portas de conexão TCP ou UDP.

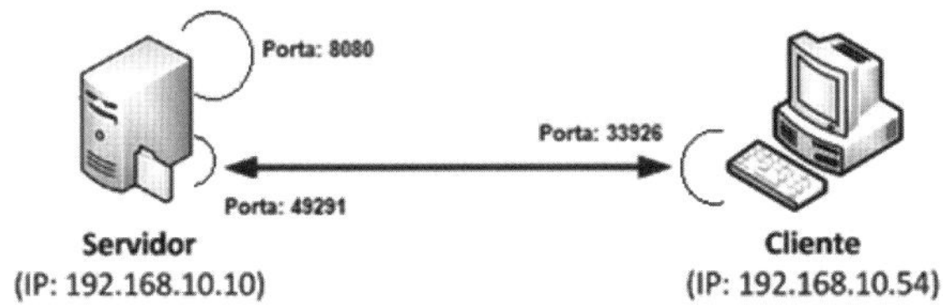

Padronização de número de portas

A IANA (Internet Assigned Numbers Authority) é um dos órgãos mais importantes de regulamentação da internet e define a designação de endereços IPs e a identificação de número de portas TCP e UDP que podem ser utilizadas em uma transmissão de rede.

Existem diferentes intervalos de números de portas, como descrito a seguir.

- **Portas muito conhecidas (números de 0 a 1023):** Esses números estão reservados a serviços e aplicativos conhecidos. Elas são comumente utilizadas em aplicativos como o HTTP, o IMAP, o SMTP, o POP, o SSH, o FTP, o TFTP e o Telnet, entre outros.
- **Portas registradas (números entre 1024 e 49151):** Esses números de porta são designados para processos ou aplicativos de clientes. Quando não usadas para um recurso de servidor, essas portas podem ser dinamicamente selecionadas por um usuário como sua porta de origem.
- **Portas dinâmicas ou privadas (números de 49152 a 65535):** Esses números de porta também são conhecidos como portas efêmeras. Elas são geralmente designadas de forma dinâmica pelos sistemas operacionais dos hosts aos aplicativos quando o cliente inicia uma conexão a um serviço de rede. Por esse motivo, a porta dinâmica é mais frequentemente utilizada para identificar o aplicativo do cliente durante a comunicação, enquanto o cliente utiliza a porta conhecida para identificar e estabelecer conexão com o serviço solicitado no servidor.

Figura 6. Algumas portas TCP/UDP e suas aplicações correspondentes.

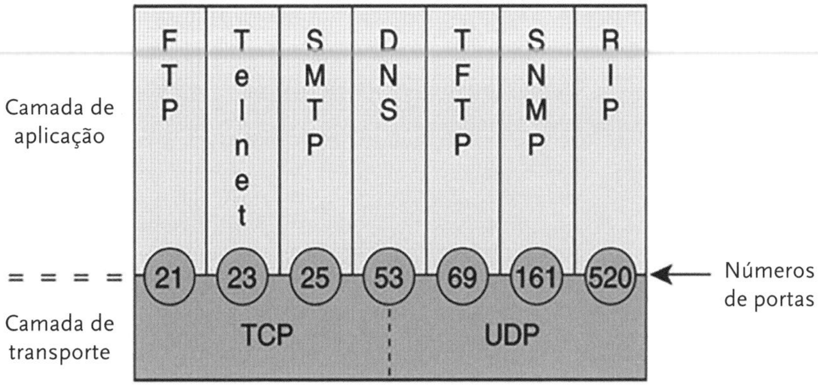

Sockets TCP

Os pontos finais da conexão entre as conexões TCP são chamados de sockets ou soquetes. Esse encaixe virtual é identificado por uma combinação do endereço IP em conjunto com o número de porta identificado, permitindo estabelecer uma conexão virtual entre os pares de sockets de acordo com os parâmetros de qualidade de serviço e segurança previamente estabelecidos. Uma conexão é definida por um par de sockets, provendo toda a informação de endereçamento de que um cliente ou um servidor necessita para identificar seu parceiro na comunicação.

Figura 7. Exemplo de um par de sockets apresentado pelo comando *netstat*.

```
> netstat -na
Active Internet connections (including servers)
Proto ..........  Local Address  Foreing Address     (state)
...
tcp  ..........  128.1.50.30.23 130.2.15.8.2219     Established
...
```

É muito comum, no segmento de redes, confundirem portas com sockets; muitos acreditam que são a mesma coisa. Na verdade, a porta TCP é um número de identificação da aplicação a ser transportada no segmento, enquanto o socket é uma combinação da porta mais o endereço de pacote.

Exercícios propostos

1. O que é um protocolo de rede? Para que serve?
2. Para que um computador pessoal possa acessar a internet, é mandatório que o seu sistema operacional conheça qual protocolo de rede?
3. Quais são as três principais características do protocolo IP?
4. Quais são as funções do cabeçalho e do payload de um protocolo de rede?
5. Para que serve o campo *Time to Live* no IPv4?
6. Quais fatores levaram ao desenvolvimento do IPv6?
7. Explique por que no IPv6 não é necessária a utilização de NAT.
8. Quais foram os campos retirados do IPv6 em comparação com o IPv4?
9. Quais são os dois protocolos de transporte mais conhecidos da arquitetura TCP/IP?
10. Qual é a diferença entre porta e socket na camada de transporte? Para que serve o número de porta?

Anotações

Anotações

7

Redes de computadores locais

OBJETIVOS

- Aprender sobre redes locais
- Entender o endereçamento físico (MAC)
- Conhecer a tecnologia de rede Ethernet
- Aprender a configurar uma rede local

Redes locais

LAN, Local Area Network (rede de área local ou, simplesmente, rede local são todas denominações com o mesmo significado) é uma infraestrutura de rede de abrangência geográfica limitada, como um pequeno escritório de advocacia, uma universidade, um centro hospitalar, até mesmo uma simples residência. Nela são incluídos vários dispositivos finais (usuários), interligados aos dispositivos intermediários (comutadores) responsáveis pela propagação dos dados na rede, através de meios de comunicação (cabos metálicos, fibras e o ar). Em uma pequena rede geralmente se encontram, além dos computadores pessoais dos usuários, servidores de aplicações específicas e impressoras de rede.

As tecnologias e os protocolos utilizados nas redes locais geralmente são considerados de camada de enlace (camada 2) e se desenvolveram ao longo do tempo. No início das redes locais, a tecnologia Token-Ring, da IBM, era uma realidade de mercado para médias empresas, mas, por ser uma tecnologia proprietária e de alto custo, acabou tendo a concorrência da tecnologia Ethernet, desenvolvida pela Xerox, mais aberta e flexível e de menor custo. A Xerox acabou se juntando às empresas Digital e Intel (DIX) para aperfeiçoar esse protocolo, dando origem a versões mais atuais e, por consequência, à sua padronização no IEEE como 802.3 (IEEE 802.3).

Em função disso, as redes Ethernet são as mais utilizadas já há algum tempo para permitir a conectividade de hosts localmente instalados. Ela opera na camada de enlace de dados e na camada física em relação ao modelo de referência OSI/ISO. Pode ser definida como um conjunto de tecnologias de redes de comutação definidas nos padrões IEEE 802.2 (LLC) e IEEE 802.3 (Ethernet descrita e regulamentada no IEEE).

Os padrões Ethernet são baseados em física (camada 1) e camada de enlace (camada 2) e possibilitam que vários protocolos de rede sejam encapsulados em seus quadros, entre eles o IPX/SPX, da Novell, que foi muito utilizado em ambientes de redes locais na década de 1980, e o TCP/IP, que ganhou notoriedade nas comunicações com a internet e foi também implementado nas redes locais, substituindo naturalmente seus antecessores.

A camada de enlace nessa tecnologia é dividida em duas subcamadas: a LLC (Logical Link Control) e a MAC (Media Access Control), descritas na figura 1.

Figura 1. Camada de enlace de dados e subcamadas MAC e LLC.

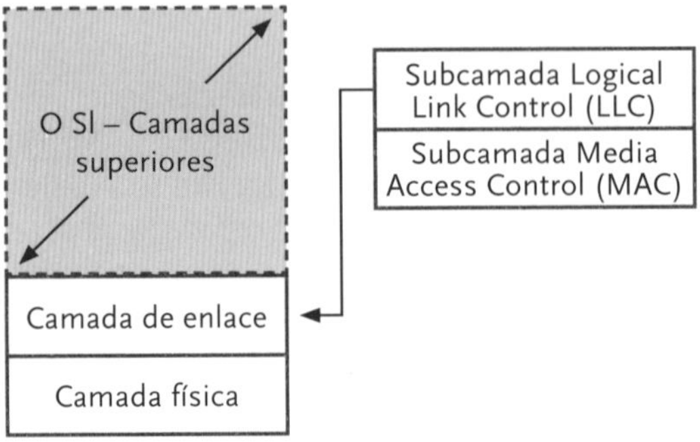

A subcamada LLC

A subcamada Logical Link Control, da rede Ethernet, trata da comunicação entre as camadas superiores e as camadas inferiores do modelo de referência de rede. Isso é normalmente entre o software de rede e o hardware do dispositivo a ser estudado. A subcamada LLC obtém os dados do protocolo de rede, que normalmente é um pacote IPv4 encapsulado, e adiciona informações de controle para ajudar a entregar o pacote no host destino. Esse tipo de controle é usado para a comunicação com as camadas superiores do aplicativo e mover os pacotes de dados para as camadas inferiores.

Em um computador, a LLC pode ser considerada o driver de uma placa de rede, por exemplo. A função desse programa de driver é interagir diretamente com o hardware na placa de rede a fim de transmitir os dados entre a subcamada de controle de acesso ao meio e os meios físicos de comunicação.

A subcamada MAC

A subcamada Media Access Control, da rede Ethernet, é implementada pelo hardware do dispositivo (normalmente, na placa de rede do computador). Ela armazena, em uma memória não volátil, um conjunto de números no formato hexadecimal que representam um endereço físico do componente de rede, o endereço MAC.

Os detalhes da subcamada MAC e da camada física estão especificados nos padrões IEEE 802.3, que descrevem as características das redes Ethernet. A subcamada MAC possui duas responsabilidades principais:

- encapsulamento dos dados a serem transmitidos;
- controle de acesso ao meio.

Figura 2. Camada de enlace de dados e subcamadas MAC e LLC.

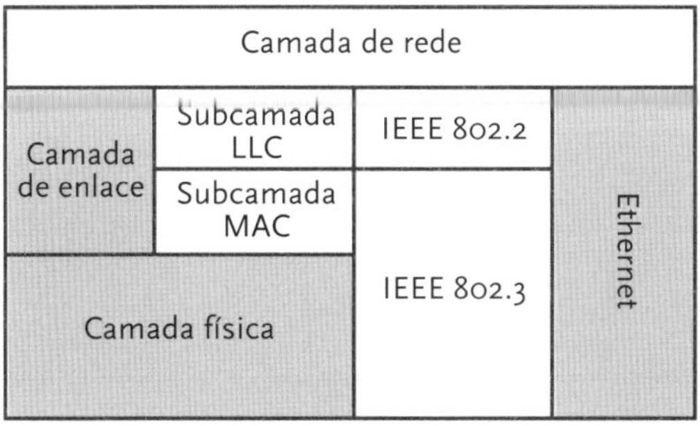

Encapsulamento de dados

O processo de encapsulamento de dados é a forma como os dados são identificados através de um cabeçalho e colocados dentro dos quadros Ethernet antes de sua transmissão. Já o processo de retirada desses cabeçalhos com o objetivo de tratar os dados enviados para uma máquina de destino é conhecido como desencapsulamento de dados.

O encapsulamento e o desencapsulamento de dados exercem três funções principais, descritas a seguir.

- **Delimitação de quadro:** O processo de encapsulamento oferece delimitadores importantes que são utilizados para identificar um grupo de bits que forma um quadro. Esse processo oferece sincronização entre os dispositivos de transmissão de recepção.
- **Endereçamento:** O processo de encapsulamento fornece o endereçamento de camada de enlace de dados, que, no caso da Ethernet, é o endereço MAC ou MAC Address. Em cada cabeçalho do quadro Ethernet são adicionados esses endereços, possibilitando que ele entregue os dados a um host destino.
- **Detecção de erros:** Cada quadro Ethernet possui um finalizador de quadro (trailer) que pode realizar um processo de verificação por meio de um algoritmo. O CRC (Cyclic Redundancy Check ou verificação de redundância cíclica) é o método de verificação mais utilizado. Depois do recebimento de um frame, o host destino cria uma CRC para comparar com a que está dentro do frame. Se esses dois cálculos de CRC se corresponderem será possível afirmar que os dados foram recebidos integralmente e sem erros.

Controle de acesso ao meio

A segunda responsabilidade da subcamada MAC é o controle de acesso ao meio ou controle de acesso à mídia. Tal controle é responsável pela colocação e pela remoção dos quadros no meio físico utilizado, para que os dados possam ser transportados adequadamente. Ela se comunica diretamente com a camada inferior (a camada física) e com camada superior (a subcamada LLC).

A topologia lógica da rede Ethernet é um barramento multiacesso, que compartilha o meio físico com todos os dispositivos de rede do segmento. Tal tecnologia utiliza o método baseado em contenção de rede, também conhecido como método não determinístico, que permite a qualquer dispositivo de rede transmitir, desde que o meio esteja livre. Nesse caso, é possível que dois dispositivos tentem compartilhar esse meio físico ao mesmo tempo, pois, como foi dito, a rede possui um processo de concorrência. Caso isso ocorra, os quadros transmitidos poderão se colidir no meio, gerando dados corrompidos e inutilizáveis. Por esse motivo, a rede Ethernet fornece um método de acesso para controlar como os hosts podem compartilhar o acesso à rede, através de uma tecnologia conhecida como CSMA (Carrier Sense Multiple Access ou portadora sensível a múltiplos acessos).

O método de acesso CSMA é utilizado para detectar inicialmente se o meio físico está transportando ou não um sinal nesse meio concorrente. Se um sinal de determinado host for detectado na portadora, isso significará que alguém está utilizando o recurso e, nesse caso, ninguém mais poderá transmitir nesse segmento até que ele esteja liberado. No entanto, é possível que o método de acesso CSMA falhe e dois dispositivos acabem transmitindo os dados ao mesmo tempo, o que causará uma colisão de dados. Na ocorrência dessa colisão, os dados enviados por ambos os dispositivos serão corrompidos e precisarão ser reenviados depois de um tempo de envio aleatório.

Esses métodos de controle de acesso ao meio baseados em contenção não possuem mecanismos para rastrear de quem é o dado a ser enviado no meio físico e apresentam uma baixa sobrecarga. Também não escalam bem sob uso intenso do meio físico, pois, à medida que a quantidade de hosts na rede aumenta, a probabilidade de acesso bem-sucedido ao meio físico livre de colisão diminui muito, fazendo com que a rede perca performance. Além disso, os mecanismos de recuperação necessários para corrigir erros decorrentes de colisões ainda diminuem a taxa de transferência.

São dois os métodos de detecção de colisão utilizados em redes Ethernet: o CD (Collision Detection), utilizado em redes Ethernet cabeadas, e o CA (Collision Avoidance), utilizado em redes Ethernet sem fio. Daí vêm os nomes CSMA/CD e CSMA/CA, respectivamente.

Endereçamento físico

Em uma topologia lógica de barramento em multiacesso, cada host de rede é conectado ao mesmo meio físico compartilhado, e todos os hosts estão recebendo todos os quadros transmitidos por um host origem. Esse processo de envio para todas as máquinas de um segmento é conhecido como broadcast.

O problema é que, se todos os dispositivos da rede estiverem recebendo os quadros em broadcast, será difícil que um determinado dispositivo interprete que a informação foi enviada individualmente para ele, e nesse caso é necessário que todos os dispositivos desencapsulem os dados para identificar endereços na camada de rede através dos endereços IP. Isso se torna ainda mais problemático em grandes redes, com alto volume de tráfego.

Para evitar essa sobrecarga envolvida no processamento de cada quadro Ethernet, o identificador ou endereço de rede exclusivo e conhecido como Media Access Control foi desenvolvido para representar os dispositivos de rede de origem e de destino dentro de uma rede local. Um endereço MAC Ethernet é composto por um valor binário de 48 bits (6 bytes), o qual é representado no formato de 12 dígitos hexadecimais.

Estrutura do endereço MAC

Os endereços MAC devem ser globalmente exclusivos, e seus valores são resultado direto de regras impostas pelo IEEE a fornecedores para garantir endereços únicos que identifiquem dispositivos em uma rede Ethernet. Tais regras estabelecidas pelo IEEE exigem que todos os fornecedores e fabricantes que vendam dispositivos de rede Ethernet sejam registrados no IEEE e obtenham um código de identificação de 3 bytes ou octetos (24 bits) de controle, conhecido como OUI (Organisationally Unique Identifier). Os outros 3 bytes ou octetos (24 bits) de controle representam características próprias do fabricante do componente, também conhecido como Vendor ou Network Interface Controller. Na figura 3 podemos observar o formato do endereço MAC.

Figura 3. Estrutura do endereço MAC.

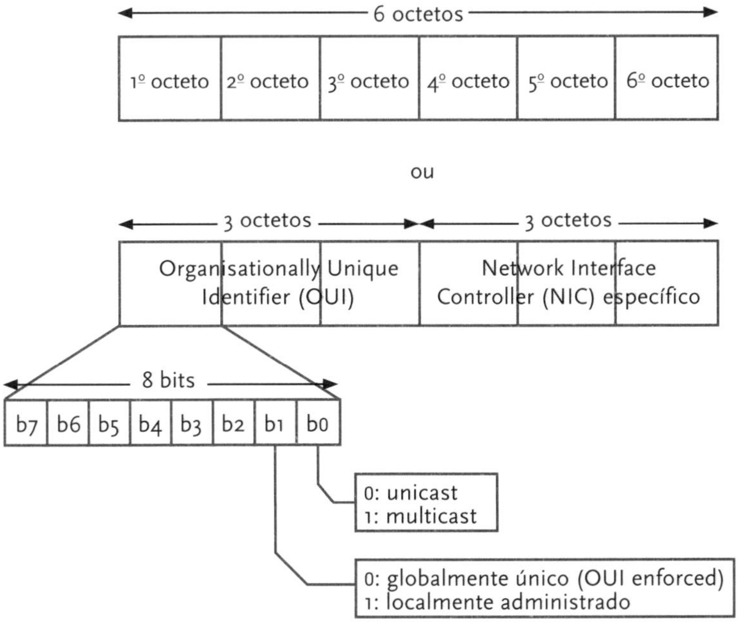

Processamento de um quadro (frame)

O endereço de enlace MAC também costuma ser conhecido como BIA (Burned-in Address ou endereço gravado), por ser historicamente armazenado na memória ROM (Read-Only Memory ou memória somente de leitura), que está posicionada na placa de rede do dispositivo de rede.

Apesar de o endereço MAC ser gravado em um chip na memória ROM, em alguns sistemas operacionais e em algumas placas de redes mais modernas é possível alterar o endereço MAC via software. Isso é útil ao tentar obter acesso a uma rede que filtre dados com base no BIA; logo, filtrar ou controlar o tráfego com base no endereço MAC não é uma técnica tão segura e usual e, por esse motivo, não é visto com muita frequência.

Outro motivo para a alteração de um endereço MAC ocorre quando se adquirem duas placas com um mesmo endereço. Uma rede Ethernet não permite que dois endereços MAC iguais estejam em um mesmo segmento, causando conflitos e erros na transmissão dos dados.

Diferentes fabricantes de hardware e software podem representar o endereço MAC em diferentes formatos hexadecimais, que é a forma como tal endereço é apresentado ao usuário via comando de sistema operacional. Os formatos do endereço MAC podem ser semelhantes aos seguintes exemplos:

- 00-05-9A-3C-78-00;
- 00:05:9A:3C:78:00;
- 0005.9A3C.7800.

Quando um computador é inicializado, a primeira coisa que a placa de rede faz no processo de boot é copiar o endereço MAC da ROM para a memória de trabalho RAM. Quando um dispositivo está encaminhando uma mensagem para uma rede Ethernet, ele deve anexar esses endereços no cabeçalho do quadro.

Cada placa de rede na rede exibe as informações na subcamada MAC, para ver se o endereço MAC de destino no quadro corresponde ao endereço MAC físico do dispositivo armazenado na RAM. Se não houver tal correspondência, o dispositivo descartará o quadro. Quando o quadro chega ao destino em que o MAC da placa de rede corresponde ao MAC de destino do quadro, a placa de rede passa o quadro para as camadas superiores.

Tecnologia de rede Ethernet

Desde o desenvolvimento do protocolo Ethernet, em 1973, os padrões evoluíram para especificar versões mais rápidas e flexíveis dessa tecnologia. A capacidade de a rede Ethernet evoluir ao longo do tempo e sua característica de poder interligar dispositivos independentemente do tipo de hardware ou de sistema operacional utilizados são alguns dos principais fatores que a tornaram tão popular no mercado de tecnologia da informação.

As primeiras versões da rede Ethernet eram relativamente lentas, com uma vazão de dados que não ultrapassava 10 Mbps, e podiam conectar ao menos duas dezenas de dispositivos. As versões mais recentes desse protocolo podem operar com taxas de dados de 10, 40 e até mesmo 100 Gbps.

Existiram pelo menos dois estilos de enquadramento de frames Ethernet:

- o padrão DIX Ethernet, que praticamente deu origem a esse protocolo e é conhecido como Ethernet II;
- o padrão IEEE 802.3, que foi especificado em norma e atualizado várias vezes para incluir novas tecnologias de rede.

A diferença mais significativa entre os dois padrões é a adição de um SFD (Start Frame Delimiter ou delimitador de início de quadro) e a alteração do campo *Tipo*, que é indicado no Ethernet II e muda para o campo *Comprimento* no IEEE 802.3.

Figura 4. Formato e tamanho do quadro Ethernet DIX.

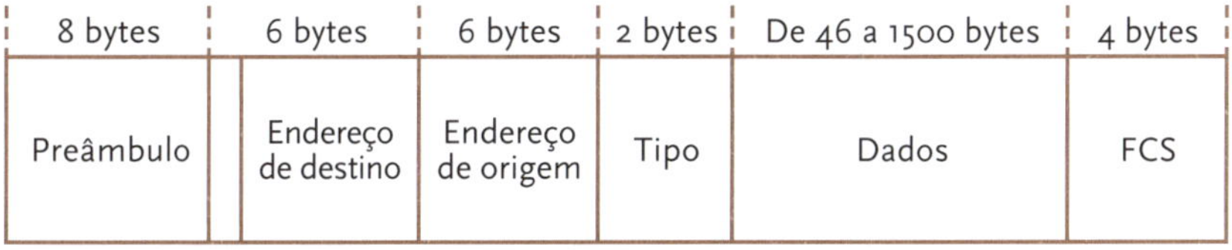
8 bytes
6 bytes
6 bytes
2 bytes
De 46 a 1500 bytes
4 bytes
Preâmbulo
Endereço de destino
Endereço de origem
Tipo
Dados
FCS

Frame Ethernet DIX = Min 64 bytes, Max 1518 bytes + Preâmbulo.

Figura 5. Formato e tamanho do quadro IEEE 802.3.

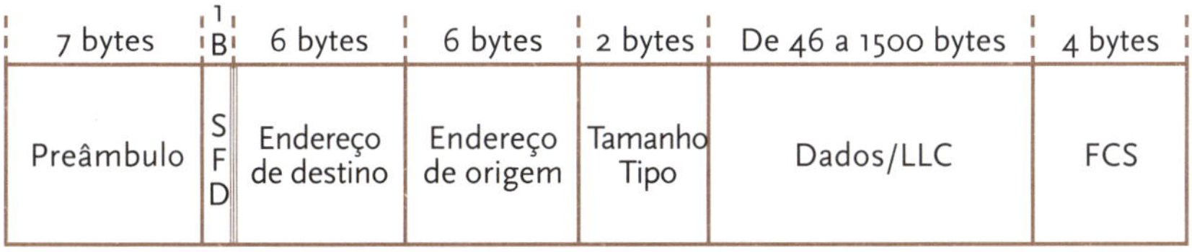
7 bytes
1 B
6 bytes
6 bytes
2 bytes
De 46 a 1500 bytes
4 bytes
Preâmbulo
SFD
Endereço de destino
Endereço de origem
Tamanho Tipo
Dados/LLC
FCS

Frame IEEE 802.3 = Min 64 bytes, Max 1518 bytes + Preâmbulo.

Formatos e tamanhos do quadro Ethernet

Ambos os padrões, Ethernet II e IEEE 802.3, definem o tamanho mínimo de quadro como 64 bytes e o tamanho máximo como 1518 bytes. Isso inclui todos os bytes dos campos de endereço MAC de destino e de origem, o campo de controle, o campo de dados e o campo *FCS* (Frame Check Sequence ou sequência de verificação de quadro). O campo *Preâmbulo*, de 7 bytes, e o campo *SFD* (Start Frame Delimiter ou delimitador de início de quadro), de 1 byte, não são incluídos nessa conta total quando se descrevem os tamanhos mínimo e máximo de um quadro Ethernet. Todos os frames com comprimento inferior a 64 bytes são considerados um “fragmento de colisão” ou um “quadro desprezível” e, por esse motivo, são automaticamente descartados pelos dispositivos de rede na recepção.

O padrão IEEE 802.3ac, lançado em 1998, ampliou o tamanho máximo permitido de quadro para 1522 bytes. O tamanho do quadro aumentou para acomodar a tecnologia VLAN (Virtual Local Area Network), ou rede de área local virtual, descrita no protocolo IEEE 802.1q, que define características de marcação dos frames. Podemos conhecer o frame Ethernet com a inclusão de marcação das VLANs na figura 6.

Figura 6. Formato e tamanho do quadro IEEE 802.2 + Q-Tag.

7 bytes	1 B	6 bytes	6 bytes	4 bytes	2 bytes	De 46 a 1500 bytes	4 bytes
Preâmbulo	SFD	Endereço de destino	Endereço de origem	Q-Tag	Tamanho Tipo	Dados/LLC	FCS

Frame IEEE 802.3 com Q-Tag = Min 64 bytes, Max 1522 bytes + Preâmbulo.

Na camada de enlace de dados, a estrutura do frame é praticamente idêntica aos protocolos estudados, e, na camada física, versões diferentes de Ethernet variam em seu método para detectar e colocar dados no meio físico utilizado.

Estrutura do quadro Ethernet

Da mesma forma que outros tipos de encapsulamento, o quadro Ethernet possui campos que definem informações necessárias para o seu correto envio na rede. Para conhecermos esses campos, vamos utilizar um quadro genérico, como o apresentado na figura 7.

Figura 7. Estrutura do quadro Ethernet genérico.

Preâmbulo	SFD	Endereço de destino	Endereço de origem	Controle	Dados/LLC	FCS

Os principais campos no quadro genérico Ethernet são os citados a seguir.

- **Preâmbulo e SFD:** Os campos *Preâmbulo* (7 bytes) e *SFD* (delimitador de início de quadro), também conhecido como início de quadro (1 byte), são utilizados para a sincronização entre os dispositivos que participam do processo de transmissão. Esses primeiros 8 bytes do quadro são usados para sincronização (chamar a atenção) dos dispositivos receptores da comunicação, fazendo com que se preparem para receber as informações de um novo frame.
- **Endereço MAC de destino:** Esse campo possui 6 bytes e é o identificador de endereço de enlace do dispositivo destinatário. O endereço no quadro é comparado ao endereço MAC no dispositivo de destino; se houver correspondência no endereçamento, o dispositivo aceitará o frame transmitido.

- **Endereço MAC de origem:** Esse campo possui 6 bytes e identifica o endereço da placa de rede ou a interface do dispositivo de origem do quadro, ou seja, o host transmissor das informações na rede.
- **Controle:** Em qualquer padrão IEEE 802.3 anterior a 1997, o campo de controle especificava a função de comprimento exato do campo de dados do quadro. Este era utilizado posteriormente como parte do FCS para garantir que a mensagem fosse recebida corretamente. Caso contrário, o propósito do campo era descrever qual era o protocolo de camada superior devidamente encapsulado. Se o valor de dois octetos for igual ou superior a 0x0600 hexadecimal ou 1536 decimal, o conteúdo do campo de dados será decodificado de acordo com o protocolo EtherType indicado. Considerando que, se o valor for igual a ou menor que 0x05DC hexadecimal ou 1500 decimal, o campo *Comprimento* será usado para indicar o uso do formato de quadro IEEE 802.3. É assim que os quadros Ethernet II e 802.3 são devidamente diferenciados.
- **Dados:** Esse campo, também conhecido como payload, de tamanho variável de 46 a 1500 bytes, contém os dados encapsulados que foram formados em um nível superior. Todos os frames a serem transmitidos precisam ter ao menos 64 bytes de comprimento mínimo, considerando os valores de overhead. Se um pacote com tamanho menor que o estabelecido for encapsulado, os bits adicionais, chamados de padding, serão utilizados e incluídos no campo de dados, a fim de aumentar o tamanho do frame até o seu tamanho mínimo, para que possa ser enviado.
- **FCS:** Esse quadro (Frame Check Sequence ou sequência de verificação de quadro), de 4 bytes, é utilizado para detectar erros em um quadro. O dispositivo de origem utiliza o cálculo de CRC que é incluído no campo FCS para garantir integridade de transmissão do quadro. Já o dispositivo receptor recebe o frame e gera novamente o cálculo de CRC para buscar erros. Se o cálculo corresponder ao CRC incialmente enviado, significará que não ocorreu erro na transmissão. Se o cálculo não corresponder (for diferente) ao CRC enviado, significará que possivelmente os dados foram alterados, e nesse caso o quadro será devidamente descartado.

Tipos de endereços MAC

Em uma rede Ethernet utilizamos alguns tipos específicos de endereço, para que possamos transmitir dados a apenas um dispositivo, a um grupo de dispositivos ou até mesmo a todos os dispositivos interligados em uma mesma rede local. Vamos conhecer alguns desses tipos de endereços MAC.

- **Endereço MAC unicast:** É utilizado exclusivamente quando um quadro é enviado de um único dispositivo de rede transmissor para um único dispositivo de rede receptor (de um para um). O endereço MAC unicast pode ser 60-36-DD-7C-C2-B1.
- **Endereço MAC multicast:** Este é utilizado exclusivamente quando um quadro é enviado de um único dispositivo de rede transmissor para um grupo específico de dispositivos dentro de uma rede local (de um para um grupo específico). O endereço MAC multicast geralmente começa com 01-00-5E. Já a parte restante de

6 caracteres especiais é criada pela conversão dos 23 bits inferiores do endereço IP do grupo multicast utilizado.

- **Endereço MAC broadcast:** É utilizado quando um quadro é enviado de um único dispositivo de rede transmissor para todos os dispositivos pertencentes à rede local (de um para todos). Esse endereço é representado como FF-FF-FF-FF-FF-FF.

O protocolo ARP

Em uma rede local, cada dispositivo de rede deve possuir um endereço MAC e um endereço IP de origem e de destino para que os dados possam ser enviados. Um dispositivo transmissor deve utilizar seus próprios endereços MAC e IP nos campos de origem de seus cabeçalhos, porém necessita identificar os endereços MAC e IP de destino para que essa comunicação ocorra. Enquanto o endereço IP de destino é fornecido por uma camada superior (por exemplo, um endereço IP ou nome de um servidor em uma rede), o dispositivo de origem necessita identificar o endereço MAC de destino para que a conectividade Ethernet ocorra, uma vez que essa tecnologia toma decisões de encaminhamento baseando-se em camada de enlace. O mecanismo desenvolvido para a identificação de MAC de destino é o ARP (Address Resolution Protocol), baseado em mensagens de broadcast (solicitações ARP) e mensagens de unicast (respostas ARP). O protocolo ARP fornece duas funções básicas:

- resolução de endereços MAC;
- manutenção de tabela ARP.

Resolução de endereços MAC

Conforme dito anteriormente, para que um dispositivo de uma rede local Ethernet possa se comunicar com outros dispositivos é necessário que ele possua os endereços IP e MAC de destino. Naturalmente, o dispositivo transmissor já conhece seus endereços IP e MAC de origem e geralmente conhece o endereço IP de destino, aprendido por uma camada superior de rede. A rede Ethernet, por se tratar de uma tecnologia de camada de enlace, necessita dos endereços MAC de destino para que os quadros sejam transmitidos na rede.

O protocolo ARP é utilizado com essa finalidade, enviando uma solicitação ARP (ARP Request) em broadcast na rede. Nesse caso, todos os dispositivos desse domínio recebem os quadros de broadcast, que são desencapsulados e analisados com o intuito de identificar se os endereços IP de destino são coincidentes. Caso o endereço IP de destino coincida, significa que aquele dispositivo receptor é o destino real da comunicação, e nesse caso ele atende à solicitação ARP com uma resposta ARP (ARP Replay) em unicast. Se o endereço IP de destino não coincidir com o dispositivo receptor, significará que aquela informação não o tem como destino, e nesse caso o quadro será descartado.

Figura 8. Solicitação e resposta ARP.

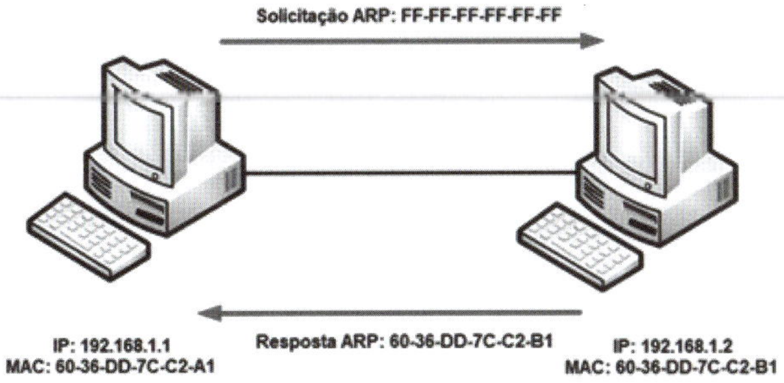

Quando o dispositivo de origem da comunicação recebe a resposta ARP, mapeia o resultado em sua tabela de endereços MAC, que é armazenada em memória RAM, para que as próximas comunicações ocorram em unicast e sejam enviadas corretamente aos seus destinatários localmente. Para que possamos conhecer a tabela ARP em um dispositivo de rede (por exemplo, um computador pessoal utilizando o sistema operacional Windows), basta executar a prompt e aplicar o comando *arp -a*.

Manutenção da tabela ARP

A tabela ARP é mantida dinamicamente em memória RAM, em um determinado dispositivo de rede. Existem ao menos duas formas para que um dispositivo possa reunir e gravar endereços MAC em sua tabela. A primeira forma consiste em monitorar o tráfego que ocorre no segmento de rede local, como um dispositivo que recebe quadros do meio físico. Nesse caso, ele pode registrar o IP e o endereço MAC relacionado como um mapeamento na tabela ARP, e, à medida que os quadros são transmitidos, esse dispositivo preenche a tabela ARP com pares de endereços aprendidos. A segunda forma é um dispositivo de rede adquirir um par de endereços ao ser enviada uma solicitação ARP, que é realizada em broadcast para todos os dispositivos na rede local.

Se o dispositivo IP de destino não estiver na mesma rede local do dispositivo IP de origem, ele precisará entregar o quadro à interface do roteador da rede, que é conhecida como default gateway e utilizada para alcançar um destino exterior à rede local. Nesse caso, o dispositivo de origem da comunicação tomará como base o endereço MAC da interface default gateway como endereço MAC de destino, a fim de que os quadros Ethernet sejam enviados ao roteador e ele tome ações necessárias para o envio do dado fora do limite local de rede. Da mesma forma que os computadores pessoais mapeiam os endereços IP de destino relacionados com seus endereços MAC, o roteador também armazena essas informações. Esse processo de resposta do roteador a uma solicitação ARP também é conhecido como Proxy ARP.

Figura 9. Solicitação e resposta ARP em conexão remota.

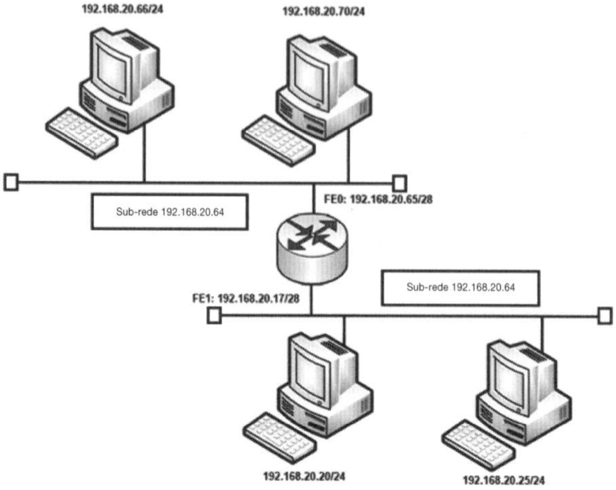

Configuração de uma rede local

Vamos imaginar aqui um exemplo de projeto de rede local. Suponha que tenhamos um cliente que possui um pequeno escritório comercial, o qual conta com três computadores pessoais, um pequeno servidor departamental e um comutador de rede conectado à internet por um roteador, conforme representado na figura 10.

Figura 10. Layout de exemplo de configuração de rede local.

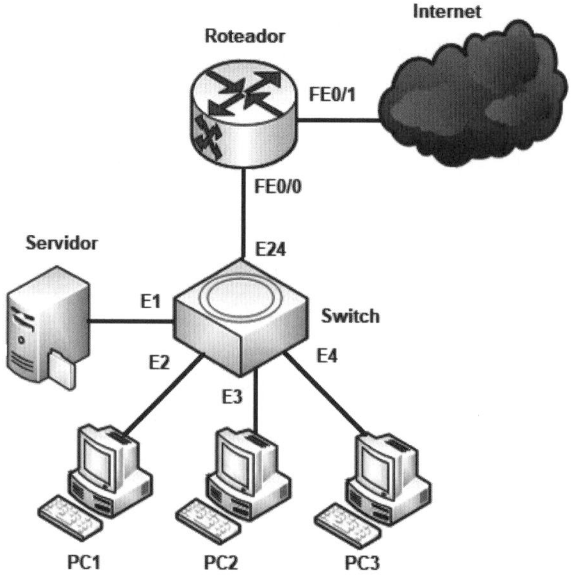

Configuração dos dispositivos finais

Em nosso exemplo de configuração de uma rede local simples, estamos considerando que as máquinas de usuários (computadores pessoais) e o servidor departamental (servidor de rede) utilizem os endereços de rede (IPv4) de forma estática, ou seja, configurados manualmente. Para isso, precisamos acessar via sistema operacional a placa de rede dos dispositivos e configurar os parâmetros necessários, conforme as etapas descritas a seguir.

Etapa_1. Considerando o sistema operacional Microsoft Windows 10, clique na barra *Pesquisar* do Windows e digite *Painel de Controle.*

Figura 11. Painel de Controle do Windows.

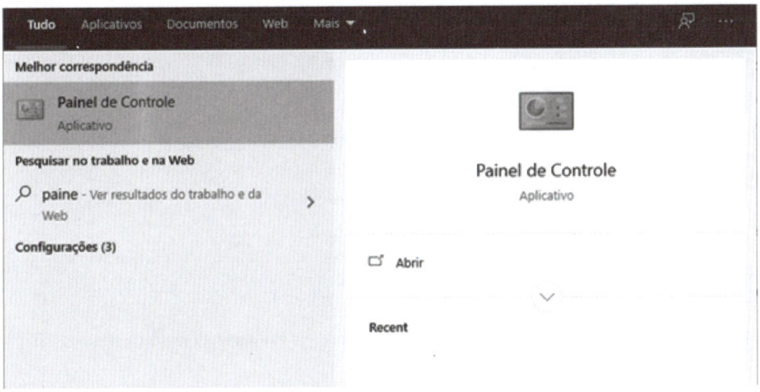

Etapa_2. Clique na opção *Rede e Internet.*

Figura 12. Rede e Internet.

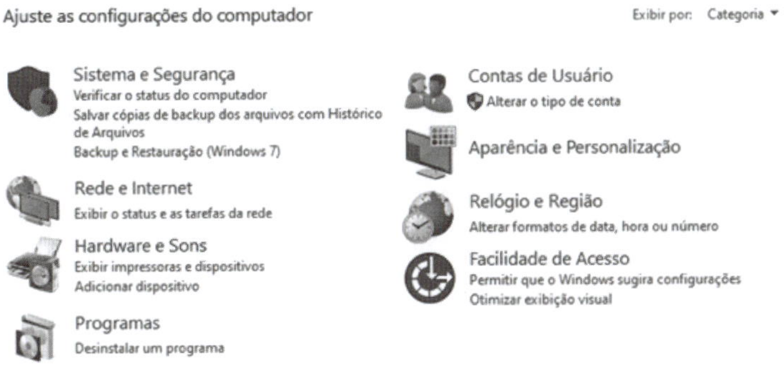

Etapa_3. Escolha a opção *Central de Rede e Compartilhamento.*

Figura 13. Central de Rede e Compartilhamento.

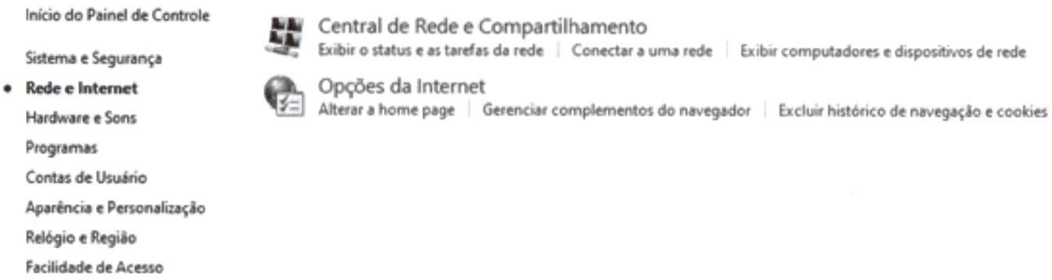

Etapa_4. Selecione a opção *Alterar as configurações do adaptador*, na lista à esquerda.

Figura 14. Alterar as configurações do adaptador.

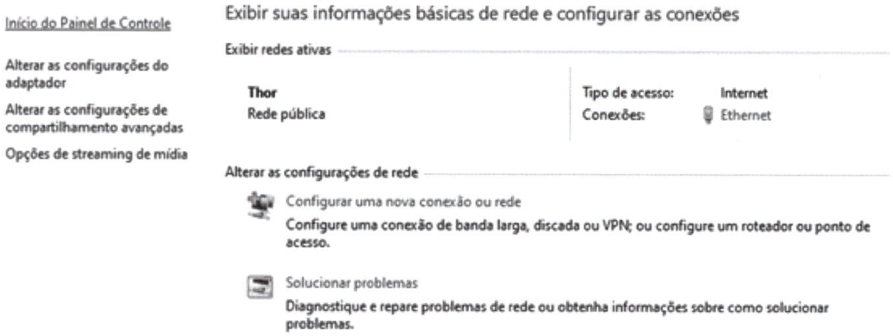

Etapa_5. Clique sobre a placa de rede que deseja configurar.

Figura 15. Escolhendo a placa de rede.

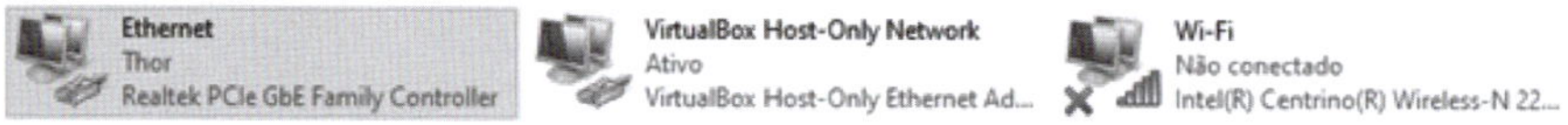

Etapa_6. Clique no botão *Propriedades.*

Figura 16. Propriedades.

Etapa_7. Na pasta *Rede*, selecione a opção *Protocolo IP Versão 4 (TCP/IPv4).*

Figura 17. Protocolo IP Versão 4.

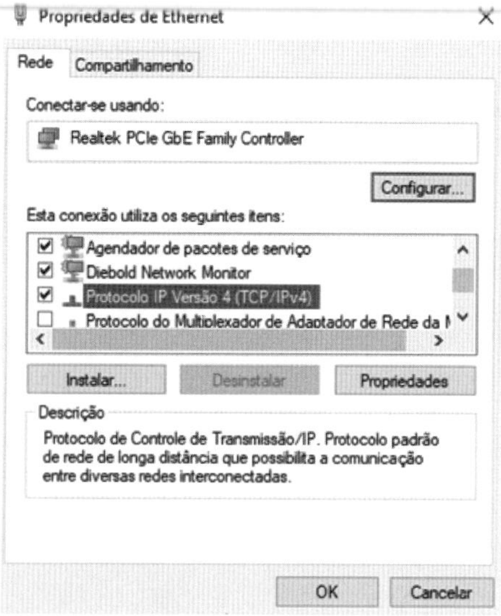

Etapa_8. Clique no botão *Propriedades* de *Protocolo IP Versão 4.*

Figura 18. Propriedades de Protocolo IP Versão 4.

Etapa_9. Selecione o item *Usar o seguinte endereço IP* e digite os endereços IP do servidor e dos computadores pessoais da seguinte forma: Servidor (IP *192.168.10.10*), PC1 (IP *192.168.10.11*), PC2 (IP *192.168.10.12*) e PC3 (IP *192.168.10.13*). Quanto ao endereço de máscara de rede, utilizaremos a máscara padrão da classe C (*255.255.255.0*) e o endereço do gateway padrão, que nesse caso seria o roteador que interliga a internet (*192.168.10.1*). Caso deseje configurar o DNS, recomendamos que utilize um DNS conhecido, como é o caso do DNS liberado pela Google, com os endereços de DNS preferencial (*8.8.8.8*) e alternativo (*4.4.4.4*). Após aplicar todos os endereços, clique no botão *OK*.

Figura 19. Aplicando os endereços IPv4 estaticamente.

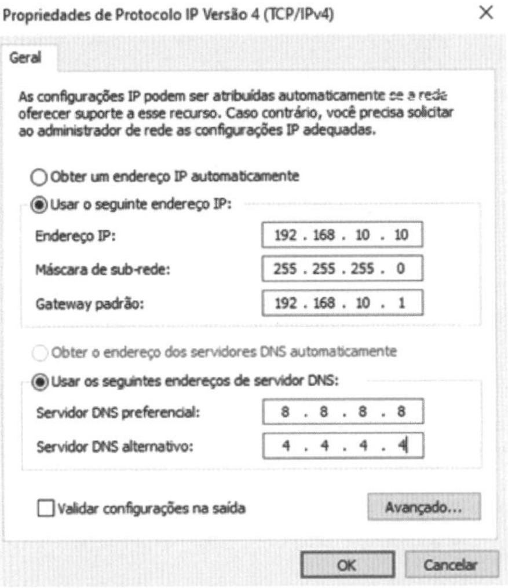

Etapa_10. Para verificar se os endereços foram aplicados corretamente nos dispositivos, acesse a prompt DOS do sistema operacional, digitando em pesquisar *DOS*. Na abertura da prompt de comando digite o comando *ipconfig*. Cheque se os endereços dos computadores (servidor + PCs) estão corretamente configurados (não se podem ter endereços IP repetidos).

Figura 20. Aplicando os endereços IPv4 estaticamente.

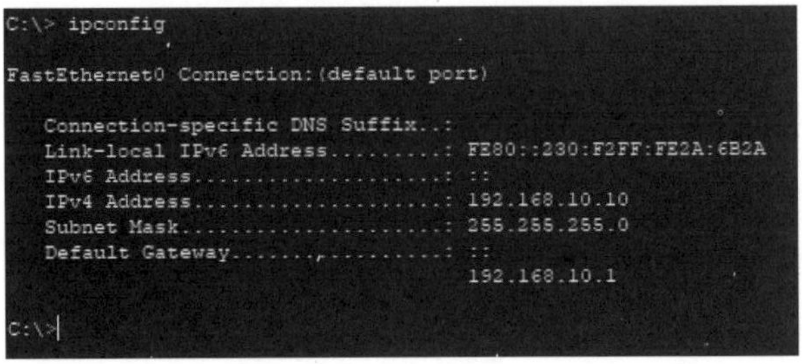

Etapa_11. Observação interessante: apesar de o sistema operacional Windows ser naturalmente gráfico, podemos configurá-lo via interface de linha de comando (prompt), na forma detalhada a seguir.

Etapa_11.1. Clique na barra *Pesquisar* do Windows e digite o comando *CMD* ou *DOS*.

Etapa_11.2. Clique no botão direito do mouse sobre o programa CMD e escolha a opção *Executar como Administrador.*

Etapa_11.3. Para configuração do endereço da máquina e indicação do default gateway, digite o comando *netsh int ip set address name="Ethernet" source=static 192.168.10.10 255.255.255.0 192.168.10.1* e tecle *Enter.*

Etapa_11.4. Para configuração do endereço do DNS, digite o comando *netsh int ip set dns "Ethernet" static 8.8.8.8* e tecle *Enter.*

Figura 21. Configuração via linha de comando.

```
Microsoft Windows [versão 10.0.19042.685]
(c) 2020 Microsoft Corporation. Todos os direitos reservados.

C:\>netsh int ip set address name="Ethernet" source=static 192.168.10.10 255.255.255.0 192.168.10.1

C:\>netsh int ip set dns "Ethernet" static 8.8.8.8
```

Etapa_11.5. Terminadas as configurações via linha de comando é necessário liberá-las e renovar todas as configurações aplicadas. Para isso, também na prompt digite o comando *ipconfig /renew* e tecle *Enter.*

Etapa_11.6. Caso queira verificar todas as configurações (endereços físicos e lógico e outras informações como o DNS) realizadas, é possível dar o comando *ipconfig /all.*

Etapa_12. Após as configurações de todos os dispositivos da rede local (tanto via interface gráfica como via linha de comando), teste a conectividade com o comando *ping*, também executado na prompt. Exemplo: entre no computador IPv4 192.168.10.10 e dê um *ping* no computador 192.168.10.11. Se o *ping* retornar com quatro respostas ICMP, com informações do alvo, bytes transmitidos, tempo de transmissão e TTL (Tempo de Vida), significará que o dispositivo testado está ativo na rede.

Figura 22. Resposta do comando ping.

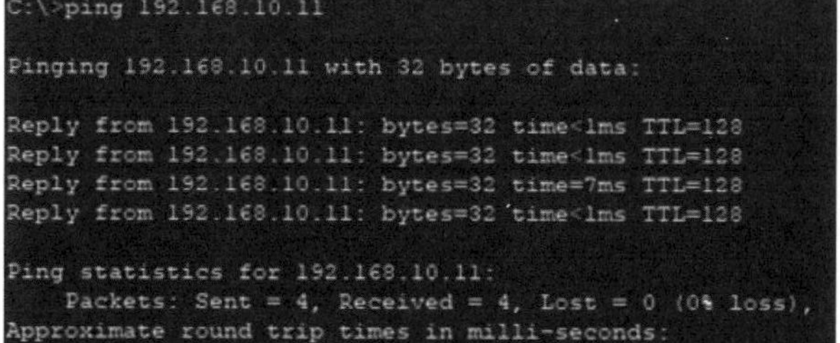

```
C:\>ping 192.168.10.11

Pinging 192.168.10.11 with 32 bytes of data:

Reply from 192.168.10.11: bytes=32 time<1ms TTL=128
Reply from 192.168.10.11: bytes=32 time<1ms TTL=128
Reply from 192.168.10.11: bytes=32 time=7ms TTL=128
Reply from 192.168.10.11: bytes=32 time<1ms TTL=128

Ping statistics for 192.168.10.11:
    Packets: Sent = 4, Received = 4, Lost = 0 (0% loss),
Approximate round trip times in milli-seconds:
    Minimum = 0ms, Maximum = 7ms, Average = 1ms
```

Configuração dos dispositivos intermediários

Em nosso livro, não estamos detalhando as configurações dos sistemas operacionais dos roteadores e dos comutadores de rede, pois temos uma variedade de equipamentos no mercado com formas de configuração totalmente diferentes. No entanto, vamos apresentar de maneira sucinta as configurações desses dispositivos intermediários. Em nosso exemplo, vamos usar um roteador e um comutador da Cisco Systems utilizando o sistema operacional Cisco IOS, por meio de configurações de linha de comando.

Para que possamos acessar a linha de comando do IOS, é necessário que previamente seja conectado um cabo de console do computador ao dispositivo intermediário de rede e que um software de terminal (TeraTerminal ou Putty) seja instalado.

Configuração do comutador

O comutador utilizado no exemplo é o modelo Catalyst 2960 da Cisco Systems, que interliga os dispositivos finais de rede, entre eles o servidor departamental e os computadores pessoais. Para configurá-lo, realizamos as etapas descritas a seguir.

Etapa_13. Após inicializar o comutador e verificar as mensagens de boot via linha de comando, ignore a pergunta de configuração de diálogo *Would you like to enter the initial configuration dialog?* [Yes/No], respondendo *No*.

Etapa_14. Você estará no modo usuário do Cisco IOS (Switch>). Para entrar no modo de configuração privilegiado, entre com o comando *enable* e tecle *Enter*.

Etapa_15. Entre no modo de configuração global, com o comando *configure terminal*, e tecle *Enter*.

Etapa_16. Entraremos na interface Fast Ethernet 0/1 até a Fast Ethernet 0/4, pois essas interfaces estão conectando o servidor e os computadores pessoais dos usuários, com o comando *interface range FastEthernet 0/1 - 4*. Em seguida, tecle *Enter*.

Etapa_17. Estamos nesse momento conectados às interfaces FastEthernet 0/1 até FastEthernet 0/4, ou seja, tudo o que aplicarmos nesse intervalo fará efeito a todas as interfaces. Em nosso caso, vamos definir as velocidades de vazão das interfaces em 100 Mbps e como full-duplex com os comandos *speed 100* e *duplex full*. Lembre-se de que essas velocidades e duplex precisam ser também definidas no servidor e nos computadores para surtir efeito. Por padrão, as interfaces dos comutadores são speed auto e duplex auto.

Etapa_18. Os switches já possuem todas as suas portas como ativas, então não é necessário ativá-las. Retorne para a prompt do modo privilegiado com os comandos *exit* ou *end*.

Etapa_19. Salve a configuração do que foi feito em NVRAM (memória não volátil) com o comando *copy running-config startup-config* e tecle *Enter*.

Figura 23. Exemplo dos comandos aplicados no comutador.

```
Switch>
Switch>enable
Switch#configure terminal
Enter configuration commands, one per line.  End with CNTL/Z.
Switch(config)#interface range FastEthernet 0/1 - 4
Switch(config-if-range)#speed 100
Switch(config-if-range)#duplex full
Switch(config-if-range)#exit
Switch(config)#exit
Switch#
%SYS-5-CONFIG_I: Configured from console by console
Switch#copy running-config startup-config
Destination filename [startup-config]?
Building configuration...
[OK]
```

Configuração do roteador

O roteador utilizado no exemplo é o modelo ISR 1841 da Cisco Systems, que interliga o comutador de rede local à internet, através do provedor de acesso hipotético. Para configurá-lo, percorremos as etapas descritas a seguir.

Etapa_20. Após inicializar o roteador e verificar as mensagens de boot via linha de comando, ignore a pergunta de configuração de diálogo *Would you like to enter the initial configuration dialog?* [Yes/No], respondendo *No*.

Etapa_21. Você estará no modo usuário do Cisco IOS (Router>). Para entrar no modo de configuração privilegiado, entre com o comando *enable* e tecle *Enter*.

Etapa_22. Entre no modo de configuração global, com o comando *configure terminal*, e tecle *Enter*.

Etapa_23. Entraremos na interface Fast Ethernet 0/0, pois esta fará o papel de gateway padrão da rede local, com o comando *interface FastEthernet 0/1*. Tecle *Enter*.

Etapa_24. Na interface Fast Ethernet 0/0, aplique o endereço IPv4 específico para a função de gateway padrão, já configurada nos computadores da rede, com o comando *ip address 192.168.10.1 255.255.255.0*, em que 192.168.10.1 é o endereço IPv4 da interface, e 255.255.255.0, a sua máscara de rede. Tecle *Enter*.

Etapa_25. Entraremos na interface Fast Ethernet 0/1, pois esta fará o papel de conexão com a internet, com o comando *interface FastEthernet 0/1*. Tecle *Enter*.

Etapa_26. Na interface Fast Ethernet 0/1, aplique o endereço IPv4 apresentado pelo ISP para a conexão com a internet com o comando *ip address 200.100.50.1 255.255.255.0*, em que 200.100.50.1 é o endereço IPv4 da interface, e 255.255.255.0, a sua máscara de rede. Tecle *Enter*.

Etapa_27. Ative a interface com o comando *no shutdown* e tecle *Enter*. No sistema operacional do roteador, a interface vem com shutdown aplicado, o que significa que a interface está desativada. Nesse caso, precisamos negar a condição, por isso o comando possui *no* na frente do *shutdown*.

Etapa_28. A informação de que a interface está ativa vem em seguida. Retorne para a prompt do modo privilegiado com os comandos *exit* ou end.

Etapa_29. Salve a configuração do que foi feito em NVRAM (memória não volátil) com o comando *copy running-config startup-config* e tecle *Enter*.

Figura 24. Exemplo dos comandos aplicados no roteador.

```
Router>
Router>enable
Router#configure terminal
Enter configuration commands, one per line.  End with CNTL/Z.
Router(config)#interface FastEthernet 0/0
Router(config-if)#ip address 192.168.10.1 255.255.255.0
Router(config-if)#no shutdown
Router(config-if)#exit
Router(config)#interface FastEthernet 0/1
Router(config-if)#ip address 200.100.50.1 255.255.255.0
Router(config-if)#no shutdown
Router(config-if)#exit
Router(config)#exit
Router#
%SYS-5-CONFIG_I: Configured from console by console
Router#copy running-config startup-config
Destination filename [startup-config]?
Building configuration...
[OK]
```

Exercícios propostos

1. Com suas palavras, defina uma LAN e indique a sua importância para uma rede empresarial ou residencial.
2. O que especifica o IEEE 802.2?
3. A camada de enlace das redes Ethernet são segmentadas em quais subcamadas?
4. Qual é a função do CSMA/CD nas redes Ethernet?
5. Qual é a função de um endereço físico da rede local?
6. Onde está descrito o endereço MAC nas subcamadas de enlace nas redes Ethernet? Quais são o tamanho e o formato desse endereço?
7. Qual é a diferença do quadro Ethernet DIX para o quadro IEEE 802.3?
8. Para que serve o protocolo ARP?
9. Qual os motivos para utilizar o comando *ping* em uma rede?
10. Como se configura um endereço IP na placa de rede de uma máquina usando o Windows via interface gráfica e linha de comando?

Anotações

8

Redes de computadores remotas

OBJETIVOS

» Entender o conceito de redes remotas e os tipos de conexão

» Aprender sobre endereçamento lógico – IPv4 e IPv6

» Compreender segmentação de rede e roteamento

» Aprender a configurar uma rede remota

Redes remotas

As redes remotas, também chamadas redes de longa distância e de WAN (Wide Area Network), têm por objetivo conectar duas ou mais redes locais em uma ampla área geográfica. Pelo fato de terem sido criadas para o compartilhamento de recursos geograficamente dispersos, possuem as seguintes características:

- têm, como dito acima, extensa abrangência geográfica;
- são acessadas por meio de provedores de serviços;
- apresentam menores taxas de transmissão se comparadas com as redes locais;
- são inicialmente providas por meios não proprietários;
- têm maiores taxas de erros nas transmissões.

As redes remotas podem ser de administração púbica ou privada, e sem sombra de dúvida o exemplo mais conhecido que temos é a internet, a qual possui características públicas e é acessada por meio de ISPs (Internet Service Providers ou provedores de serviços).

Uma vez que são formadas de links de longas distâncias, como meios metálicos coaxiais, fibras ópticas nacionais e intercontinentais e comunicação via satélite, as redes remotas geralmente possuem menores taxas de transferência, com custos mais altos e maiores probabilidades de perda de pacotes e erros de transmissão, se comparadas às LANs (redes locais).

Empresas utilizam as redes remotas para prover a comunicação entre a matriz e suas filiais, bem como entre seus colaboradores, de modo que consigam acessar a rede mundial de computadores (internet). Surge daí o conceito de internetwork, que designa a interligação de redes de longa distância estabelecida pelo conjunto de redes locais interconectadas.

São vários os dispositivos de interconexão responsáveis por prover acesso a essas redes – por exemplo, modems analógicos, modems digitais, comutadores de WAN e roteadores, entre outros. Os dispositivos de roteamento (roteadores) e seus protocolos (protocolos de roteamento) possuem grande importância para o funcionamento das redes remotas, pois são eles que identificam e gerenciam as redes e tomam decisão de encaminhamento para que os pacotes de dados alcancem corretamente determinado destino.

Da mesma forma que as redes locais, contam com vários protocolos de encapsulamento de dados específicos, os quais são propagados conforme os links de conexão oferecidos pelos ISPs. Protocolos de enlace, como o SDLS (Syncronous Data Link Control), o HDLC (High-Level Data Link Control), o PPP (Point-to-Point Protocol), o Frame-Relay e o ATM (Asynchronous Transfer Mode), entre outros, têm como função transmitir os dados através desses links, com o intuito de alcançarem seus destinos de rede.

Tipos de conexão

Toda e qualquer forma de comunicação entre dispositivos de rede envolve codificar dados em forma de energia e enviá-la por um meio físico de transmissão. Por exemplo, pulsos elétricos em meios metálicos e ondas de rádio através do ar podem ser utilizados para transmitir esses dados de uma rede de origem para uma rede de destino. Resumidamente, podemos dar os seguintes exemplos de tipos de conexão:

- conexão por discagem;
- conexão por cabo;
- conexão por rádio;
- conexão por fibra óptica;
- conexão por satélite;
- conexão por linha digital;
- conexão por rede elétrica.

Tais tipos de conexão geralmente são definidos em camada física e, por esse motivo, têm como função propagar o sinal em formatos elétricos ou óticos e/ou através de ondas eletromagnéticas. Não são responsáveis pelo endereçamento das redes, pelos encapsulamentos dos dados em quadros, pacotes e segmentos e pelas tomadas de decisão dos dispositivos intermediários de rede (estes últimos têm a atribuição de escolher os melhores e mais rápidos caminhos para alcançar as redes de destino).

São os protocolos de enlace os responsáveis pelo encapsulamento dos dados em quadros e por seu envio através dos links de comunicação, e os protocolos de rede têm a responsabilidade do endereçamento lógico das redes e dos processos de tomada de decisão realizados pelos protocolos de roteamento. Em outros capítulos deste livro, já tivemos a oportunidade de apresentar a estrutura dos protocolos de enlace e dos protocolos de rede. Neste momento, pretendemos abordar aspectos relacionados ao endereçamento lógico (IP) e aos processos de roteamento de pacotes da rede.

Endereçamento lógico – IPv4

Para que um dispositivo de rede possa se comunicar com outro dispositivo em uma rede de longa distância, é necessário identificar o endereço de rede no qual esse dispositivo de destino se encontra. Os endereços de rede com essa finalidade são conhecidos como endereços lógicos, pois geralmente são definidos em software. Na internet, o protocolo padrão de comunicação de rede é o IP (Internet Protocol), que possui uma estrutura de endereçamento hierarquizada e definida pela IANA (Internet Assigned Numbers Authority), um dos órgãos de administração e padronização mais importantes na grande rede.

O endereço IPv4 da arquitetura de protocolos do TCP/IP é composto por 32 bits (bit = 0 ou 1) divididos em 4 bytes (ou octetos), e cada byte é composto de 8 bits. A quantidade total de endereços suportados pelo IPv4 é de 4.294.967.296 (equivalente a 2^{32}), e cada octeto pode possuir valores entre 0 e 255.

Esse protocolo é representado pela notação decimal dividida por pontos (decimal pontuada) e dividido e identificado em duas porções: Net ID, que identifica a porção representando os endereços de rede, e Host ID, que identifica a porção representando os endereços de interface ou de host.

Figura 1. Porções Net ID e Host ID.

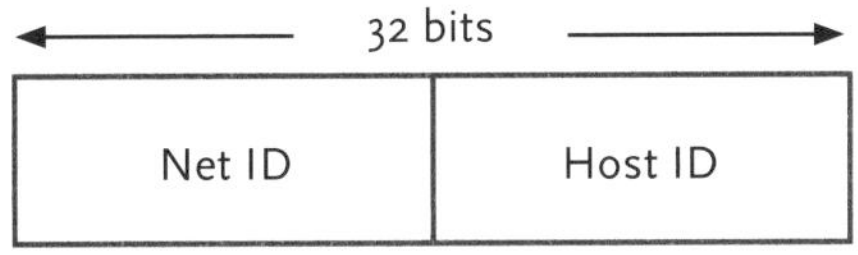

Com o intuito de hierarquizar o endereço IPv4 e definir a quantidade de redes e hosts que ele pode suportar, a IANA criou cinco classes de endereço (classe A, classe B, classe C, classe D e classe E). O primeiro byte (octeto) do endereço IPv4 especifica a classe desse endereço.

Máscaras de rede e tipos de endereço IPv4

Além do endereço IPv4, a máscara de rede possui a notação decimal pontuada, porém tem o objetivo de especificar as porções de Net ID e Host ID. Quando um endereço de rede IPv4 não conta com endereços de máscara de rede, utilizamos as máscaras de rede padrão, as quais são:

- para a classe A: 255.0.0.0;
- para a classe B: 255.255.0.0;
- para a classe C: 255.255.255.0.

As classes D e E não necessitam ser acompanhadas por máscara de rede, porque especificam endereços de multicast e teste, respectivamente.

Tomando como exemplo o endereço IPv4 172.16.30.64 com máscara de rede 255.255.0.0, temos o apresentado a seguir.

- O **endereço de rede**, baseando-se pela máscara de rede dada, é 172.16.0.0.
- O **endereço de host**, baseando-se pela máscara de rede dada, é 0.0.030.64.
- O **endereço de broadcast** se refere a quando todos os campos dedicados a valores de host são preenchidos, ou seja, um octeto preenchido equivale ao número decimal 255 (em binário, 11111111). Assim, o endereço de broadcast desse endereço é 172.16.255.255. O endereço de broadcast representa todos os dispositivos dentro dessa rede.
- O **intervalo de endereços** que podem ser utilizados e aplicados na interface dos dispositivos (endereços válidos) é de 172.16.0.1 a 172.16.255.254.

Classes de endereços IPv4

A RFC 17000 descreve agrupamentos de intervalos de endereços unicast que definem a quantidade de dispositivos suportados por uma rede. Esses agrupamentos ou blocos de classes de endereços, como dito anteriormente, são cinco: as classes A, B e C, utilizadas para o mapeamento de interfaces e dispositivos dentro de uma rede; a classe D, que representa endereços de multicast, e a classe E, reservada para testes futuros (classe experimental). Esses endereços também são conhecidos como endereços classfull e possuem as características descritas a seguir.

Blocos de classe A

Consistem em blocos de endereços projetados para suportar redes grandiosas, com mais de 16 milhões de endereços reservados para identificar dispositivos de rede. Esses endereços possuem uma máscara de rede padrão 255.0.0.0 ou prefixo /8 (que identifica a quantidade de bits 1 ligados na máscara), fazendo com que seu primeiro octeto indique endereços de rede e os octetos restantes indiquem host. Todos os endereços de classe A possuem um bit mais significativo à esquerda no primeiro octeto, reservado como valor 0. Ou seja, podemos ter apenas 128 redes possíveis nessa classe, de 0.0.0.0/8 a 127.255.255.255/8. O intervalo 127.0.0.0 foi reservado para a função de loopback, e o endereço 0.0.0.0 foi reservado como endereço que representa a internet. Por esse motivo, tal intervalo de endereços foi redimensionado como 1.0.0.0 a 126.255.255.255.

Blocos de classe B

Referem-se a blocos de endereços projetados para suportar redes de tamanho moderado, com aproximadamente 65 mil dispositivos. Esses endereços possuem uma máscara de rede padrão 255.255.0.0 ou prefixo /16, fazendo com que seu primeiro e seu segundo octetos indiquem endereços de rede, e o terceiro e o quarto octetos indiquem endereços de host. Todos os endereços de classe B possuem dois bits mais significativos reservados à esquerda no primeiro octeto, com valores de 1 e 0 (10), restringindo o bloco de endereços entre 128.0.0.0/16 e 191.255.255.255/16 e podendo suportar pelo menos cerca de 16 mil redes.

Blocos de classe C

Trata-se de blocos de endereços projetados para suportar redes de pequenos tamanhos, com 254 dispositivos. Esses blocos de endereços usavam uma máscara de redes padrão 255.255.255.0, ou prefixo /24, fazendo com que o primeiro, o segundo e o terceiro octeto indiquem endereços de rede, e o quarto octeto, endereço de host. Todos os endereços de classe C possuem três bits mais significativos reservados à esquerda no primeiro octeto, com os valores de 1, 1 e 0 (110), restringindo o bloco de endereços entre 192.0.0.0/24 e 223.255.255.255/24. Mesmo ocupando apenas 12,5% do total de espaço de endereços IPv4, poderia fornecer endereços para 2 milhões de redes aproximadamente.

Blocos de classe D

Consistem em blocos de endereços reservados para o tráfego de rede multicast, que tem como função propagar dados para um grupo específico. Muitas aplicações de rede utilizam endereços de multicast (por exemplo, alguns protocolos de roteamento e algumas aplicações de IP/TV). Os blocos são restringidos entre 224.0.0.0 e 239.255.255.255 e não são usados para endereçamento de hosts.

Blocos de classe E

Trata-se de endereços reservados para testes futuros, restringidos como 240 a 255.

Endereçamentos classfull e classless

Como observamos, os endereços IPv4 nasceram com a alocação classfull (forma padrão), porém essa alocação apresentava um grande desperdício de endereços válidos. O sistema classfull foi abandonado no final da década de 1990, porém até hoje, quando vamos configurar endereços estaticamente em um sistema operacional, o computador atribui os endereços IPv4 no formato default, assumindo os prefixos classfull padronizados.

O atual sistema em utilização é conhecido como CIDR (Classless Inter-Domain Routing), ou endereçamento sem classe, fazendo com que os ISPs definam os prefixos de rede em função da quantidade de dispositivos que uma rede possa realmente suportar, utilizando endereços de uma forma muito mais inteligente e econômica em comparação com o método anterior. Com o crescimento exponencial da internet, o IETF já entendia que a aplicação CIDR não seria suficiente e, por esse motivo, em meados de 1994 iniciou o desenvolvimento de um protocolo sucessor para o IPv4, que acabou se tornando o IPv6.

Endereços públicos e privados do IPv4

Quando o endereçamento IPv4 foi devidamente implementado na internet, os endereços eram praticamente todos públicos, ou seja, endereços únicos na rede e entregues através dos provedores e órgãos de administração da internet. Com o crescimento da grande rede (a internet) e a alocação maciça desses endereços públicos surgiu a necessidade de criação de blocos de endereços privados, ou seja, que possuem apenas significado local em uma rede e não são roteados na internet, para evitar eventuais conflitos de endereçamento repetido.

- **Endereços públicos:** A maioria dos endereços unicast do IPv4 é pública. Eles foram desenvolvidos para ser acessíveis através da rede publicamente. Assim, são considerados endereços únicos e válidos na internet.
- **Endereços privados:** Os endereços privativos são definidos na RFC 1918, conhecidos como alocação de endereço local ou de significado local e, algumas vezes, chamados apenas como endereços RFC 1918. Os blocos de endereço que identificam o espaço privado são apresentados em sequência e foram extraídos e reservados das classes genéricas com essa finalidade. Quando usamos endereços privados

em um host dentro de uma rede local, estes não são conhecidos pela internet, motivo pelo qual necessitam da utilização de serviço de NAT (Network Address Translation), para que as máquinas possam ser identificadas globalmente. Os blocos de endereços privados seriam:

- 10.0.0.0 a 10.255.255.255 (10.0.0.0/8);
- 172.16.0.0 a 172.31.255.255 (172.16.0.0/12);
- 192.168.0.0 a 192.168.255.255 (192.168.0.0/16).

Segmentação de rede e roteamento

No início das redes locais Ethernet, com o protocolo IPv4 implementado, era muito comum que todos os dispositivos fossem incluídos em um único domínio, pois as redes não possuíam mais do que dezenas de equipamentos interconectados. Por esse motivo, não havia atrasos e degradação dos dados aos seus usuários.

Com o desenvolvimento das tecnologias da informação e a maior utilização desses recursos, as redes locais cresceram de forma desordenada, acarretando problemas de performance e dificuldade de gerenciamento, uma vez que as redes Ethernet propagavam seus dados em broadcast, compartilhando seu meio (rede não determinística).

Em redes baseadas na comunicação em broadcast, um único endereço de broadcast é enviado para todos os dispositivos pertencentes a essa rede. Um bom exemplo de um serviço em broadcast é o DHCP (Dynamic Host Configuration Protocol), que recebe requisições de usuários em difusão para que eles possam receber endereços IP de outra informação de configuração dinamicamente. Em grandes redes, o tipo de solicitação via broadcast pode acarretar uma quantidade significativa de tráfego, capaz de causar lentidão nas comunicações e até pequenos colapsos de rede.

A segmentação de redes – ou seja, a divisão de uma grande rede em redes potencialmente menores e com menos dispositivos conectados em um único domínio – consistiu em uma alternativa interessante para retardar problemas relacionados a performance. Para melhorar o gerenciamento de rede por parte de seus administradores, o mapeamento e a identificação dos dispositivos contidos na rede geralmente seguem as técnicas de divisão em sub-redes.

Divisão em sub-redes

Quando, em uma grande rede, é realizada uma divisão em sub-redes, temos um novo endereço que identifica a sub-rede, um endereço que identifica o broadcast dessa nova sub-rede e o intervalo dos endereços válidos que são utilizados para identificar os dispositivos pertencentes a essa sub-rede calculada.

Para que possamos criar sub-redes advindas de uma rede mestra, é necessário primeiro conhecer a máscara de rede dessa rede mestra, pois dos octetos reservados para o Host ID de uma rede serão emprestados os bits necessários para a criação dessas novas redes (sub-redes).

Os bits emprestados do Host ID de uma rede mestra são pegos sequencialmente (não é possível pular os bits), sempre da esquerda para a direita desse octeto. Quanto mais bits de host forem emprestados, mais sub-redes poderão ser criadas: para cada bit emprestado, dobramos o número de sub-redes disponíveis (usamos a fórmula 2^n, sendo n = número de bits emprestados). Por exemplo: se 1 bit for emprestado ($2^1 = 2$), teremos 2 sub-redes criadas; se 2 bits forem emprestados ($2^2 = 4$), teremos 4 sub-redes criadas; se 3 bits forem emprestados ($2^3 = 8$), teremos 8 sub-redes criadas, e assim por diante. Contudo, para cada bit que pegarmos emprestado para a criação de sub-redes, menos bits sobrarão para a identificação dos hosts de dada sub-rede.

Por exemplo, se em um octeto de Host ID pegarmos 3 bits para a criação de 8 sub-redes, sobrarão 5 bits desse octeto para a identificação de hosts em cada sub-rede criada. Nesse caso, usaremos a fórmula $2^n - 2$, onde n = número de bits que sobraram para host, menos dois endereços que serão usados para identificar os endereços de rede e de broadcast dessa sub-rede. Daí, teremos $2^5 - 2 = 32 - 2 = 30$, ou seja, cada sub-rede criada teria 30 hosts válidos.

É importante lembrarmos que, quando pegamos emprestados bits de um octeto de Host ID para criar sub-redes, esses bits emprestados passam a pertencer aos octetos que definem rede ou sub-rede desse endereço. Por exemplo, se pegarmos 3 bits emprestados para a criação de 8 sub-redes de um determinado endereço de classe C, como 192.168.10.0 com máscara de rede padrão 255.255.255.0, esses 3 bits deverão ser pegos do octeto de Host ID, que nesse caso é o quarto e último octeto desse endereço, que em binário é 00000000. Como foram pegos três bits da esquerda para a direita ($2^3 = 8$ sub-redes), então a resultante em binário será 11100000. Convertendo esses valores binários em decimal, como deve ser a representação do IPv4, a nova máscara de rede + as sub-redes criadas será 255.255.255.224.

Roteamento

Quando segmentamos as redes conforme nossas necessidades de projeto, geralmente esses segmentos são mapeados em domínios de broadcast diferentes. Um domínio de broadcast consiste em uma porção de rede na qual as máquinas conectadas a ele podem receber dados em broadcast. Como já vimos, a segmentação de rede procura criar domínios de broadcast menores, para que possamos ter uma grande infraestrutura de rede em pleno funcionamento.

Para que esses domínios de broadcasts possam se comunicar entre si, é necessário fazer o roteamento dessas redes por meio de um dispositivo de roteamento, como é o caso do roteador, que interliga uma rede LAN através de sua interface de default gateway com seu meio exterior. Isso ocorre porque, quando uma máquina de origem precisa enviar um dado para uma máquina de destino fora desse domínio, precisa passar pelo roteador, que tem como objetivos receber o frame, desencapsular o pacote, identificar o endereço de rede de destino, comparar esses endereços de rede de destino com sua tabela de rotas (tabela de roteamento), tomar a decisão de encaminhamento para entregar esses dados da melhor maneira e colocar essa informação na interface apropriada para que o dado alcance seu destino.

O roteamento de pacotes nada mais é do que a escolha de um melhor caminho para que os dados possam ser transmitidos na rede. As técnicas e os protocolos de roteamento são os responsáveis por manter essas informações corretas e sempre atualizadas. Para rotear um pacote IPv4 em um roteador, podemos utilizar ao menos as duas formas apresentadas a seguir.

- **Configuração de rotas estáticas:** Estas são realizadas pelo administrador de rede, que escolhe o melhor caminho para os dados serem entregues em uma rede.
- **Configuração de protocolos de roteamento:** Estes mapeiam inúmeros caminhos de redes (rotas) e, por meio de métricas de roteamento (saltos, velocidade, atraso, etc.), tomam dinamicamente, através de algoritmos específicos, uma decisão para encaminhar dados de origem a redes de destino. São exemplos de protocolos de roteamento RIPv1, RIPv2, OSPF e IS-IS, entre outros.

Endereçamento lógico – IPv6

Os endereços IPv6 possuem uma capacidade de endereçamento muito maior que os IPv4. Cada um deles possui 128 bits de comprimento e é escrito como uma sequência de valores hexadecimais, e não decimais, como no caso do seu antecessor. Esses valores hexadecimais podem ser representados tanto em minúsculos como em maiúsculos, pois o IPv6 não diferencia tais caracteres. O formato de preferência para armazenar um endereço IPv6 é x: x: x: x: x: x: x: x, em que o valor de "x" representa quatro valores hexadecimais. No IPv4, esse conjunto de 8 bits é chamado de octeto ou byte. Já no endereço IPv6, o termo utilizado para referenciar um segmento de 16 bits é conhecido não oficialmente por hexteto, ou seja, o IPv6 é formado de oito hextetos.

Formas de compactação e representação do IPv6

Como o endereço IPv6 é composto por 128 bits separados por oito hextetos representados em valores hexadecimais, pode se tornar uma forma dificultosa e estressante para alguns profissionais que já estavam acostumados com a formatação dos endereços IPv4. Por esse motivo, foram criadas formas de compactação para que os endereços IPv6 possam ser representados de uma forma mais fácil e clara. A primeira regra utilizada para reduzir a notação clássica dos endereços IPv6 é omitir os valores 0 (zero) à esquerda de um hexteto. Por exemplo:

- 01BA pode ser representado como 1BA;
- 08F0 pode ser representado como 8F0;
- 0C00 pode ser representado como C00;
- 00CD pode ser representado como CD.

Como foi observado, essa primeira regra omite apenas os zeros à esquerda do hexteto. Os zeros à direita não são ignorados e, muito menos, omitidos.

A segunda regra de redução para a notação dos endereços IPv6 consiste na utilização dos dois-pontos em dobro (::), que são aplicados para substituir uma única sequência contínua de um ou mais hextetos formados por valores 0. Por exemplo: um endereço 2001:0000:0000:0000:0000:0000:0000:0001, utilizando as regras de compactação, seria apresentado como 2001::1.

Essa notação de dois-pontos em dobro (ou "dois-pontos, dois-pontos") pode ser utilizada uma única vez dentro do endereço IPv6. Isso ocorre também para evitar ambiguidades na estrutura.

Por exemplo: o IPv6 compactado FE80::ABC::1 em uma eventual descompactação poderia ser FE80:0000:0000:0000:0ABC:0000:0000:0001 ou até mesmo FE80:0000:00 00:0ABC:0000:0000:0000:0001. Nesse caso, qual seria o correto?

Imaginando um exemplo, uma notação IPv6 compactada quando se possuem vários endereços de hextetos representados como 0 poderia ser 2001:0000:0000:0249:0000:0 000:0000:ECFE, que tem o mesmo significado do valor 2001:0:0:249:0:0:0:ECFE, que tem o mesmo que 2001:0:0:249::ECFE.

Tipos de endereços IPv6

Como já dito anteriormente, há pelo menos três tipos possíveis de endereços no IPv6.

- **Unicast:** Um endereço unicast pode identificar de forma exclusiva uma interface em um host de rede habilitado com IPv6.
- **Multicast:** Um endereço multicast é utilizado para enviar um único pacote IPv6 para vários hosts dentro de uma rede unicamente.
- **Anycast:** Um endereço de anycast é aquele roteado para o host mais próximo que possui esse endereço. Um exemplo de serviço para o qual o IPv6 utiliza os endereços de anycast é o de descoberta de endereços vizinhos.

É muito importante lembrar que, diferentemente do IPv4, o IPv6 não possui um endereço de broadcast. Nesse caso, o endereço de multicast fornece o mesmo resultado desejado.

Endereços unicast do IPv6

Com certeza os endereços IPv6 unicast são os mais importantes e utilizados em redes que usam essa arquitetura, pois identificam de forma exclusiva uma interface de um host habilitado com IPv6. Muito parecido com o IPv4, o endereço IPv6 de origem deve ser um endereço unicast, e os endereços de destino podem ser um endereço unicast ou multicast.

Figura 2. Tipos de endereços IPv6.

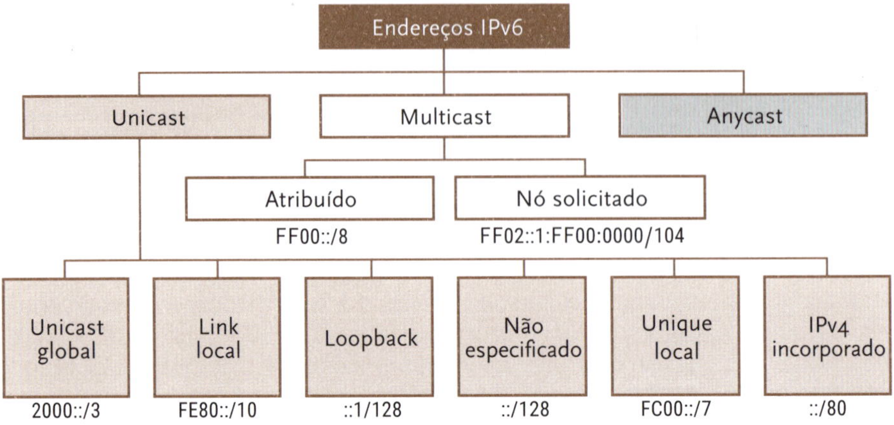

Como mostra a figura, há seis tipos de endereços unicast no IPv6, explicados a seguir.

- **Endereço de unicast global ou global unicast address:** É semelhante a um endereço IPv4 público, que são os endereços válidos na internet. Ou seja, estamos falando aqui de endereços roteáveis na internet e globalmente únicos (não é possível haver dois endereços repetidos na rede). Os endereços de unicast globais do IPv6 podem ser configurados estaticamente (quando o operador manualmente registra o IPv6 em uma interface) ou também atribuídos de forma dinâmica (quando o operador configura um recurso automático para obter endereços). Em relação ao serviço DHCP do IPv6 (que é um recurso de obtenção de endereços dinamicamente), ele é um pouco diferente em comparação com o IPv4.
- **Endereço de link local:** Como o nome já indica, é utilizado para a comunicação com outros dispositivos dentro de uma mesma rede local. Com o IPv6, o termo link refere-se a uma sub-rede e é exclusivo a uma única conexão. A exclusividade só deve ser confirmada nessa conexão porque não são endereços roteáveis, ou seja, os roteadores não encaminham pacotes com um endereço de origem ou de destino de uma conexão local com esse tipo de endereço.
- **Endereço de loopback:** É utilizado por um dispositivo de rede para enviar um pacote para ele mesmo com o intuito de testar conectividade e não pode ser atribuído a uma interface física. Muito parecido com um endereço de loopback do IPv4, e é possível fazer ping em um endereço de loopback IPv6 para testar a conectividade do TCP/IP em sua própria interface. O endereço de loopback IPv6 é all-0s, com exceção do último bit. Podemos representá-lo como ::1/128 ou, apenas, ::1 em forma compactada.
- **Endereço não especificado:** Refere-se a um endereço que não é de all-0s representado em formato compactado (como ::/128 ou, apenas, ::). Por esse motivo, não pode ser atribuído a uma interface e só é possível utilizá-lo como um endereço de origem em um pacote IPv6. Um endereço não especificado será usado como

o endereço de origem quando o dispositivo ainda não possuir um endereço IPv6 permanente ou quando a origem do pacote for irrelevante ao destino.

- **Endereço unique local:** Os endereços unique local do IPv6 possuem algumas similaridades com os endereços reservados e privados da RFC 1918 descritos para o protocolo IPv4. São utilizados para o endereçamento local dentro de um local ou entre um número limitado de dispositivos. Por esse motivo, esses endereços não devem ser roteados globalmente em redes IPv6. Os endereços unique local são reservados dentro do intervalo FC00:: /7 a FDFF:: /7.
- **Endereço de IPv4 incorporado:** Esses endereços de unicast são utilizados em uma transição de redes IPv4 para IPv6, criando uma formatação e uma incorporação nessa nova rede. Ou seja, é uma técnica utilizada para traduzir um IPv4, que está no formato decimal, para o IPv6, que está no formato hexadecimal. Exemplo: o endereço IPv4 191.168.10.1 no IPv6 pode ser especificado como ::192:168:10:1, porém a representação agora é a hexadecimal.

Os endereços de multicast e anycast não serão tratados em detalhes neste livro, por serem temas mais específicos e avançados desse protocolo.

Configuração de uma rede remota

Vamos imaginar aqui um exemplo de projeto de rede remota. Suponha que tenhamos três redes locais de computadores remotamente conectadas. Duas dessas redes são sub-redes instaladas no Switch_1, e a outra rede, instalada no Switch_2. No Switch_1 teremos duas máquinas em cada sub-rede criada, e no Switch_2 teremos duas máquinas em uma mesma rede. O roteamento entre as sub-redes e redes definidas nesse exemplo será realizado pelos roteadores (Router_1 e Router_2), e esse roteamento será efetuado através de rotas diretamente conectadas para as sub-redes e rotas estáticas entre os roteadores, conforme representado na figura 3.

Figura 3. Layout de exemplo de configuração de rede remota.

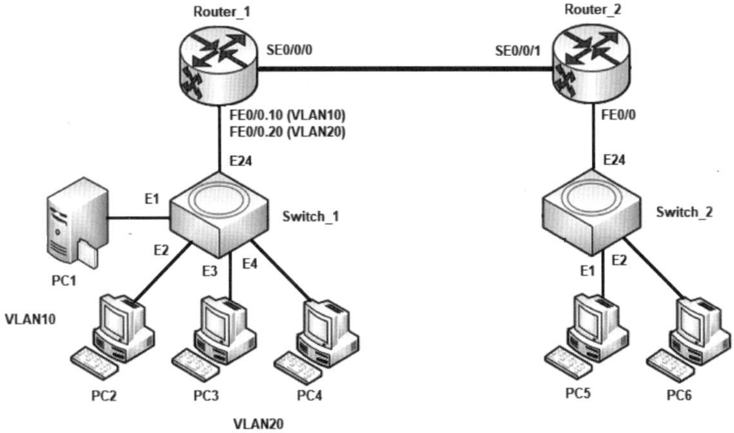

Configuração dos computadores pessoais

Em nosso exemplo de configuração de uma rede remota simples, estamos considerando que as máquinas dos usuários utilizam os endereços de rede (IPv4) de forma estática, ou seja, não vamos utilizar um serviço DHCP para aprendizado automático de endereços.

Conforme dito anteriormente, teremos duas sub-redes ligadas ao Switch_1 e uma rede ligada ao Switch_2. As interfaces FastEthernet 0/1 e FastEthernet 0/2 do Switch_1 estarão associadas à VLAN_10, e as interfaces FastEthernet 0/3 e FastEthernet 0/3 do Switch_2 estarão associadas à VLAN_20. As interfaces FastEthernet 0/24 em ambos os comutadores serão conectadas às interfaces FastEthernet 0/0 em ambos os roteadores, que farão a função de gateway das redes propostas.

O nosso provedor de serviços hipotético nos forneceu um endereço IPv4 192.168.0.0 com máscara de rede 255.255.255.0 e nos solicita que sejam criadas todas as redes e sub-redes tendo como base esse endereço. Nesse caso, teremos então de criar as sub-redes necessárias, que seriam ao todo quatro sub-redes, da seguinte forma: duas sub-redes instaladas no Switch_1, uma sub-rede instalada entre o Router_1 e o Router_2 e uma sub-rede instalada no Switch_2. Vamos, então, fazer os cálculos das respectivas sub-redes.

- Dado o endereço IPv4 192.168.10.0 com máscara de rede 255.255.255.0, para a criação de sub-redes vamos utilizar o último octeto desse endereço, ou seja, o quarto octeto.
- O quarto octeto é composto de 8 bits. Para a criação de quatro sub-redes, precisaremos pegar emprestado pelo menos 2 bits da esquerda para a direita desse octeto, ou seja, de 00000000 (inicial) teríamos 11000000 (2 bits de empréstimo). O cálculo, então, será $2^n = 2^2 = 4$ sub-redes, restando 6 bits para a criação de hosts. Nesse caso, teremos $2^n - 2 = 2^6 - 2 = 64 - 2 = 62$ hosts a cada sub-rede criada (lembre-se de que a subtração por 2 é relacionada ao endereço de rede de broadcast de cada sub-rede criada).

Teremos, então, as seguintes sub-redes:

- sub-rede 0 = 192.168.0.0 até 192.168.0.63;
- sub-rede 1 = 192.168.0.64 até 192.168.0.127;
- sub-rede 2 = 192.168.0.128 até 192.168.0.191;
- sub-rede 3 = 192.168.0.192 até 192.168.0.255.

Lembre-se de que, para isso ser verdade, a máscara de rede das sub-redes calculadas é 255.255.255.192 ou /26.

Sabendo desses cálculos, vamos mapear as redes da seguinte forma:

- VLAN_10 no Switch_1 = 192.168.10.0/26;
- VLAN_20 no Switch_1 = 192.168.10.64/26;
- sub-rede entre Router_1 e Router_2 = 192.168.10.128/26;
- sub-rede no Switch_2 = 192.168.10.192/26.

Observação 1: Estamos utilizando uma sub-rede /26 para a conexão entre o Router_1 e o Router_2 por questões didáticas e por este livro ser básico em redes. Poderíamos sem problemas utilizar as técnicas de VLSM (Variable Length Subnet Mask) utilizando uma /30 para a conexão dessa rede de apenas duas interfaces ponto a ponto conectadas, mas o tema de VLSM não é tratado neste livro.

Observação 2: Uma vez obtendo as sub-redes conforme apresentadas nos cálculos anteriores, o administrador de redes deve mapear/configurar esses endereços IPv4 nos computadores conforme layout de rede. Como melhor prática, geralmente utilizamos o primeiro ou o último endereço válido para aplicar nas interfaces de gateway os roteadores com o objetivo de facilitar o gerenciamento, mas qualquer endereço IPv4 dentro do intervalo de sub-rede calculado pode ser utilizado sem problemas.

Configuração dos comutadores de rede

Neste livro, não estamos detalhando as configurações dos sistemas operacionais dos roteadores e dos comutadores de rede, pois temos uma variedade de equipamentos no mercado com diferentes formas de configuração. No entanto, vamos apresentar de maneira sucinta as configurações desses dispositivos intermediários. Em nosso exemplo, usaremos um comutador da Cisco Systems utilizando o sistema operacional Cisco IOS, por meio de configurações de linha de comando. Para que possamos acessar a linha de comando do IOS, é necessário que previamente seja conectado um cabo de console do computador ao dispositivo intermediário de rede e que um software de terminal (TeraTerminal ou Putty) seja instalado.

Configuração do comutador 1 (Switch_1)

O comutador utilizado neste exemplo é o modelo Catalyst 2960 da Cisco Systems, que interliga os dispositivos finais de rede de sua LAN, como seu roteador (Router_1). Para configurá-lo, realizamos as etapas descritas a seguir.

Etapa_1. Após inicializar o comutador e verificar as mensagens de boot via linha de comando (CLI), ignore a pergunta de configuração de diálogo *Would you like to enter the initial configuration dialog?* [Yes/No], respondendo *No*.

Etapa_2. Você estará no modo usuário do Cisco IOS (Switch>). Para entrar no modo de configuração privilegiado, entre com o comando *enable* e tecle *Enter*.

Etapa_3. Entre no modo de configuração global, com o comando *configure terminal*, e tecle *Enter*.

Etapa_4. Crie as redes locais virtuais (VLAN 10 e VLAN 20) com os comandos *vlan 10* e *vlan 20*.

Etapa_5. Acesse as interfaces FastEthernet 0/1 e FastEthernet 0/2, com o comando *interface range FastEthernet 0/1 - 2*, e aplique os comandos para a identificação de máquina de acesso, com o comando *switchport mode access*, e a associação à VLAN 10, com o comando *switchport access vlan 10*. Ative as portas com o comando *no shutdown*.

Etapa_6. Acesse as interfaces FastEthernet 0/3 e FastEthernet 0/4, com o comando *interface range FastEthernet 0/3 - 4*, e aplique os comandos para a identificação de máquina de acesso, com o comando *switchport mode access*, e a associação à VLAN 20, com o comando *switchport access vlan 20*. Ative as portas com o comando *no shutdown*.

Etapa_7. Acesse a interface FastEthernet 0/24 e defina como porta tronco para as conexões dos quadros Ethernet etiquetados com as suas respectivas VLANs, com o comando *switchport mode trunk*, e ative a porta com o comando *no shutdown*.

Etapa_8. Salve a configuração do que foi feito no Cisco IOS com o comando *copy running-config startup-config* e tecle *Enter*.

Etapa_9. Após a criação das VLANs, a associação das interfaces para cada VLAN criada e ter os computadores devidamente configurados com seus endereços IPv4 obedecendo aos cálculos de sub-rede anteriormente definidos, é possível testar conectividade com os comandos *ping* dentro de cada VLAN, pois, quando são criadas VLANs no comutador, são definidos domínios de broadcast totalmente diferentes, ou seja, máquinas de uma VLAN não irão se comunicar com máquinas da outra VLAN criada. Podemos verificar as configurações na figura 4.

Figura 4. Configuração do Switch_1.

```
Switch>enable
Switch#configure terminal
Enter configuration commands, one per line.  End with CNTL/Z.
Switch(config)#vlan 10
Switch(config-vlan)#exit
Switch(config)#vlan 20
Switch(config-vlan)#exit
Switch(config)#interface range FastEthernet 0/1 - 2
Switch(config-if-range)#switchport mode access
Switch(config-if-range)#switchport access vlan 10
Switch(config-if-range)#no shutdown
Switch(config-if-range)#exit
Switch(config)#interface range FastEthernet 0/3 - 4
Switch(config-if-range)#switchport mode access
Switch(config-if-range)#switchport access vlan 20
Switch(config-if-range)#no shutdown
Switch(config-if-range)#exit
Switch(config)#interface FastEthernet 0/24
Switch(config-if)#switchport mode trunk
Switch(config-if)#exit
Switch(config)#
Switch(config)#exit
```

Configuração do comutador 2 (Switch_2)

O comutador utilizado neste exemplo é o modelo Catalyst 2960 da Cisco Systems, que interliga os dispositivos finais de rede de sua LAN, como seu roteador (Router_2). Para configurá-lo, realizamos as etapas apresentadas a seguir.

Etapa_10. Após inicializar o comutador e verificar as mensagens de boot via linha de comando (CLI), ignore a pergunta de configuração de diálogo *Would you like to enter the initial configuration dialog?* [Yes/No], respondendo *No*.

Etapa_11. Você estará no modo usuário do Cisco IOS (Switch>). Para entrar no modo de configuração privilegiado, entre com o comando *enable* e tecle *Enter*.

Etapa_12. Entre no modo de configuração global, com o comando *configure terminal*, e tecle *Enter*.

Etapa_13. Para facilitar a identificação do endereço IPv4 que será aplicado no Router_2 como interface de gateway, dê o comando *ip default-gateway 192.168.0.193*, que equivale ao primeiro endereço válido da quarta sub-rede criada nos cálculos anteriores. Isso irá auxiliar as máquinas da rede local a identificarem o gateway da rede mais rapidamente.

Etapa_14. Salve a configuração do que foi feito no Cisco IOS com o comando *copy running-config startup-config* e tecle *Enter*.

Etapa_15. Os comutadores da Cisco possuem a VLAN 1 criada por padrão (isso vem de fábrica), e todas as interfaces desse equipamento estão associadas a essa VLAN 1. Como no layout não temos mais do que uma rede a ser criada nesse Switch_2, então não há necessidade da criação de novas VLANs. Para verificar as VLANs padrão e/ou as VLANs criadas em um comutador de rede, basta dar o comando *show vlan*. Veja que, nesse Switch_2, temos VLAN 1, 1002, 1003, 1004 e 1005 criadas por padrão, e as quatro últimas são redes legadas; praticamente, não são utilizadas. Veja também que, na VLAN 1, todas as interfaces do comutador estão associadas a ela. Podemos verificar as configurações na figura 5.

Figura 5. Configuração do Switch_2.

```
Switch>enable
Switch#configure terminal
Enter configuration commands, one per line.  End with CNTL/Z.
Switch(config)#ip default-gateway 192.168.0.193
Switch(config)#
Switch(config)#exit
Switch#
%SYS-5-CONFIG_I: Configured from console by console

Switch#show vlan

VLAN Name                             Status    Ports
---- -------------------------------- --------- -------------------------------
1    default                          active    Fa0/1, Fa0/2, Fa0/3, Fa0/4
                                                Fa0/5, Fa0/6, Fa0/7, Fa0/8
                                                Fa0/9, Fa0/10, Fa0/11, Fa0/12
                                                Fa0/13, Fa0/14, Fa0/15, Fa0/16
                                                Fa0/17, Fa0/18, Fa0/19, Fa0/20
                                                Fa0/21, Fa0/22, Fa0/23, Fa0/24
                                                Gig0/1, Gig0/2
1002 fddi-default                     active
1003 token-ring-default               active
1004 fddinet-default                  active
1005 trnet-default                    active

VLAN Type  SAID       MTU   Parent RingNo BridgeNo Stp  BrdgMode Trans1 Trans2
---- ----- ---------- ----- ------ ------ -------- ---- -------- ------ ------
1    enet  100001     1500  -      -      -        -    -        0      0
1002 fddi  101002     1500  -      -      -        -    -        0      0
1003 tr    101003     1500  -      -      -        -    -        0      0
1004 fdnet 101004     1500  -      -      -        ieee -        0      0
1005 trnet 101005     1500  -      -      -        ibm  -        0      0

VLAN Type  SAID       MTU   Parent RingNo BridgeNo Stp  BrdgMode Trans1 Trans2
---- ----- ---------- ----- ------ ------ -------- ---- -------- ------ ------

Remote SPAN VLANs
------------------------------------------------------------------------------

Primary Secondary Type              Ports
------- --------- ----------------- ------------------------------------------
```

Configuração dos roteadores de rede

Conforme dito anteriormente, este livro não tem o objetivo de detalhar as configurações dos sistemas operacionais de roteadores e comutadores de rede, uma vez que existem, no mercado, equipamentos com formas de configuração totalmente diferentes. Vamos apresentar sucintamente as configurações, usando como exemplo um roteador da Cisco Systems utilizando o sistema operacional Cisco IOS via linha de comando. Para acessar a linha de comando do IOS, é preciso previamente conectar um cabo de console do computador ao dispositivo intermediário de rede e instalar um software de terminal (TeraTerminal ou Putty).

Configuração do roteador 1 (Router_1)

O roteador utilizado neste exemplo é o modelo ISR 1841 da Cisco Systems, que interliga o comutador de rede local (Switch_1) e o roteador vizinho (Router_2) para poder alcançar a sua rede remotamente. Para configurá-lo, efetuamos as etapas detalhadas a seguir.

Etapa_16. Após inicializar o roteador e verificar as mensagens de boot via linha de comando (CLI), ignore a pergunta de configuração de diálogo *Would you like to enter the initial configuration dialog?* [Yes/No], respondendo *No.*

Etapa_17. Você estará no modo usuário do Cisco IOS (Router>). Para entrar no modo de configuração privilegiado, entre com o comando *enable* e tecle *Enter.*

Etapa_18. Entre no modo de configuração global, com o comando *configure terminal,* e tecle *Enter.*

Etapa_19. Nesse roteador, ele precisará receber quadros de duas VLANs (VLAN 10 e VLAN 20) que foram definidas no seu switch e habilitadas para passar pela porta de tronco FastEthernet 0/24 do Switch_1. Precisamos criar duas subinterfaces para receber esses quadros dot1Q devidamente etiquetados e configurar a interface serial 0/0/0 que irá conectar o Router_2 com os comandos apresentados a seguir.

Etapa_19.1: Criar a subinterface 0/0.10. Dê o comando *interface FastEthernet 0/0.10,* para a criação da subinterface 0.10, em seguida dê o comando *encapsulation dot1Q 10,* que especifica o tag de VLAN que será recebido, e o comando *ip address 192.168.0.1 255.255.255.192,* o qual especifica para essa subinterface o primeiro endereço válido para a VLAN 10 devidamente calculada. Por fim, aplique o comando *no shutdown,* para ativar a interface.

Etapa_19.2: Criar a subinterface 0/0.20. Dê o comando *interface FastEthernet 0/0.20,* para a criação da subinterface 0.20, e em seguida dê o comando *encapsulation dot1Q 20,* o qual especifica o tag de VLAN que será recebido, e o comando *ip address 192.168.0.65 255.255.255.192,* que especifica para essa subinterface o primeiro endereço válido para a VLAN 20 devidamente calculada. Aplique o comando *no shutdown* para ativar a interface.

Observação: Lembre-se de acessar a interface física FastEthernet 0/0, que possui as duas subinterfaces 0.10 e 0.20 criadas e dar o comando *no shutdown,* pois nos roteadores Cisco, por padrão, todas as interfaces são bloqueadas. Se se esquecer de fazer isso para a interface principal, as subinterfaces também não serão ativadas.

Etapa_19.3: Configurar a interface serial 0/0/0. Acesse a interface serial 0/0/0 do Router_1 com o intuito de aplicar o endereço IPv4, que deve estar na mesma sub-rede que a serial 0/0/1 localizada no Router_2, com o comando *interface serial 0/0/0* para acessar a respectiva interface e *ip address 192.168.0.129 255.255.255.192* seguindo os cálculos definidos para a terceira sub-rede.

Etapa_19.4: Configurar a rota estática para o Router_2. A sub-rede local aplicada no Router_2 não está diretamente conectada no Router_1. Por esse motivo, precisamos indicar a rota para alcançar essa rede, com o comando *ip route 192.168.0.192 255.255.255.192 serial 0/0/0*. A primeira parte do comando é relacionada aos endereços de rede que se desejam alcançar (conhecer); a segunda parte do comando é equivalente ao endereço da máscara de rede dessa rede que se deseja alcançar, e a terceira e última parte do comando se refere à interface serial de saída para encontrar essa rede de destino. Esse comando de definição de rota estática precisa ser aplicado no modo global de configuração. Essas configurações do Router_1 podem ser vistas na figura 6.

Figura 6. Configuração do Router_1.

```
Router>enable
Router#configure terminal
Enter configuration commands, one per line.  End with CNTL/Z.
Router(config)#interface FastEthernet 0/0.10
Router(config-subif)#encapsulation dot1Q 10
Router(config-subif)#ip address 192.168.0.1 255.255.255.192
Router(config-subif)#no shutdown
Router(config-subif)#exit
Router(config)#interface FastEthernet 0/0.20
Router(config-subif)#encapsulation dot1Q 20
Router(config-subif)#ip address 192.168.0.65 255.255.255.192
Router(config-subif)#no shutdown
Router(config-subif)#
Router(config-subif)#exit
Router(config)#interface serial 0/0/0
Router(config-if)#ip address 192.168.0.129 255.255.255.192
Router(config-if)#no shutdown
```

Configuração do roteador 2 (Router_2)

O roteador utilizado neste exemplo é o modelo ISR 1841 da Cisco Systems, que interliga o comutador de rede local (Switch_2) e o roteador vizinho (Router_1) para poder alcançar a sua rede remotamente. Para configurá-lo, temos as etapas descritas a seguir.

Etapa_20. Após inicializar o roteador e verificar as mensagens de boot via linha de comando (CLI), ignore a pergunta de configuração de diálogo *Would you like to enter the initial configuration dialog?* [Yes/No], respondendo *No*.

Etapa_21. Você estará no modo usuário do Cisco IOS (Router>). Para entrar no modo de configuração privilegiado, entre com o comando *enable* e tecle *Enter*.

Etapa_22. Entre no modo de configuração global, com o comando *configure terminal*, e tecle *Enter*.

Etapa_23. Nesse roteador não temos por que configurar subinterfaces, pois não temos VLANs criadas. Assim, vamos apenas definir o endereço IPv4 na interface FastEthernet 0/0, que fará o papel de gateway dessa rede, com o comando *interface FastEthernet 0/0*, e depois aplicar o endereço IPv4, com o comando *ip address 192.168.0.193 255.255.255.192*, conforme mapeamento de endereços calculados para as sub-redes (quarta sub-rede criada).

Etapa_24. Como as VLANs 10 e 20 não estão diretamente conectadas no Router_2, precisamos criar rotas para elas, com os comandos: *ip route 192.168.0.0 255.255.255.192 serial 0/0/1* e *ip route 192.168.0.64 255.255.255.192 serial 0/0/1*. Essas configurações do Router_2 podem ser vistas na figura 7.

Figura 7. Configuração do Router_2.

```
Router>
Router>enable
Router#configure terminal
Enter configuration commands, one per line.  End with CNTL/Z.
Router(config)#interface FastEthernet 0/0
Router(config-if)#ip address 192.168.0.193 255.255.255.192
Router(config-if)#no shutdown
Router(config-if)#
Router(config-if)#
Router(config-if)#exit
Router(config)#ip route 192.168.0.0 255.255.255.192 serial 0/0/1
Router(config)#ip route 192.168.0.64 255.255.255.192 serial 0/0/1
Router(config)#exit
Router#
%SYS-5-CONFIG_I: Configured from console by console
```

Etapa_25. Se desejarmos verificar a tabela de roteamento para identificar as redes definidas pelas rotas estáticas devidamente configuradas no Router_2, poderemos aplicar o comando *show ip route*, no modo de configuração privilegiado. A figura 8 apresenta a tabela de roteamento.

Figura 8. Tabela de roteamento do Router_2.

```
Router#sh ip route
Codes: C - connected, S - static, I - IGRP, R - RIP, M - mobile, B - BGP
       D - EIGRP, EX - EIGRP external, O - OSPF, IA - OSPF inter area
       N1 - OSPF NSSA external type 1, N2 - OSPF NSSA external type 2
       E1 - OSPF external type 1, E2 - OSPF external type 2, E - EGP
       i - IS-IS, L1 - IS-IS level-1, L2 - IS-IS level-2, ia - IS-IS inter area
       * - candidate default, U - per-user static route, o - ODR
       P - periodic downloaded static route

Gateway of last resort is not set

     192.168.0.0/26 is subnetted, 4 subnets
S       192.168.0.0 is directly connected, Serial0/0/1
S       192.168.0.64 is directly connected, Serial0/0/1
C       192.168.0.128 is directly connected, Serial0/0/1
C       192.168.0.192 is directly connected, FastEthernet0/0
```

Etapa_26. Se todas as configurações tiverem sido feitas em todos os dispositivos intermediários (comutadores e roteadores) e nos dispositivos finais (computadores) como indicado, poderemos testar a conectividade com todos os dispositivos com os comandos *ping* e *traceroute*.

Figura 9. Teste de ping do PC5 e do PC6 para as duas VLANs criadas.

```
C:\>ping 192.168.0.2

Pinging 192.168.0.2 with 32 bytes of data:

Reply from 192.168.0.2: bytes=32 time=1ms TTL=126
Reply from 192.168.0.2: bytes=32 time=8ms TTL=126
Reply from 192.168.0.2: bytes=32 time=1ms TTL=126
Reply from 192.168.0.2: bytes=32 time=2ms TTL=126

Ping statistics for 192.168.0.2:
    Packets: Sent = 4, Received = 4, Lost = 0 (0% loss),
Approximate round trip times in milli-seconds:
    Minimum = 1ms, Maximum = 8ms, Average = 3ms

C:\>ping 192.168.0.66

Pinging 192.168.0.66 with 32 bytes of data:

Reply from 192.168.0.66: bytes=32 time=15ms TTL=126
Reply from 192.168.0.66: bytes=32 time=1ms TTL=126
Reply from 192.168.0.66: bytes=32 time=8ms TTL=126
Reply from 192.168.0.66: bytes=32 time=2ms TTL=126

Ping statistics for 192.168.0.66:
    Packets: Sent = 4, Received = 4, Lost = 0 (0% loss),
Approximate round trip times in milli-seconds:
    Minimum = 1ms, Maximum = 15ms, Average = 6ms
```

Figura 10. Teste de *traceroute* do PC5 e do PC6 para as duas VLANs criadas.

```
C:\>tracert 192.168.0.2

Tracing route to 192.168.0.2 over a maximum of 30 hops:

  1   1 ms      0 ms      0 ms      192.168.0.193
  2   0 ms      0 ms      0 ms      192.168.0.129
  3   0 ms      0 ms      1 ms      192.168.0.2

Trace complete.

C:\>tracert 192.168.0.66

Tracing route to 192.168.0.66 over a maximum of 30 hops:

  1   1 ms      0 ms      0 ms      192.168.0.193
  2   0 ms      1 ms      0 ms      192.168.0.129
  3   0 ms      0 ms      1 ms      192.168.0.66

Trace complete.
```

Exercícios propostos

1. O que é uma rede remota? Procure explicar com suas próprias palavras.
2. Quais são as diferenças entre uma LAN, uma MAN e uma WAN? Qual a maior WAN que você conhece?
3. Dê dois exemplos de protocolos de encapsulamento de enlace para conexões WAN geralmente utilizados em interfaces seriais.
4. No início da internet, como eram realizadas as conexões?
5. Para que serve um ISP?
6. Dê os intervalos de endereços das classes A, B e C do IPv4. Para que servem essas classes de endereço?
7. Qual é a diferença entre endereço público e endereço privado no IPv4? Qual é a RFC que descreve esses endereços?
8. Por que as grandes redes precisariam ser segmentadas? Como poderíamos fazer isso?
9. Quais são os motivos que levaram ao desenvolvimento do IPv6? Como é o formato desse endereço comparado com o do IPv4?
10. Quais são as duas formas que você conhece para rotear pacotes em uma rede remota? Aponte as diferenças entre esses dois métodos.

Anotações

Anotações

9

Redes de computadores sem fio

OBJETIVOS

» Entender o conceito e os padrões de rede sem fio

» Conhecer os tipos de rede sem fio

» Aprender sobre topologia e arquitetura de rede sem fio

» Aprender a configurar uma rede sem fio

Conceito de rede sem fio

Como o nome já indica, a rede sem fio (Wireless Network) não necessita de cabos metálicos e ópticos para transmitir dados entre dispositivos finais dentro de uma infraestrutura. Em vez disso, essas redes utilizam ondas eletromagnéticas que são propagadas no ar, transmitidas por um dispositivo de origem (transmissor) e recebidas por um dispositivo de destino (receptor).

Existem inúmeros tipos de rede sem fio utilizados no mercado, e elas geralmente são definidas pela sua cobertura (área de abrangência). Ou seja, podemos utilizar uma WPAN para a conexão de dispositivos próximos ao nosso corpo, uma rede WLAN para a interligação de dispositivos dentro de um ambiente local e uma rede WMAN para a interligação de ambientes remotos de longa distância.

Sem sombra de dúvida, a tecnologia de rede sem fio mais utilizada para a conexão de dispositivos locais, pelo fato de apresentar o melhor custo-benefício, consiste nas redes da família de protocolos IEEE 802.11, conhecidas por muitos como redes Wi-Fi apenas. O IEEE (Institute of Electrical and Electronics Engineers ou Instituto de Engenheiros Elétricos e Eletrônicos) é um órgão de padronização sem fins lucrativos que define como as transmissões são realizadas por meio de tecnologias e protocolos aprovados e testados, de maneira que qualquer fabricante possa implementar seu produto de forma compatível com dispositivos dos mais variados tipos.

A família de protocolos IEEE 802.11, implementada em redes WLAN através de ondas de rádio, obteve grande popularidade nos Estados Unidos e na Europa, o que fez tais protocolos se expandirem rapidamente na indústria de tecnologia e permitiu o desenvolvimento de inúmeros produtos interoperáveis, evitando possíveis monopólios de um único fornecedor.

Padrões de redes wireless

Existem diversos protocolos IEEE 802.11, e aqui vamos citar os mais conhecidos.

Quadro 1. Protocolos IEEE 802.11 mais conhecidos.

Protocolo	Características
802.11a	Ratificado pelo IEEE em 16 de setembro de 1999. Utiliza a modulação do tipo OFDM (Orthogonal Frequency Division Multiplexing). Tem capacidade máxima de transmissão de 54 Mbps, operando nas faixas de frequência de 5 GHz ISM (Industrial, Scientific, and Medical ou reservada internacionalmente para o uso industrial, científico e médico). Distância de transmissão de até 120 metros do transmissor.

Protocolo	Características
802.11b	Ratificado pelo IEEE em 16 de setembro de 1999. Provavelmente foi o padrão mais utilizado e o que deu impulso ao desenvolvimento das redes sem fio locais. Milhões de dispositivos com suporte a esse protocolo foram vendidos desde a sua aprovação. Utiliza a modulação DSSS (Direct Sequence Spread Spectrum), ocupando a banda ISM nas frequências de 2,4 GHz. Capacidade máxima de transmissão de 11 Mbps, a distâncias de até 140 metros do transmissor.
802.11g	Ratificado pelo IEEE em junho de 2003. É considerado por muitos o sucessor natural e aperfeiçoado do 802.11b, por utilizar o mesmo espaço de frequência ISM de 2,4 GHz, porém com o esquema de modulação OFDM, o que permite capacidade de transmissão de 54 Mbps ou redução para 11 Mbps DSSS (garantindo compatibilidade com o 802.11b). Distância de transmissão de até 140 metros.
802.11n	Aprovado pelo IEEE em outubro de 2009. Trabalha nas frequências de 2,4 GHz e 5 GHz (dual-band), com modulação MIMO-OFDM (Multiple-Input Multiple-Output – Orthogonal Frequency Division Multiplexing). Taxas de transmissão disponíveis de 65 Mbps a 450 Mbps, a distâncias de até 250 metros do transmissor.
802.11ac	Aprovado em dezembro de 2013. Trabalha apenas na frequência de 5 GHz, a qual apresenta menos interferência de transmissão, com modulação MIMO-OFDM, o que permite múltiplos fluxos de dados simultâneos, utilizados para elevar a taxa de transmissão (multiplexação espacial) ou para melhorar a relação sinal/ruído. Pode transmitir dados a 1300 Mbps (também é conhecido como Wi-Fi Gigabit), com possibilidade de transmissão simultânea para inúmeros dispositivos sem interrupção.
802.11ad	Desenvolvido para ser um padrão MGWS (Multiple Gigabit Wireless System), que opera na frequência de 60 GHz, e padronizado para redes Wi-Fi Gigabit. Permite a transmissão de altas taxas de dados de até vários gigabits por segundo, possibilitando a aplicação em transmissões de vídeo. Pode chegar a taxas de transmissão de 6912 Mbps, a distâncias de até 250 metros do transmissor.

É muito importante salientar que, apesar de os protocolos da família 802.11 terem uma padronização relacionada à taxa de transmissão de dados entre transmissores e receptores nas redes sem fio, devemos considerar vários aspectos que podem alterar esses valores. Entre eles está a distância entre o transmissor e o receptor, a quantidade de dispositivos compartilhando uma mesma área e os materiais envolvidos no ambiente onde a rede sem fio é instalada, que em alguns casos podem atuar como uma barreira para as ondas eletromagnéticas. Por exemplo, se as paredes do ambiente forem de alvenaria, o funcionamento das redes será totalmente diferente do que se elas forem de drywall, muito menos denso.

Tipos de rede sem fio

A classificação de uma rede com ou sem fio geralmente é realizada com base em três aspectos: a área de cobertura (extensão), a administração e as taxas de transferência que ela pode suportar. No entanto, a extensão é o fator de maior importância, como podemos verificar a seguir.

WPAN

A WPAN (Wireless Personal Area Network) também é conhecida como rede doméstica, pois sua cobertura, que não ultrapassa alguns metros, geralmente conecta dispositivos muito próximos aos transmissores, como é o caso das impressoras, dos aparelhos domésticos, dos celulares e muitos dos seus periféricos. Uma tecnologia de rede sem fio que se encaixa na classificação de WPAN é a Bluetooth (IEEE 802.15.1), desenvolvida em 1994 pela empresa Ericsson com vazão de 1 Mbps e alcance de 30 metros. As redes Bluetooth ganharam notoriedade por consumir pouca energia e serem adequadas para a conectividade de pequenos dispositivos, como celulares e headsets. Outras redes que fazem parte da classificação WPAN são a HomeRF e a ZigBee.

WLAN

A WLAN (Wireless Local Area Network) é a conhecida rede local sem fio, criada inicialmente para estender uma rede local cabeada e que, em alguns casos, pode até substituí-la. Com certeza os fatores mais importantes para sua ampla utilização são o baixo custo de instalação, a flexibilidade e a mobilidade. Da mesma forma que as redes locais tradicionais, as WLANs interligam computadores, impressoras, servidores e pequenos armazenadores de dados por meio de concentradores de redes conhecidos como pontos de acesso (access points), os quais podem ser conectados diretamente a links de internet ou interligados aos switches de rede local, permitindo que os usuários estejam sempre conectados à rede.

Ao contrário do que muitos pensam, essas redes podem ser tão seguras como as redes tradicionais e, por serem de fácil instalação e não exigirem infraestrutura de cabos, tornam-se viáveis em ambientes de difícil alteração, como edifícios tombados pelo patrimônio histórico.

Nessa classificação estão as famílias de protocolos IEEE 802.11, utilizados em ambientes empresariais e de pequenos e médios negócios.

WMAN

As redes WMAN (Wireless Metropolitan Area Network) são também conhecidas como WLL (Wireless Local Loop). Podem comunicar dispositivos a grandes distâncias, chegando a vazões de 1 Mbps a 10 Mbps e distâncias de 4 quilômetros a 10 quilômetros dentro de ambientes metropolitanos ou centros urbanos. São muito parecidas com as WLANs, embora sejam descritas e regulamentadas nas normas IEEE 802.16. A WMAN mais conhecida é a WiMAX, que pode atingir taxas de transmissão de 70 Mbps.

WWAN

A WWAN (Wireless Wide Area Network) é a rede de longa distância sem fio e conhecida por muitos como rede celular móvel. Tem como principais características as longas distâncias que alcança e as tecnologias que as operadoras de celulares utilizam para a criação de sua malha de transmissão. As tecnologias mais usadas nessas redes são a CDMA (Code Division Multiple Access), a GSM (Global System for Mobile Communication), a GPRS (General Packet Radio Service) e a UMTS (Universal Mobile Telecommunication), bem como as tecnologias de terceira, quarta e quinta gerações (3G, 4G e 5G).

Topologia de redes sem fio

A topologia de rede ou estrutura topológica de rede pode ser descrita como física (como essa estrutura é construída fisicamente; como é seu layout) ou lógica (como esta estrutura pode transmitir seu fluxo de dados).

Elementos de rede

Os elementos de rede sem fio – ou dispositivos de redes sem fio – podem ser de vários tipos; isso vai depender da classificação de rede na qual estão contidos. No caso das redes WLAN, os dispositivos de redes finais mais conhecidos são os computadores desktop e os notebooks, ambos elementos compostos por adaptadores de redes sem fio (placas de rede sem fio).

Os dispositivos finais podem se comunicar diretamente uns com os outros ou através de concentradores de redes sem fio, também conhecidos como pontos de acesso. Estes exercem um papel muito parecido com o dos antigos hubs ou atuais switches das redes locais cabeadas, com a diferença de que a comunicação com os dispositivos finais é realizada por ondas eletromagnéticas compartilhadas dentro de uma área de abrangência.

Modos de operação

As redes sem fio suportam basicamente dois modos de operação: ad-hoc e infraestrutura.

Ad-hoc

A rede desse tipo não depende de dispositivos de transição para propagar seus sinais entre os elementos da rede, ou seja, a transmissão de dados é realizada diretamente entre os dispositivos de rede. Por esse motivo, ela também é conhecida como rede ponto a ponto. Seu raio de ação acaba sendo mais limitado, e a complexidade na transmissão desses dispositivos é alta, pois demanda a implementação de mecanismos de acesso ao meio, importantes para uma boa qualidade de transmissão de dados.

Figura 1. Ad-hoc ou rede ponto a ponto.

Infraestrutura

Nesse modo de operação, a transmissão de dados ocorre sempre entre o dispositivo final e um concentrador de rede, como um ponto de acesso. Esse dispositivo intermediário de rede tem como função principal capturar e retransmitir as mensagens enviadas pelas estações, dentro de sua área de cobertura. Quando essa área é excedida, os pontos de acesso podem se comunicar com outros pontos de acesso da rede, a fim de manter uma estabilidade na comunicação e evitar possíveis perdas de dados.

Esse modo de operação é mais utilizado principalmente em redes empresariais, pequenos e médios escritórios e em ambientes residenciais, por causa da sua cobertura e da mobilidade.

Figura 2. Infraestrutura.

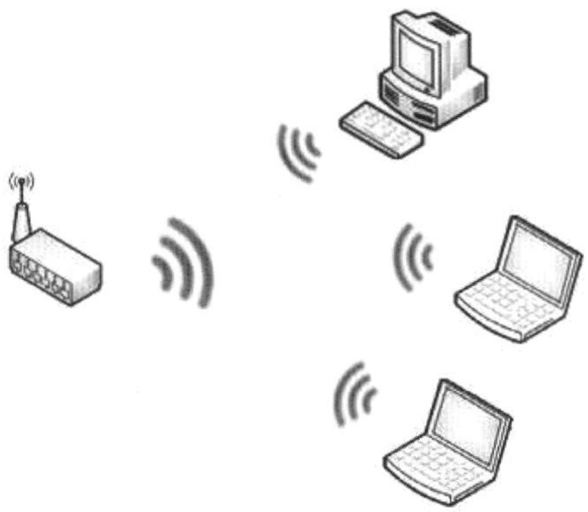

Arquitetura de redes sem fio

As redes locais sem fio (WLANs) são baseadas em uma arquitetura composta por células (arquitetura celular). Esse sistema é controlado por um ponto de acesso e conhecido como BSS (Basic Service Set). Ele possui um SSID (Service Set Identifier) que o identifica.

Figura 3. Basic Service Set.

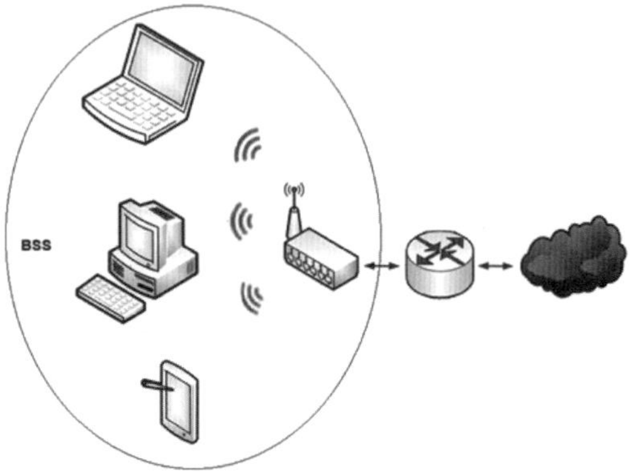

Um conjunto de BSS interconectados com o intuito de aumentar o alcance e a capacidade da rede sem fio e que pode interligar centenas de milhares de dispositivos de redes (hosts) é conhecido como ESS (Extended Service Set). Os access points localizados dentro de um ESS são conectados por meio de um serviço de distribuição (DS ou Distribution System).

Figura 4. Extended Service Set.

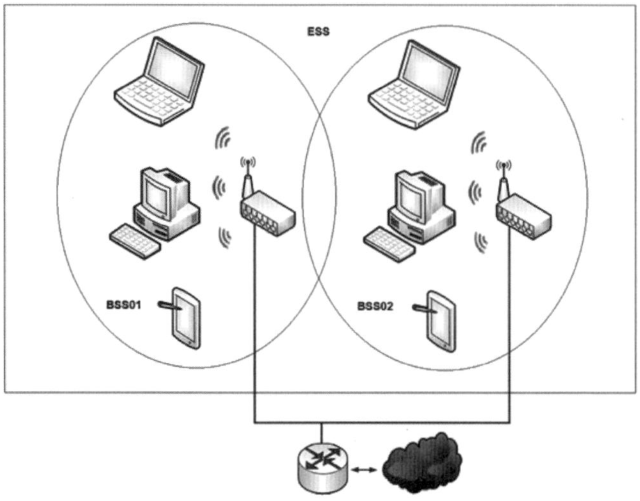

Alguns pontos de acesso do mercado possuem o recurso WDS (Wireless Distribution System), que possibilita a utilização de dezenas de outros pontos de acesso instalados em uma mesma rede, propiciando a expansão da rede para novos locais da infraestrutura.

Conforme já apresentado, as redes ad-hoc não utilizam os pontos de acesso para prover comunicação entre seus dispositivos, o que se realiza de forma totalmente independente de concentradores. Tal arquitetura é chamada, por motivos óbvios, de IBSS (Independent Basic Service Sets).

Configuração de uma rede local sem fio

As redes locais sem fio (WLANs) são implementadas em diversos ambientes, principalmente nos residenciais, pois permitem aos seus usuários instalação fácil e custo-benefício melhor em comparação com outros tipos de redes. Nossa ideia aqui é apresentar de forma simples a instalação de uma rede sem fio usando o modo de infraestrutura. Para isso, vamos antes apresentar alguns conceitos importantes.

Layout do exemplo de configuração

Em nosso exemplo, vamos considerar os elementos essenciais para a conexão de uma rede local sem fio residencial à internet. Podemos ver o desenho (layout) dessa rede na figura 5.

Figura 5. Layout de exemplo da configuração de rede local sem fio.

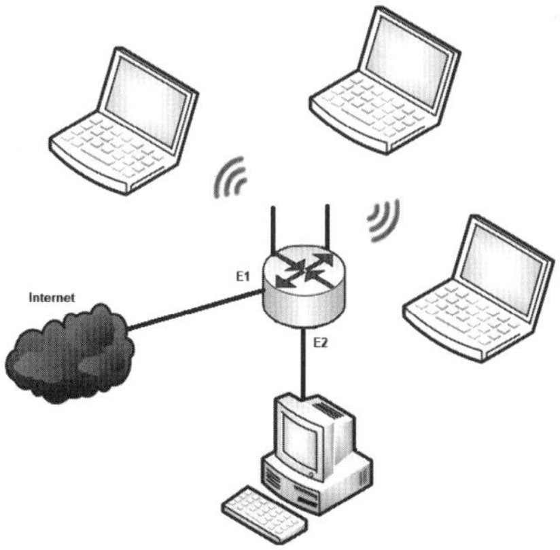

O dispositivo que iremos configurar é o roteador Cisco WRT54G2, que está no centro do layout apresentado. Para isso, devemos considerar que o modem já foi devidamente configurado pelo provedor de serviços da internet contratado e/ou a conexão internet com o WRT54G2 já foi estabelecida. O computador apresentado possui duas finalidades no exemplo: a primeira é permitir que a configuração do roteador seja realizada incialmente, e a segunda, o teste de conectividade sem fio com esse equipamento. Na topologia, temos ainda três notebooks, que devem se conectar no ponto de acesso via ondas de rádio.

Conexão física do roteador

Antes de iniciarmos qualquer configuração, é importante checar as conexões físicas de rede e o cabo de alimentação de energia do roteador wireless.

Figura 6. Roteador Cisco WRT54G2.

Etapa_1. Conecte o cabo do modem à porta WAN ou internet do roteador.

Figura 7. Conexão de cabo Ethernet ao modem internet.

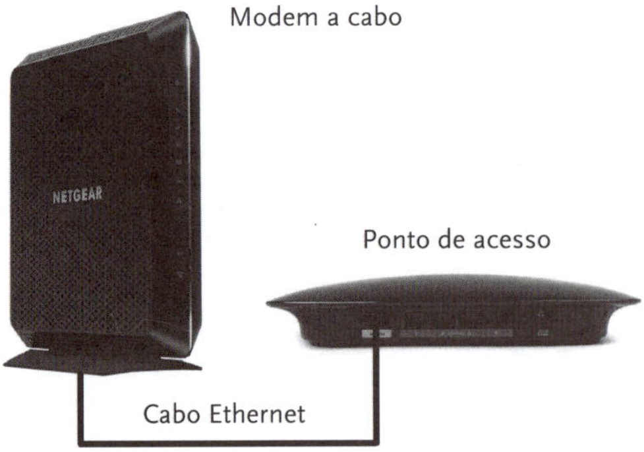

Etapa_2. Conecte um computador a qualquer uma das portas numeradas (1, 2, 3 ou 4). Caso esteja usando um computador sem fio, você deve primeiro se conectar a um cabo Ethernet.

Observação: nesse exemplo, o computador está ligado ao número da porta 2.

Figura 8. Conexão de cabo Ethernet ao computador de configuração.

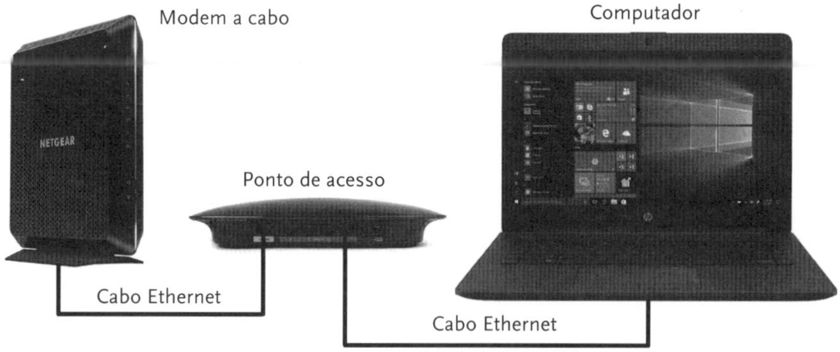

Verificação dos LEDs do roteador

Após conectar o modem e o PC ao roteador, verifique as luzes no painel frontal do roteador. Certifique-se de que as luzes correspondentes às portas em que os cabos Ethernet estão conectados estejam acesas, como é mostrado na figura 9.

Figura 9. Roteador com luzes acesas indicando conexão.

Etapa_3. Acesse a página de configuração baseada na web do roteador. Abra um navegador da web (por exemplo, Microsoft Edge®, Mozilla Firefox®, Safari®, Chrome®, entre outros). Digite o endereço IPv4 padrão do dispositivo 192.168.1.1 na barra de endereços do navegador e pressione *Enter*.

Figura 10. Acessando o roteador.

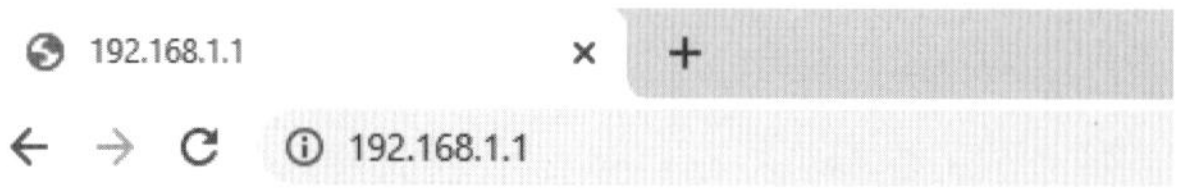

Etapa_4. Você vai ser solicitado a fornecer seus dados de login. No campo do nome do usuário (username em inglês ou, em programa em português lusitano, nome do utilizador) digite *admin*. No campo de senha (password ou, em português lusitano, palavra-passe), digite *admin*. Clique em *OK*.

Figura 11. Credenciais (nome do usuário e senha).

Etapa_5. Na pasta principal, *Configurar*, e na subpasta *Configuração básica*, escolha a forma como deseja que seu dispositivo possa fornecer endereços IPv4 na rede local sem fio. Em nosso exemplo, vamos utilizar a configuração automática de endereços, via servidor DHCP.

Vamos definir o nome do roteador como ROTEADOR_TESTE e deixar em branco o nome do sistema anfitrião e o nome de domínio.

Vamos, ainda, deixar por padrão a MTU (Maximum Transmission Unit ou unidade máxima de transferência) em automático e tamanho de 1500 bytes de tamanho do campo de dados (payload).

Figura 12. Primeira parte da subpasta Configuração básica.

Etapa_6. Vamos definir o endereço IPv4 do roteador. Nesse caso, deixar o endereço padrão de configuração, que é o 192.168.1.1 com máscara de rede /24 ou 255.255.255.0, que define que essa rede tem pelo menos 254 endereços de host válidos.

Figura 13. Definindo o endereço IPv4 de acesso ao roteador.

Etapa_7. Como escolhemos a configuração de endereçamento IPv4 automática via servidor DHCP, vamos ativar o servidor e definir o endereço inicial do pool de empréstimo de endereços a ser realizado por esse serviço como 192.168.1.100. Ou seja, o servidor DHCP começará a emprestar dinamicamente os endereços a partir do host 100. Também podemos definir a quantidade de endereços que o servidor vai emprestar – nesse caso, vamos deixar como 50 endereços, o que aloca os IPs de 192.168.1.100 a 192.168.1.150.

Também podemos definir o tempo de alocação do cliente "0" para um dia e, caso desejemos, que o servidor distribua também informações relacionadas aos endereços de DNS (1, 2 e 3). Nesse caso, vamos deixar em branco os endereços dos servidores DNS, para que o provedor possa especificar.

Figura 14. Definindo os recursos de DHCP.

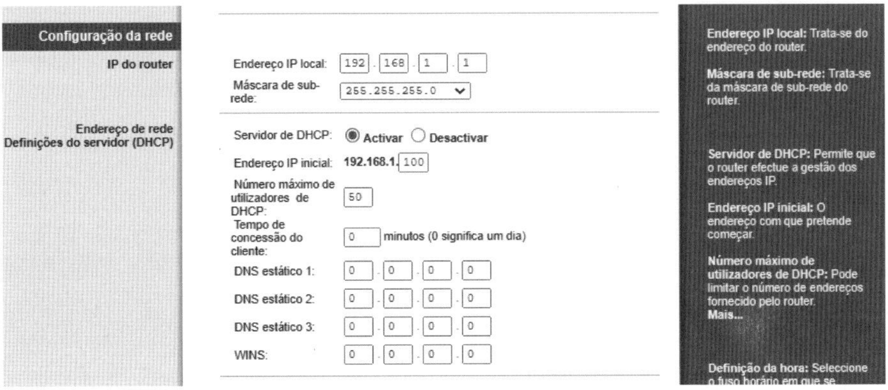

Etapa_8. Para especificar hora para o roteador sem fio, vamos utilizar o fuso horário de oeste do Brasil como exemplo. Também definimos ajuste automático de horário de verão. Então, clicamos no botão *Guardar informações* (na tela de exemplo, *Guardar definições*, por causa do português lusitano).

Figura 15. Definindo fuso horário.

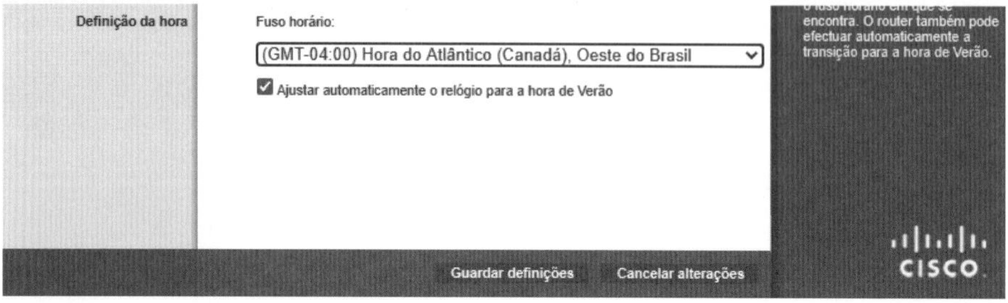

Etapa_9. Na pasta *Sem fios*, subpasta *Definições sem fios básicas*, vamos definir como uma configuração manual. No modo de rede sem fios, vamos deixar como *Misto*, que cobre as tecnologias 802.11b e 802.11g, suportadas por esse roteador. No SSID (Service Set Identifier), vamos deixar como REDE_TESTE.

Também é possível escolher os canais em que deseja operar. Em nosso exemplo, vamos escolher o canal 6 – 2,437 GHz, uma vez que tanto o 802.11b como o 802.11g operam na faixa de frequência de 2,4 GHz. Também por opção podemos definir se deve ocorrer difusão do SSID. Caso a escolha seja "sim" (ativar), os usuários, quando forem conectar à rede sem fio, identificarão o SSID proposto. Caso a escolha seja "não" (desativar), essa opção não estará disponível aos usuários.

Figura 16. Configuração sem fio.

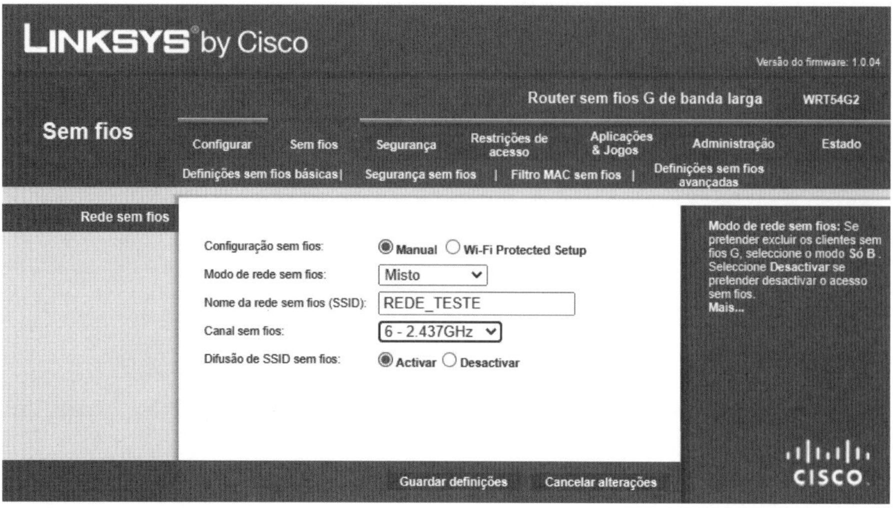

Etapa_10. Caso deseje implementar segurança, é possível, na pasta *Sem fios*, subpasta *Segurança sem fios*, definir se a criptografia da senha de acesso a redes estará desativada (padrão) ou criptografada por meio de diversos protocolos à sua escolha, entre eles WEP, WPA, WPA2, autenticação externa através de servidor AAA (por exemplo, RADIUS) e muitas outras formas. Clique em *Guardar configurações* (na tela de exemplo, *Guardar definições*), para salvar o que foi realizado no roteador sem fio.

Figura 17. Configuração sem fio.

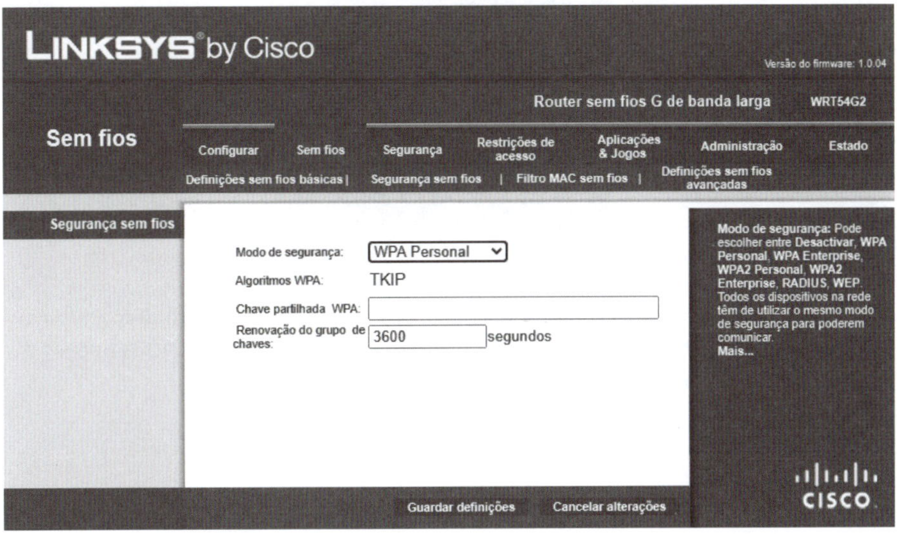

Etapa_11. Retire o cabo Ethernet do computador que estava sendo usado para a configuração e ative a conexão de rede sem fio. No canto inferior da tela do Windows, clique sobre o ícone que indica rede sem fio, e aparecerão as opções de associação das redes disponíveis. Procure pela rede REDE_TESTE, que foi configurada no roteador, e clique sobre ela para associar-se. Em nossa configuração, não definimos uma senha criptografada, e por esse motivo o ícone aparecerá como rede aberta. Se fosse escolhida uma chave criptografada, a seleção seria realizada da mesma forma, porém o sistema solicitaria a senha definida na configuração.

Figura 18. Opções de acesso às redes sem fio disponíveis.

Para acessar a REDE_TESTE será solicitada a senha aplicada na configuração do ponto de acesso da rede. Em nosso caso, utilizamos WPA, mas muitas outras opções podem ser configuradas.

Exercícios propostos

1. Quais seriam os motivos que levariam você a utilizar uma rede sem fio no lugar de uma rede cabeada?
2. Qual é o protocolo IEEE mais utilizado em redes locais sem fio?
3. A tecnologia WiMAX é considerada que tipo de rede?
4. Qual é a diferença entre ad-hoc e infraestrutura em uma rede wireless?
5. Qual é a função do dispositivo ponto de acesso (ou AP) em uma rede Wi-Fi?
6. Qual é a diferença entre BSS e ESS?
7. Elabore um layout que apresente uma topologia BSS.
8. Para que serve o SSID em uma rede sem fio?
9. Quando vamos instalar uma rede sem fio, quais são algumas preocupações que devemos ter?
10. Dispositivos que trabalham somente em tecnologias IEEE 802.11a podem se comunicar com dispositivos que trabalham apenas em tecnologias IEEE 802.11b? Explique.

Anotações

10

Instalação de configuração de sistema operacional

OBJETIVOS

- Compreender o conceito de sistema operacional
- Aprender a instalar o Windows
- Conhecer os recursos de hardware necessários
- Aprender a atualizar e instalar drivers

Definição de sistema operacional

Sistema operacional, SO, Operating System ou OS são maneiras de denominar um software composto de um conjunto de programas que controlam e gerenciam os recursos de um dispositivo de computação, como um computador pessoal, um servidor de rede, um telefone celular, um comutador de rede, um ponto de acesso, entre outros exemplos.

Esses recursos controlados pelo SO podem ser diversos: gerenciamento de memória, criação de uma pasta para armazenamento de arquivos, interrupção de um sistema, qual o programa que será executado no processador e muitos outros. Sem ele, simplesmente não conseguimos fazer nada em um computador. Quando iniciamos um dispositivo, o sistema operacional geralmente é encontrado em uma memória não volátil (memória flash, um disco magnético, um SSD, etc.) e executado em uma memória de trabalho e de alta velocidade, também conhecida como RAM (Random Access Memory).

Os primeiros sistemas operacionais criados para computadores pessoais eram do tipo *stand alone*. Isso quer dizer que rodavam sozinhos no computador e não tinham capacidade de comunicação em rede. Com o desenvolvimento das tecnologias e a necessidade da integração de sistemas por redes de comunicação, surgiram sistemas operacionais que proviam esses recursos e foram chamados de sistemas operacionais de rede. Os mais conhecidos que temos são o Windows, o Linux, o BSD, o Solaris, o Android e o iOS, entre outros.

Alguns equipamentos já são vendidos com sistemas operacionais e aplicativos já instalados, e outros necessitam da instalação desse importante software. Antes da aquisição e da instalação de um sistema operacional, recomenda-se que o operador verifique os requisitos mínimos de hardware para suportá-lo, assim como a compatibilidade do computador. Em nosso livro, vamos tratar da instalação do sistema operacional Windows, da Microsoft (Windows 10).

Instalação do Windows

Como foi dito, precisamos verificar se o hardware de nosso equipamento suportaria o sistema operacional Windows 10. A seguir estão descritos os requisitos básicos ou mínimos para a instalação desse sistema operacional de rede.

- **Processador:** De 1 GHz ou mais rápido.
- **RAM:** 1 GB para 32 bits ou 2 GB para 64 bits.
- **Espaço em disco:** 16 GB para um sistema operacional de 32 bits ou 32 GB para um de 64 bits.
- **Placa gráfica:** DirectX 9 ou posterior com driver WDDM 1.0.
- **Tela de monitor:** 800 × 600.
- **Conexão com a internet:** Requer uma conexão com a internet para executar atualizações e baixar e aproveitar alguns recursos. Para essa finalidade, pode ser uma placa de rede Ethernet (cabo metálico ou sem fio) devidamente conectada em um ISP (provedor de acesso).

Observação: para mais informações, recomendamos que você acesse o portal da Microsoft (http://www.microsoft.com/pt-br/windows/windows-10-specifications), pois, dependendo de quando for realizada essa instalação, esses requisitos mínimos poderão ter sido atualizados.

Caso seu computador suporte o sistema operacional Windows, primeiro precisamos verificar, por meio do setup do seu computador, se ele está setado para realizar o boot (inicialização do sistema) por uma unidade de DVD ou pen drive. Cada dispositivo pode ter uma forma de acessar o setup; recomendamos que você leia o manual do equipamento para checar isso. Após definida essa configuração, faça as etapas descritas a seguir.

Etapa_1. Insira no computador o DVD ou o pen drive com a imagem do sistema operacional Windows 10 devidamente gravada.

Etapa_2. Após a reinicialização do equipamento, aparecerá a mensagem *Pressione qualquer tecla para continuar*. Pressione, então, qualquer tecla.

Etapa_3. A instalação será iniciada, e a primeira tela que aparecerá é a de idioma, formato de hora e teclado. Escolha as opções recomendadas conforme a seguir.

- Idioma a instalar: Português.
- Formato de hora e moeda: Português (Brasil).
- Teclado ou método de entrada: Português (Brasil ABNT).

Então, clique em *Avançar*.

Figura 1. Idioma, formato de hora e teclado.

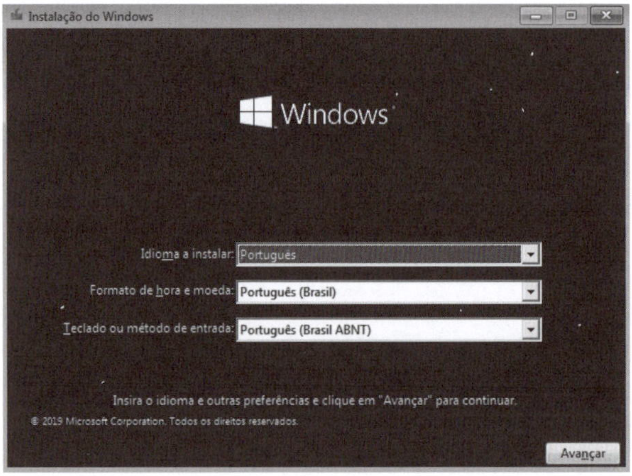

Etapa_4. Aparecerá a tela de instalar ou reparar. Esta segunda opção é utilizada somente caso apareçam erros no sistema. Em nosso caso, escolha a opção *Instalar agora*, clicando sobre ela.

Figura 2. Instalar ou reparar.

Etapa_5. Aparecerá a informação *Instalação iniciada*, e após alguns segundos a tela de ativação do Windows será apresentada. Aparecerá um espaço para aplicar a chave do Windows, que é um código de validação. Caso não tenha a chave no momento, é possível abortar a ação com a tecla *Ignorar*. Em nosso caso, vamos digitar a chave de 25 caracteres e clicar em *Avançar*.

Figura 3. Ativar o Windows.

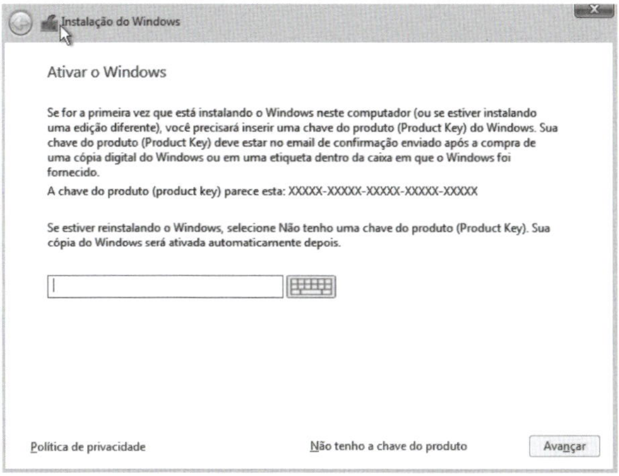

Etapa_6. Se a chave for aceita, aparecerá a tela de avisos e termos de licença. Leia a licença, selecione a caixa *Aceito os termos de licença* caso esteja de acordo e clique em *Avançar*.

Figura 4. Avisos e termos de licença aplicáveis.

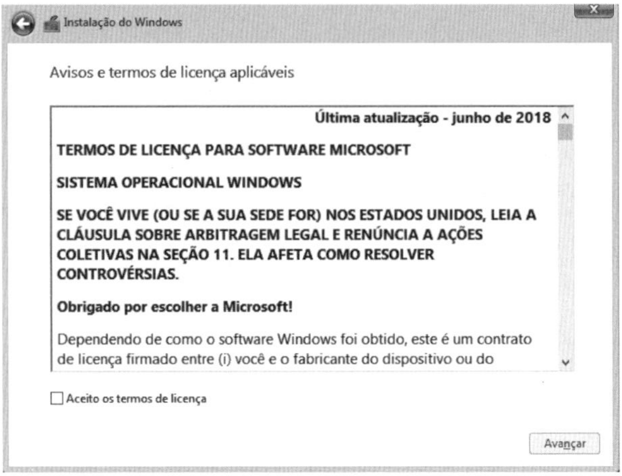

Etapa_7. Aparecerá a tela sobre o tipo de instalação que deseja, com duas opções:

- instalação: instalar o Windows e manter arquivos, configurações e aplicativos;
- personalizada: instalar apenas o Windows.

Como a instalação exemplo está sendo realizada do zero, ou seja, não desejamos fazer a correção de nenhum arquivo ou configuração do Windows, então vamos selecionar *Personalizada*, clicando sobre a opção.

Etapa_8. Aparecerá a tela sobre onde quer instalar. Aqui poderíamos escolher outros espaços para a instalação e até mesmo deletar e formatar novas partições. Por segurança, recomendamos separar uma partição para o sistema operacional e outras partições para arquivos, etc. Nesse caso, vamos criar uma partição de 30 GB para o Windows e outra partição, restante, para outros dados, conforme detalhado a seguir.

Etapa_8.1. Selecione *Espaço Não Alocado da Unidade 0*, de 50 GB, e em seguida clique na opção *Novo*, no lado inferior direito.

Figura 5. Onde você quer instalar o Windows?

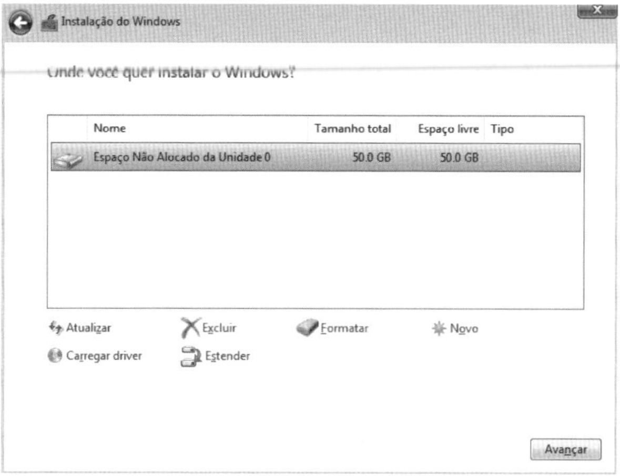

Etapa_8.2. Selecione a caixa *Tamanho*, coloque o valor de 31200 MB e clique em *Aplicar*. O sistema informará que partições adicionais serão automaticamente criadas para o correto funcionamento do sistema operacional.

Figura 6. Criando novas partições.

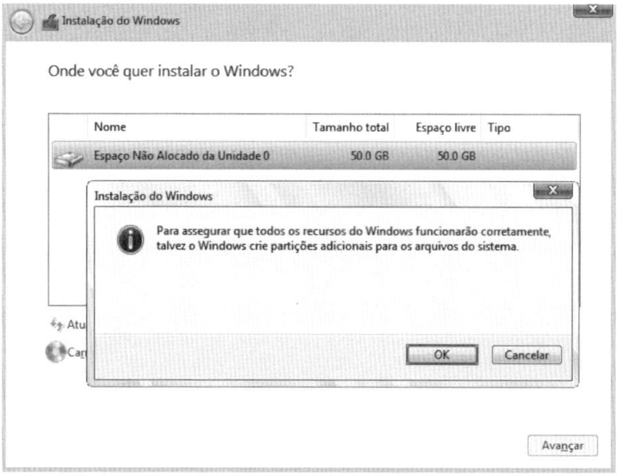

Etapa_9. A próxima tela apresenta a *Unidade 0 Partição 2*, criada com 30 GB, como primária. Isso significa que será a partição escolhida para a instalação do sistema operacional. Aparecerá também a *Unidade 0 Partição 1*, automaticamente reservada pelo sistema operacional, e uma partição como *Espaço Não Alocado da Unidade 0*, de 1,5 GB, que pode ser usada para outros dados. Essa partição, para ser utilizada, precisa ser formatada. Por esse motivo, escolha essa última partição e clique na opção *Formatar*.

Figura 7. Formatando partições.

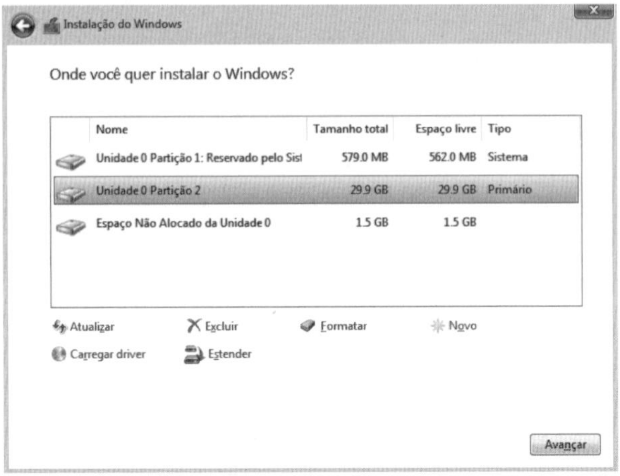

Etapa_10. Após a formatação das partições, dê sequência ao procedimento de instalação clicando em *Avançar*. Aparecerá uma tela informando a porcentagem das atividades de instalação. Dependendo do computador, esse procedimento levará de 15 a 30 minutos.

Figura 8. Instalando o Windows.

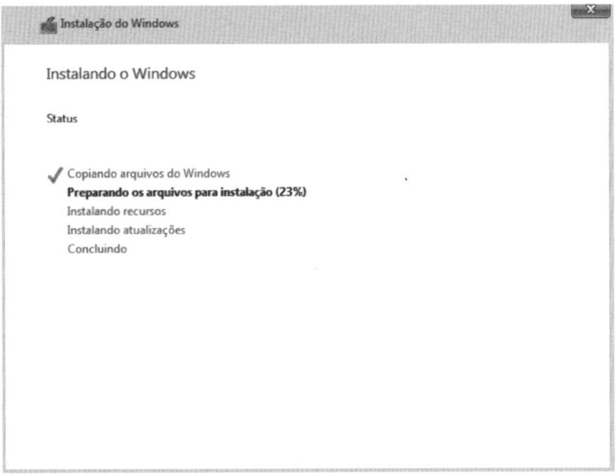

Etapa_11. Após algumas reinicializações, serão disponibilizadas algumas opções de configuração. Nessa próxima tela, de procedimentos básicos, será solicitada a região em que o computador está. Selecione *Brasil* e clique em *Sim*.

Figura 9. Procedimentos básicos – região.

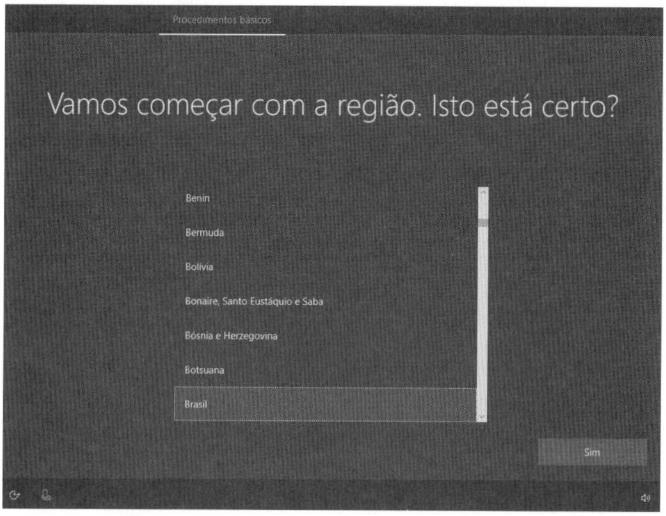

Etapa_12. Na próxima tela de procedimentos básicos você será questionado sobre o layout do teclado. Selecione *Português (Brasil ABNT)* e clique em *Sim*. Também haverá questionamento sobre um segundo teclado. Em nosso caso, clique em *Pular*.

Figura 10. Procedimentos básicos – teclado.

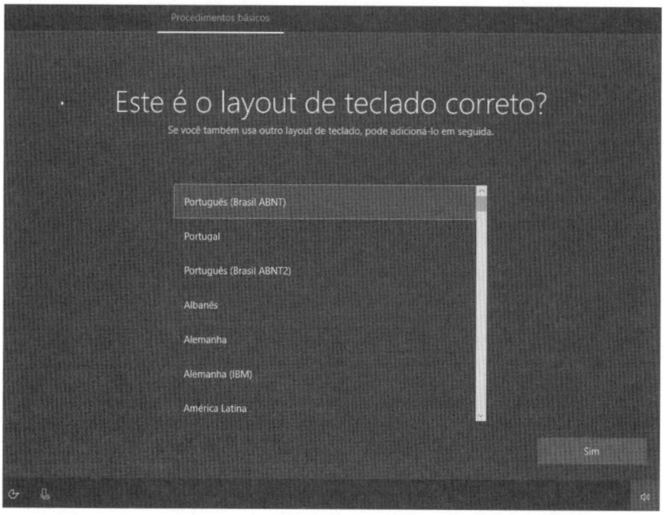

Etapa_13. Na próxima tela, sobre rede, será solicitada autorização para baixar as atualizações do Windows. Clique em *Aceitar*.

Figura 11. Procedimentos de rede – atualizações do Windows.

Etapa_14. Na próxima tela (*Conta*), será solicitado o e-mail que utiliza para a aquisição de produtos Microsoft ou o ingresso no domínio. No nosso caso, vamos utilizar o *Ingresso no domínio* (que está no rodapé à esquerda).

Figura 12. Procedimentos de conta – conta Microsoft.

Etapa_15. Uma vez escolhida a opção *Ingresso no domínio*, na próxima tela será solicitado, em *Conta*, o nome da pessoa que usará o computador. Em nosso exemplo, vamos colocar o nome "Administrador" e clicar em *Avançar*.

Figura 13. Procedimentos de conta – username no domínio.

Etapa_16. Na próxima tela será solicitada uma senha. É recomendado que se utilize uma senha de oito ou mais caracteres. Vamos utilizar a senha "Administrador", igual ao usuário. É claro que, na vida real, devemos utilizar um username e senhas mais complexos e seguros. Após aplicar a senha serão realizadas mais quatro perguntas: a primeira solicita que repita a senha aplicada, e as outras três solicitam informações do operador que está configurando o equipamento.

Figura 14. Procedimentos de conta – password no domínio.

Etapa_17. Nas próximas telas, serão feitas questões relacionadas à privacidade no seu equipamento. Leia e escolha as mais adequadas. Em nosso caso, vamos utilizar as recomendadas por padrão e clicar em *Aceitar*.

Figura 15. Procedimentos de serviços – configurações de privacidade.

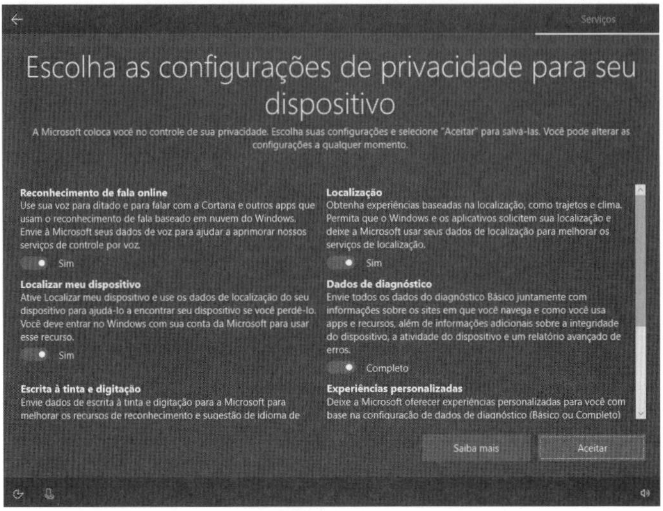

Etapa_18. O sistema operacional será finalizado conforme as configurações anteriormente aplicadas. Aparecerá a mensagem *Isso pode levar alguns minutos*, e solicita-se que o equipamento não seja desligado. No final da operação já irá aparecer a tela inicial do sistema operacional. Também aparecerá a pergunta sobre se você deseja que sua máquina compartilhe informações com outras máquinas na rede. Em nosso caso, clicamos em *Sim*.

Figura 16. Tela inicial do sistema operacional Windows.

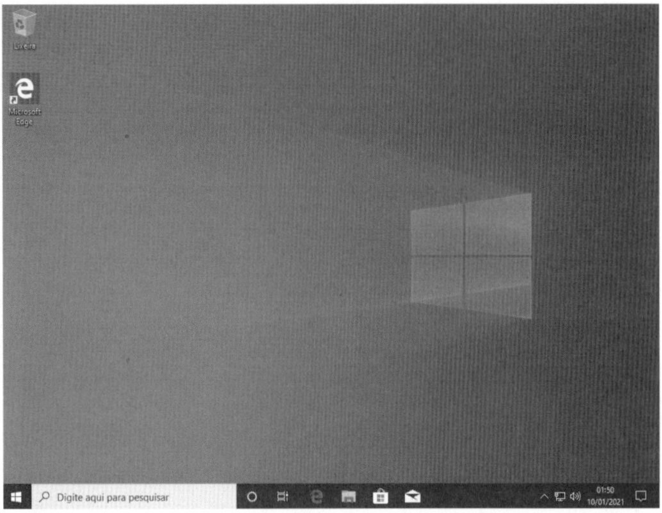

Windows Update

No procedimento de instalação que realizamos, solicitamos que o sistema operacional Windows fosse atualizado. E é possível verificar se existem novas atualizações quando você desejar. É de extrema importância atualizar sempre os sistemas operacionais, não apenas para garantir seu pleno funcionamento como também para fazer correções de erro e segurança. As etapas a seguir mostram como fazer esse procedimento.

Etapa_19. Clique no botão *Windows* e selecione a opção *Configurações* com um clique do mouse sobre o item.

Figura 17. Botão *Windows* e opção *Configurações*.

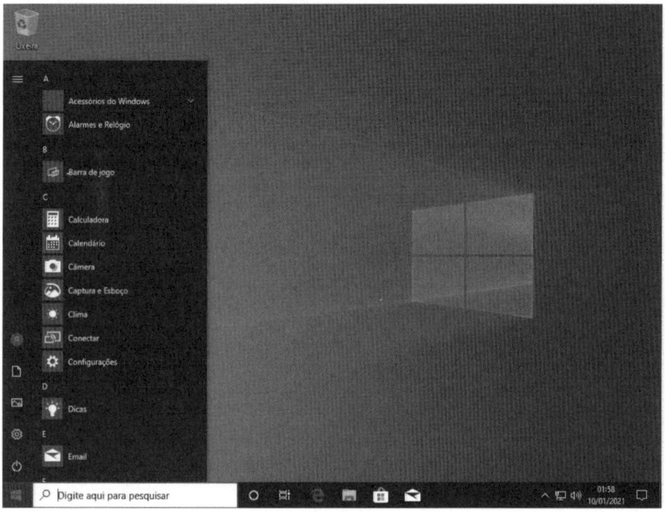

Etapa_20. Será aberta uma tela com várias opções de configuração. Selecione e clique na opção *Atualização e Segurança*.

Figura 18. Opção *Atualização e Segurança*.

Etapa_21. Será aberta a tela do Windows update. Clicando sobre o botão *Verificar se há atualizações*, o sistema irá buscar tais informações através da rede, por isso a importância de estar conectado à internet. Após a conclusão de atualização, o sistema irá solicitar reinicialização ou programação de data e hora para que essa ação seja feita.

Figura 19. Atualizando o Windows.

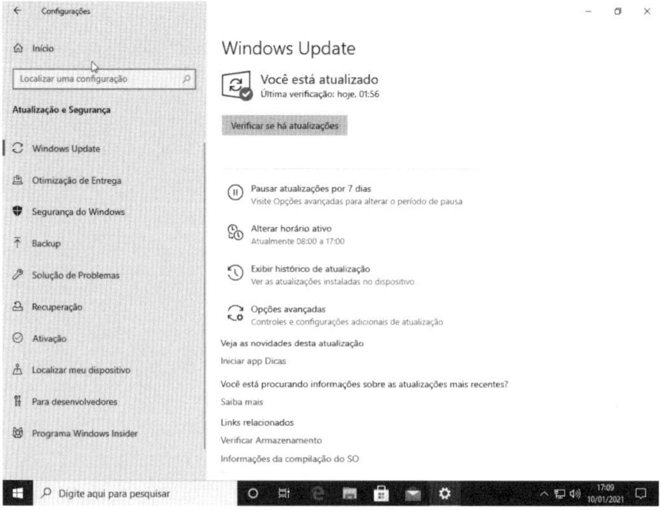

Instalação de drivers

Os drivers de computador são programas ou rotinas utilizados como interface, controle e gerenciamento dos periféricos que estão no dispositivo, responsáveis pelo seu pleno funcionamento. Geralmente a maioria dos drivers é instalada no processo de instalação do sistema operacional. Caso você precise instalar algum periférico (placa de vídeo, de áudio, de rede, etc.) que não esteja funcionando corretamente, realize as etapas descritas a seguir.

Etapa_22. Vá até o campo *Pesquisar* na barra do Windows, digite *Gerenciamento do computador* e escolha esse item.

Figura 20. Gerenciamento do computador.

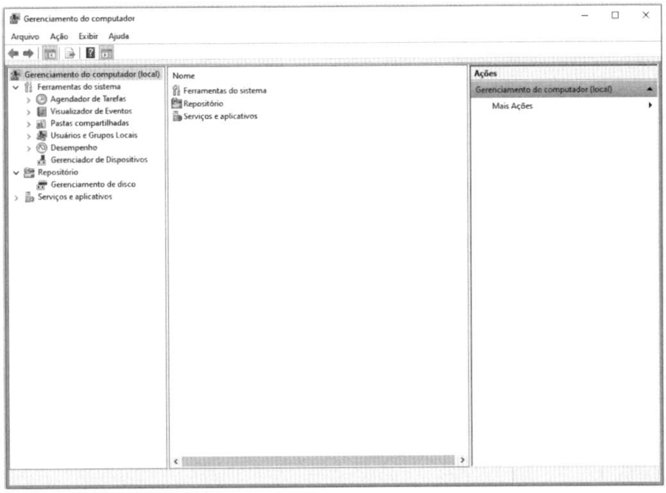

Etapa_23. No lado esquerdo da tela de gerenciamento do computador, escolha a opção *Gerenciador de Dispositivos.*

Figura 21. Gerenciador de Dispositivos.

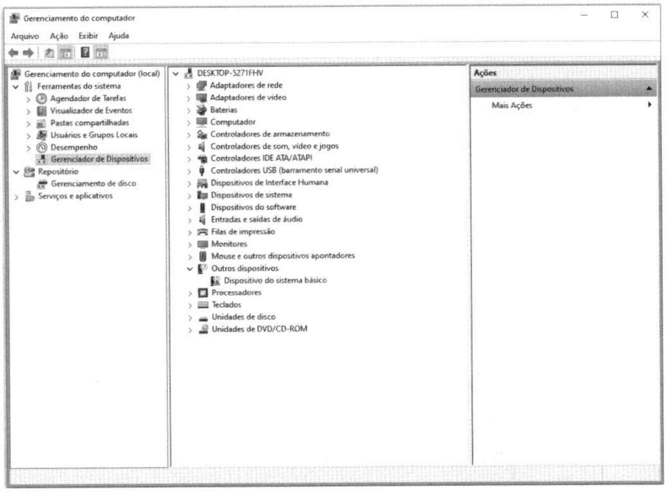

Etapa_24. Caso apareça, na lista, algum dispositivo com uma indicação de exclamação dentro de um triângulo amarelo, clique duas vezes sobre o item e clique sobre o botão *Atualizar Driver*. Serão apresentadas as opções de pesquisa automática e/ou escolher o driver pelo computador. Clique sobre a opção de seu interesse.

Figura 22. Escolhendo periférico.

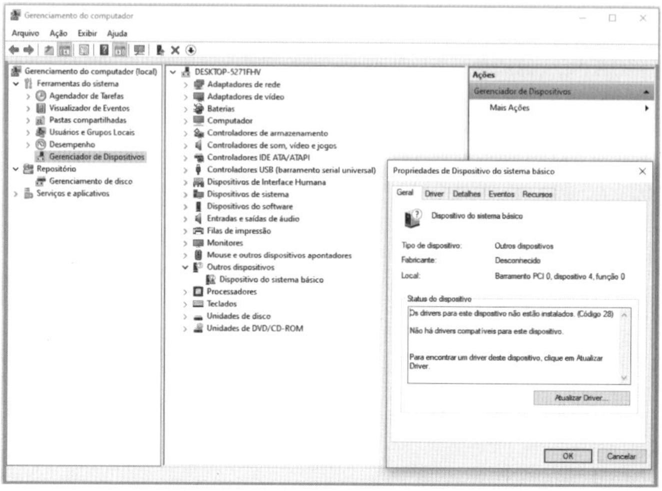

Caso não seja encontrado nenhum item com erro ou passível de atualização, isso significa que o sistema operacional está em seu pleno e correto funcionamento.

Exercícios propostos

1. O que é sistema operacional de rede?
2. Para que serve um sistema operacional? Dê dois exemplos de sistemas operacionais conhecidos.
3. Faça uma rápida pesquisa e diga qual é a diferença entre um sistema operacional de 32 bits e um de 64 bits.
4. Para que serve o particionamento de disco?
5. Por que é importante formatarmos um disco antes da instalação de um sistema operacional?
6. Faça uma rápida pesquisa e aponte as diferenças que encontrou entre o Windows e o Linux.
7. Por que sempre é necessário manter o sistema operacional devidamente atualizado?
8. Faça uma rápida pesquisa no seu sistema operacional e diga qual é a versão do Windows que está utilizando.
9. O que são e para que servem os drivers de atualização?
10. Qual é a aplicação do Windows que verifica se tudo foi instalado corretamente?

Anotações

11

Segurança de redes

OBJETIVOS

- Conhecer os princípios de segurança da informação
- Conhecer aspectos relacionados a ética e perfis de hackers
- Aprender os fundamentos de segurança de redes
- Identificar ameaças e ataques a redes e protegê-las

Segurança da informação

Segurança, em uma definição genérica, refere-se à qualidade ou ao estado de ser seguro, ou seja, de estar livre de perigo. Pode ser entendida como a proteção contra adversários, contra aqueles que lhe fariam mal. Segurança faz parte do nosso dia a dia. Quando queremos atravessar uma rua, por exemplo, é mais seguro escolher o local onde estão as faixas de pedestre e o semáforo, pois estes são controles que estatisticamente contribuem para evitar acidentes. Note que, mesmo no dia a dia, não estamos 100% seguros, mas, se seguirmos regras e condutas adequadas, com certeza estaremos menos expostos a riscos.

No ambiente corporativo, a segurança também requer um sistema padronizado e multifacetado, para que os colaboradores possam trabalhar de forma segura, evitando falhas no sistema ou até mesmo roubo de informações sigilosas. Nesse contexto, uma organização bem-sucedida e segura deve ter as múltiplas camadas de segurança.

- **Segurança física:** Para proteger itens físicos, objetos ou áreas de acesso não autorizado e uso indevido.
- **Segurança pessoal:** Para proteger o indivíduo autorizado ou o grupo de pessoas autorizadas para acessar a organização e suas operações.
- **Segurança de operações:** Para proteger os detalhes de uma operação específica ou uma série de atividades.
- **Segurança de comunicações:** Para proteger meios de comunicação, tecnologia e conteúdo.
- **Segurança de rede:** Para proteger componentes de rede, conexões e conteúdo.
- **Segurança da informação:** Para proteger a confidencialidade, a integridade e a disponibilidade de informações e ativos, seja em armazenamento, processamento ou transmissão. Tal segurança é obtida pela aplicação de políticas, por treinamento e desenvolvimento educacional dos colaboradores e pela tecnologia.

Como podemos ver, a segurança da informação é muito abrangente, pois a preocupação se volta para a transmissão e o armazenamento de informações, seja por meio de um sistema informatizado, seja simplesmente guardando-as em uma gaveta. O CNSS (Committee on National Security Systems), dos Estados Unidos, define segurança da informação como a proteção da informação e de seus elementos críticos, incluindo os sistemas físicos, comportamentais ou computacionais que são utilizados para armazenar e transmitir essa informação de forma segura.

Podemos ter pelo menos as três metas ou funções envolvidas na prática de segurança da informação, explicadas a seguir.

- **Prevenção:** É o conjunto de medidas ou a preparação antecipada para se prevenir de algum mal. Informações pessoais e das empresas devem ser devidamente protegidas, pois, se houver qualquer violação de segurança, uma organização precisará empreender um esforço muito grande na recuperação das perdas.

- **Detecção:** Consiste na ação ou no processo de descobrir, revelar algo. Ela ocorre, por exemplo, quando um usuário é descoberto tentando acessar uma informação não autorizada.
- **Recuperação:** Refere-se ao ato ou efeito de reconstruir ou recuperar algo perdido. Em tecnologia da informação, quando ocorre um desastre causando comprometimento e danos em um sistema, este precisa ter um processo que recupere o que foi perdido ou degradado.

Assim, a segurança da informação em geral abrange áreas amplas de gerenciamento: além da segurança da própria informação, temos a segurança de computadores e dados, a de armazenamento, a de aplicações e a de redes.

Tríade CIA

O modelo de segurança da informação do CNSS evoluiu para um conceito desenvolvido pela indústria de segurança da computação ou da informática chamado de triângulo ou tríade CIA, que representa três características da informação que conferem valor às organizações: a confidencialidade (*confidentiality*), a integridade (*integrity*) e a disponibilidade (*availability*).

Figura 1. Segurança da informação – tríade CIA.

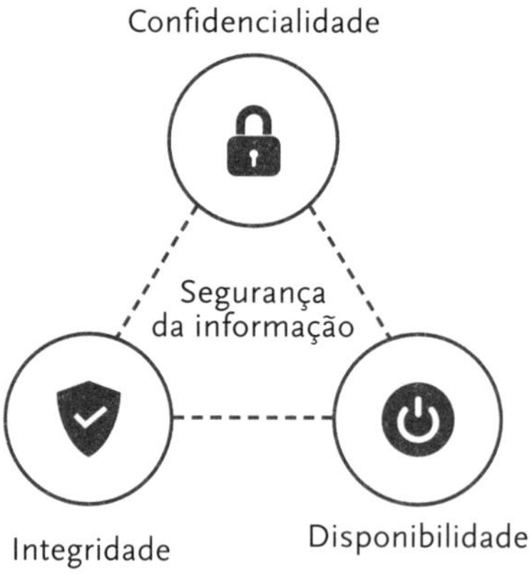

- **Confidencialidade:** Diz respeito à prevenção de um eventual vazamento de informação para usuários ou sistemas não autorizados ao acesso de tal informação, ou seja, quando uma informação é entregue a um destinatário sem que antes seja visualizada ou alterada por alguém não autorizado.
- **Integridade:** Refere-se à manutenção e à prevenção da informação em sua forma original e íntegra, ou seja, uma informação que foi recebida por um destinatário conforme originada e sem sofrer quaisquer alterações.

- **Disponibilidade:** Diz respeito à forma como a informação é disponibilizada aos seus usuários, para que seja acessada, visualizada e manipulada no momento em que é liberada.

Alguns especialistas em segurança da informação incluem outros dois fatores à tríade CIA: a autenticidade e o não repúdio.

- **Autenticidade:** Significa um objeto ser proveniente de fontes anunciadas e não ter sido alvo de mutações ao longo de um processo de transmissão. Ou seja, tem caráter autêntico.
- **Não repúdio:** Consiste em um subproduto da autenticidade e significa que o autor da informação não tem como negar que ele é o verdadeiro autor. Assim, esse fator é relacionado à impossibilidade de negação da autoria.

Tipos de controle

A aplicação dos princípios básicos da segurança da informação demanda mecanismos que podem se dividir em controles físicos e lógicos.

- **Controles físicos:** Consistem nas barreiras que limitam o contato ou o acesso direto à infraestrutura ou à informação. Por exemplo, portas, cadeados, trancas e blindagens, entre outros.
- **Controles lógicos:** São as barreiras que impedem ou limitam acesso à informação pelo uso de um meio digital/eletrônico. Como exemplos, temos os sistemas de criptografia, a assinatura digital e a autenticação de usuários, entre outros.

Ativos de informação

A base para a segurança em geral são os ativos que precisam ser protegidos. Ativos podem ser pessoas, coisas criadas por pessoas ou partes da natureza. Na área de segurança da informação, os ativos são rotulados como recursos de informação e incluem não apenas as informações em si como também os recursos que estão em uso para facilitar o gerenciamento de informações. Esses ativos podem ser tangíveis (por exemplo, computadores pessoais, fitas de gravação, racks de telecomunicações) ou intangíveis (como os softwares e as aplicações).

Nesse contexto, é possível afirmar que, em TI, a informação é o principal ativo, e outros recursos são ferramentas para facilitar o acesso e o gerenciamento dessas informações. Portanto, os recursos possuem um valor instrumental em relação à informação (embora a informação possa estar altamente integrada com recursos que a gerenciam, como é o caso de um banco de dados corporativo). Por esses motivos, nós, profissionais em tecnologia e segurança da informação, devemos proteger esse nosso maior ativo, com o intuito de evitar insegurança nas empresas em que atuamos.

Vamos então entender um pouco sobre os conceitos relacionados à insegurança da informação, representada pela sigla VIRAA (vulnerabilidade, incidente, risco, ameaça e ataque).

Quadro 1. Insegurança da informação – VIRAA.

Conceito	Características
Vulnerabilidade	Deficiência ou falha em um ativo, como um sistema ou um mecanismo de proteção ou armazenamento. Vulnerabilidade se refere a quando não é possível garantir a confidencialidade, a integridade ou a disponibilidade de informação.
Incidente	Tem caráter acessório, secundário, acidental. Uma situação ou um episódio inesperados que alteram a ordem normal das coisas.
Risco	Probabilidade de algo indesejado ocorrer, podendo causar perigo ou insucesso. Geralmente é associado à perda de um sistema ou meio de comunicação.
Ameaça	Indício de acontecimentos desfavoráveis ou maléficos que podem representar perigo para os ativos. Geralmente está associada à violação de um requisito, de um procedimento ou de uma política de segurança. Pode ser tanto de uma violação intencional (por exemplo, a ação de um funcionário antiético) quanto de uma violação não intencional (por exemplo, uma tempestade).
Ataque	Ação que visa causar dano físico ou moral. Também é utilizada para explorar uma vulnerabilidade ou adentrar um sistema sem autorização. Os ataques podem ser feitos à segurança física, baseados em aplicações e softwares, à engenharia social (relacionado à persuasão da vítima) ou até mesmo a redes (tanto as cabeadas como as sem fio).

Ética profissional

A ética profissional das pessoas envolvidas com TI é um fator decisivo para todos os controles que apresentamos até aqui, pois evita o acesso indevido a informações. Porém, diferentemente das metodologias e ferramentas de segurança sobre as quais falamos neste capítulo, podemos dizer que o segmento de tecnologia não possui muito aprofundamento no tema da ética (por exemplo, melhores práticas, recomendações de especialistas, etc.). É um conceito ainda pouco desenvolvido e, muitas vezes, embasado na confiança.

É comum que nós, técnicos em redes ou informática, tenhamos acesso a ambientes e informações confidenciais de nossos usuários, além do controle dos recursos computacionais de uma instituição, como a administração e o gerenciamento dos servidores e dos dispositivos de redes. Por esse motivo, além de conhecimento técnico, facilidade para trabalhar em equipe e habilidades administrativas, uma das características mais importantes que um profissional de TI deve ter é trabalhar sempre pautado na ética.

O termo "craqueamento" é utilizado corretamente para identificar um raqueamento ilegal em um sistema computadorizado. O termo "raqueamento" é muitas vezes usado de maneira pejorativa, mas o fato é que os hackers são indivíduos altamente especializados na criação de soluções tecnológicas, como o desenvolvimento de softwares e de infraestruturas de rede. Ao atuar de forma ética, contribuem para a segurança da informação e o pleno funcionamento dos sistemas em que trabalham.

A fim de facilitar a compreensão do perfil desses especialistas técnicos, comunidades rackers desenvolveram categorias que especificam esses grupos.

- **Chapéu Branco (White Hat) ou apenas hacker:** Termo que define hackers bem-intencionados.
- **Chapéu Preto (Black Hat) ou apenas cracker:** Termo que define hackers mal-intencionados e antiéticos.

Perfis de hackers

Independentemente da forma como uma pessoa age, para se tornar um hacker ou cracker é necessário investir tempo e dinheiro em conhecimento. Conforme o tipo de atuação, existe uma classificação em oito perfis, explicados a seguir.

- **Novato:** Tem poucas habilidades em computação e geralmente utiliza kits para descobrir vulnerabilidades. Também é conhecido como lammer. O novato "aprendiz" de cracker, que possui intenção maliciosa e busca prejudicar alguém ou algo, é conhecido como script kiddie.
- **Interno:** É ou foi funcionário de empresa que tenha sofrido ataques. Estamos falando aqui de pessoas com conhecimentos e privilégios da instituição e que tiram proveito desses recursos.
- **Velha-Guarda:** Esse perfil está interessado no desafio intelectual. Quando utiliza técnicas de acesso a sistemas telefônicos para usar em proveito próprio, é conhecido como phreaker.
- **Codificador:** É motivado por sentimento de poder e prestígio. Geralmente, tem conhecimento em programação e muitas vezes atua como tutor dos novatos.
- **Punk cibernético:** Possui compreensão dos sistemas alvo, tem conhecimento suficiente para desenvolver seus próprios programas e tende a se gabar de seus atos. Quando utiliza dados bancários (contas e cartões) para causar prejuízo a uma pessoa ou entidade é também conhecido como carder.

- **Criminoso profissional:** É especialista nos sistemas alvo e geralmente contratado por pessoas ou empresas interessadas em obter informações privilegiadas de seus concorrentes. É altamente motivado e tem acesso a recursos computacionais avançados.
- **Terrorista cibernético:** Com recursos tecnológicos avançados, tende a misturar retórica política com atividade criminosa. Geralmente tem experiência adquirida em agências de inteligência ou formação para tal atividade.
- **Hack-Ativista:** Atua para exaltar ou prejudicar entidades ou causas políticas que considere legítimas ou ilegítimas. Acaba misturando atividade criminosa com o ativismo. Quando a sua intenção é o pichamento de portais, é conhecido como defacer.

Segurança de redes

Como pudemos observar nos itens anteriores, a segurança da informação é muito ampla e definida por múltiplas camadas. A segurança de redes compõe uma dessas camadas que atendem às políticas adotadas pelo profissional de redes, visando prevenir e monitorar o acesso não autorizado e perigoso para as instituições que tem sob sua responsabilidade. Geralmente, a segurança de redes está relacionada às técnicas de identificação, autenticação, autorização e auditoria dos sistemas, para que os usuários legítimos de uma rede possam ser atribuídos, protegendo principalmente o armazenamento e o fluxo de informações a serem transmitidas através de meios físicos e dispositivos computadorizados.

Quadro 2. Técnicas de segurança de redes.

Técnica	Características
Identificação	Processo de comprovação de identidade; reivindica a natureza de uma entidade em particular. Geralmente envolve associação de recursos como um nome de usuário ou endereços de e-mail e traz informações adicionais do indivíduo, como nome, sobrenome, cargo e departamento em que atua.
Autenticação	Ato de estabelecer ou confirmar algo como autêntico, isto é, que reivindica a veracidade de algo ou alguém. Utilizada para confirmar se o indivíduo que solicita o acesso a um sistema ou rede é de fato a mesma pessoa cadastrada. Uma das formas mais corriqueiras de autenticar o usuário na rede é solicitação de senha ou token.

Técnica	Características
Autorização	Determinação pela qual se autoriza ou se concede algum poder ou licença a um indivíduo ou processo. Em segurança de redes, é o mecanismo responsável por garantir que apenas usuários autenticados e autorizados consumam os recursos computacionais devidamente protegidos.
Auditoria	Processo que verifica procedimentos relacionados aos controles de segurança dos dados, garantindo que não ocorram eventuais falhas no transporte e no armazenamento das informações. É possível identificar como, quando e por quem um recurso de rede foi utilizado.

É importante salientar que provavelmente nunca teremos uma rede 100% segura, assim como é em nossas vidas. Nosso intuito, porém, é apresentar de forma sucinta técnicas e ferramentas que contribuem muito para a proteção dos nossos sistemas e redes de comunicação.

Ameaças à rede

As redes de comunicação são itens tecnológicos extremamente críticos para os negócios. Ameaças e ataques cibernéticos à segurança podem interferir negativamente nas operações, em razão da indisponibilidade de rede e, em alguns casos, da perda das informações. À medida que o volume e a gravidade dos ataques se aceleram, é importantíssimo que os profissionais da área mantenham-se informados sobre as ameaças mais comuns relacionadas a redes de computadores. Também devem saber implementar ferramentas que evitem eventuais danos, além de processos que auxiliem na recuperação de dados.

Existem ao menos três formas de ameaça comuns em segurança de rede:

- softwares maliciosos;
- ameaças persistentes avançadas;
- ataques à rede.

Softwares maliciosos

Um software malicioso ou código mal-intencionado, abreviado como malware, refere-se a um tipo de programa de computador que foi projetado para infectar um computador legítimo, com o intuito de interromper operações e rastrear atividades de forma clandestina. Ele pode ser implantado facilmente em um sistema por meio de um simples download ou de uma mensagem de e-mail de remetente desconhecido. Infelizmente, quando os malwares são instalados, torna-se muito difícil a sua detecção visual. Para detectá-los, é preciso utilizar softwares específicos. Existem vários tipos e recursos de malwares, como mostra o quadro 3.

Quadro 3. Malwares (softwares maliciosos) comuns.

Malware	Características
Backdoor	Recurso de malware que busca acessar portas de aplicações abertas de forma não autorizada em um servidor. O nome significa "porta dos fundos", denominação pela qual também é conhecido na área.
Rootkit	Código malicioso que visa obter controle parcial ou total de uma aplicação ou de um serviço.
Vírus	Consiste em uma parte de um código malicioso, anexado em um arquivo ou programa. Tem o objetivo de se espalhar de um sistema a outro, em um processo de autorreplicação. Essa autorreplicação se inicia somente após uma interação humana (por exemplo, clicar sobre um arquivo anexado a uma mensagem de e-mail mal-intencionada). Os vírus podem permitir ataques adicionais, instalar aplicações de verificação e até corromper os dados.
Worm	Código malicioso que busca se replicar em sistemas infectados, porém de forma automática e sem a necessidade de ser anexado a outros programas e arquivos. A tradução em português é "verminose" (worm = verme).
Cavalo de Troia	Malwares ocultos que, quando recebidos por um e-mail, parecem ser inofensivos (por exemplo, uma foto de um produto interessante), mas podem causar danos ou passar a monitorar o computador invadido de forma não autorizada. Também conhecido pelo nome em inglês trojan horse ou, apenas, trojan.
Bombas lógicas	É parte de um código malicioso que fica inativo até que seja acionado por um evento específico, como uma data, um horário ou uma função realizada. Quando uma bomba lógica é detonada, pode executar ações que corrompem dados ou derrubam serviços do dispositivo alvo.
Ransomware	Malware devastador e muito conhecido, pois infecta o dispositivo alvo e restringe os dados da vítima, utilizando um código criptográfico. Depois, solicita um resgate (geralmente em dinheiro) para que essas informações possam ser liberadas (o que nem sempre acontece).

Malware	Características
Grayware	Programa que abre vários pop-ups e executa ações inesperadas ou não autorizadas oferecendo produtos e serviços para o usuário. Geralmente, esse termo é utilizado para designar um spyware ou um adware.
Adware	Software mal-intencionado que exibe ou faz downloads de propagandas de forma automática, sem solicitação ou autorização do usuário. Acaba levando à queda de produtividade dos sistemas atacados
Spyware	Software malicioso instalado com a intenção de relatar e rastrear a utilização de um sistema computacional, ou seja, é um software espião, como já indica o seu nome em inglês. Spywares podem ser trackwares, que identificam buscas de produtos por parte do usuário e o direcionam para outros portais de propaganda e vendas; keyloggers, que gravam o que é digitado no teclado, e screenloggers, que enviam ao atacante print screens da tela do computador infectado.

Figura 2. Alguns softwares maliciosos.

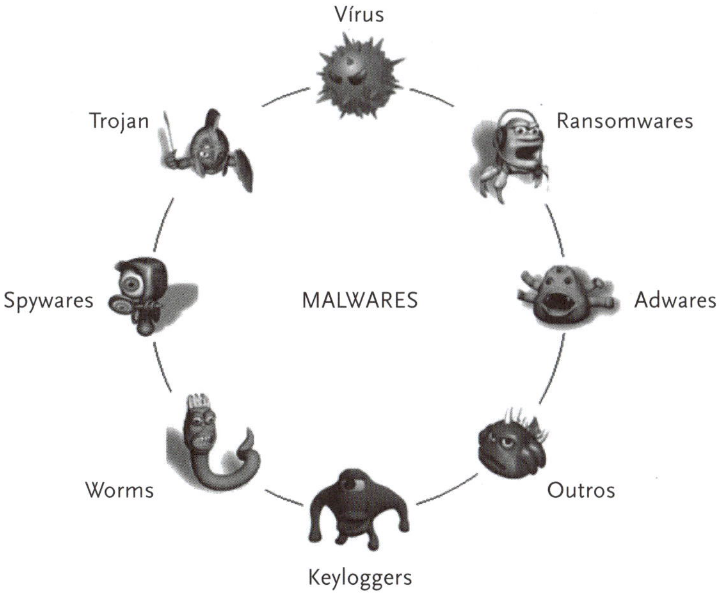

Ameaças persistentes avançadas

Uma APT (Advanced Persistent Threat ou ameaça persistente avançada) utiliza vários vetores de ataque para obter acesso não autorizado a recursos sensíveis e manter o acesso por longos períodos. São ataques altamente sofisticados, normalmente induzidos por malwares do tipo cavalo de Troia. Por ser um ataque oculto, visa cobrir rastros, para que possa estar instalado no alvo o maior tempo possível.

Uma APT apresenta três estágios clássicos: infiltração na rede, expansão da presença e extração de dados.

Quadro 4. Estágios de uma APT.

Estágio	Características
Infiltração na rede	Estágio inicial da ameaça, trata de como os hackers ou crackers irão se infiltrar no sistema ou na rede. Eles geralmente utilizam ataques de injeção que carregam uploads mal-intencionados ou técnicas de phishing ou engenharia social. Às vezes, são criadas situações para chamar a atenção do alvo, como a utilização de DoS (Denial of Service, ou negação/indisponibilidade de serviço) a fim de ganhar tempo e atenção na identificação de novas vulnerabilidades que podem ser utilizadas pelo cibercriminoso para, por exemplo, instalar backdoor e, assim, facilitar a invasão.
Expansão de presença	Estágio que tem como foco a expansão do ataque, para obter informações confidenciais e críticas. Essas informações geralmente não estão nas primeiras camadas de acesso, e sim em bases de dados ou sistemas de backbone de rede mais internos na infraestrutura.
Extração de dados	Estágio que trata da extração não autorizada dos dados, ou do roubo das informações. Os dados ficam em sistemas de armazenamento e banco de dados robustos instalados em locais seguros. Os cibercriminosos podem utilizar técnica de DDoS (Distributed Denial of Service, ou seja, um ataque distribuído de negação de serviço). Pelo DDoS, um computador mestre pode gerenciar milhões de computadores, chamados de zumbis, para enfraquecer as proteções do sistema alvo, quebrar senhas e abrir portas para a extração indevida e sem detecção.

Não existem exemplos de ataques de ATP específicos, pois eles utilizam uma grande variedade de técnicas e ferramentas agrupadas, como drive-by download, injeção de SQL (SQL injection), malwares, trojans, spywares, phishing e spam, entre outras.

Ataques à rede

A ação de causar dano físico, moral ou econômico a alguém é considerada um ataque. Os ataques cibernéticos geralmente são classificados com base nos tipos de alvo que pretendem alcançar em uma infraestrutura computacional. Podem ser ataques às workstations, aos servidores, aos storages, às aplicações e às redes de comunicação especificamente. Apesar da existência dessas classificações, a rede de computadores é geralmente o alicerce e o meio de trânsito para essas outras tecnologias.

O quadro a seguir apresenta algumas das técnicas de ataques a redes mais conhecidas.

Quadro 5. Ataques à rede.

Técnica de ataque	Características
Phishing	Tenta enganar usuários com recursos fraudulentos, como o acesso em um portal de banco ou uma loja na internet falsos. Tem como objetivo capturar dados confidenciais, como nome de usuário, senhas, endereços, dados bancários e de cartão de crédito.
Spoofing	Visa enganar um usuário ou sistema computacional, passando-se por uma entidade legítima. É um ataque de falsificação de identidade e pode ser utilizado para interceptar informações, como dados bancários e mensagens do sistema.
Snooping	Tipo de ataque de interceptação/inspeção que busca identificar uma transmissão ou uma conversa. Também conhecido como sniffing. Geralmente são utilizados aplicativos de sniffer para essa atividade.
Man-in-the-middle	Ataque indireto de interceptação, para violar a confidencialidade da informação. O cibercriminoso cria uma conexão independente entre os dois alvos (vítimas). Durante a invasão, ele visualiza ou captura os dados transmitidos entre os dispositivos legítimos.
Replay	Ataque de repetição/reprodução que costuma retransmitir de forma repetitiva ou atrasada dados válidos. O cibercriminoso intercepta os dados e os retransmite, como parte de um ataque de spoofing. É uma versão de nível inferior dos ataques de man-in-the-middle.

Técnica de ataque	Características
Poison	Ataque de envenenamento, como diz o nome em inglês. O invasor envia dados falsificados a um destinatário de uma conexão legítima. Assim, o cibercriminoso consegue alterar protocolos de resolução de endereços ou de encaminhamento, como o ARP (ocorre o ARP poisoning) e os protocolos de roteamento.
Negação de serviço	Ataque de rede muito comum, visa indisponibilizar/interromper os recursos de um sistema, como inundar um link de conexão ou um servidor de rede. Exemplos: o DoS e o DDoS.
Smurf	Tipo de ataque de DDoS também conhecido como DDoS.Smurf. Permite a inundação de informações ICPM (Internet Control Message Protocol), muito semelhantes em inundações de ping. Também conhecido como ping of death, ou ping da morte, pois ambos são realizados pelo envio de uma série de solicitação de pacotes ICMP Echo. Porém, o Smurf é um vetor de ataque de amplificação que aumenta seu potencial de dano explorando as características das redes de transmissão.

Proteção de redes

Os ataques cibernéticos representam uma série de ameaças ao ambiente computacional de uma instituição, seja pública, seja privada, e precisam ser previamente detectados para que ações de proteção tenham melhor eficiência.

A segurança não é feita simplesmente por um ou outro recurso de proteção, mas por um conjunto deles, sincronizados. Vamos conhecer algumas dessas técnicas e ferramentas.

Política de Segurança da Informação

Identificada pela sigla PSI, é definida por um documento que reúne um conjunto de técnicas e ações de boas práticas de segurança. Estas devem ser seguidas à risca por todos os usuários da infraestrutura computacional.

Senhas, bloqueios e restrições

Esses são controles de segurança muito utilizados, por causa da sua popularidade. Geralmente são aplicados e controlados em sistemas servidores.

Proxy

Também conhecido como procurador ou representante, é um dispositivo de rede que age como intermediário para as requisições de recursos de rede (como acesso a páginas web), gerando menor tempo de acesso.

Firewall

Sem sombra de dúvida, é um dos recursos de proteção limítrofe de redes mais difundido e aplicado. É mais comumente utilizado para permitir ou negar tráfego de dados de entrada e saída das redes, mas possui versões que protegem computadores clientes e servidores. Temos vários tipos de firewall, entre eles Packet Filtering, Application Firewall, Stateful Inspection, UTM (Unified Threat Management) e Next Generation Firewall.

IDS e IPS

Estamos falando aqui de sistemas de detecção (IDS ou Intrusion Detection System) e prevenção (IPS ou Intrusion Prevention System) de intrusos. Mas, enquanto o IDS é um sistema de monitoramento, o IPS, além de fazer a função do seu antecessor, toma ações de proteção e controle.

São recursos limítrofes criados inicialmente para o trânsito de dados das redes. Possuem versões:

- para serem aplicadas em desktops e servidores, como os HIDS e os HIPS (sistemas baseados em host, daí a letra H antes da sigla);
- para o ambiente lógico de rede, como os NIDS (daí a letra N, de network, antes da sigla).

VPN

Esse é um recurso que permite uma conexão segura entre nós, por meio de uma rede virtual privada (daí a sigla VPN ou Virtual Private Network). Trata-se de um mecanismo de software e que pode também ser vendido como um appliance (hardware específico). Tem como função a criação de um túnel íntegro e seguro fim a fim, muito utilizado para a conexão entre matriz e filiais através de uma rede promíscua, como é o caso da internet. Esses túneis também podem permitir trânsito de dados criptografados para aumentar a segurança no transporte das informações.

DMZ

É uma rede isolada da rede local ou de uma rede que precise ser separada e protegida. DMZ é a sigla de Demilitarized Zone ou zona desmilitarizada.

Antivírus

São softwares ou appliances desenvolvidos para prevenir, detectar e eliminar eventuais vírus de computador. Podem ser sistemas de antivírus corporativos (para todo o ambiente de rede) ou individuais (instalados em um desktop, por exemplo). Necessitam ser sempre atualizados, a fim de ter suas bases preparadas para agir em vírus criados recentemente.

Serviços de autenticação

Esses serviços geralmente são instalados de forma centralizada em servidores do tipo AAA (Authentication, Authorization and Accounting), de árvore de domínios ou instalados localmente em dispositivos específicos. Os serviços de AAA mais conhecidos são o RADIUS e o TACACs.

Backup de dados

Trata-se de uma das técnicas de segurança mais antigas. Inicialmente aplicada em mainframes (grandes computadores), tem como objetivo armazenar cópias dos dados da instituição em unidades de fita e sistemas de armazenamento (RAIDs e storages). Existem vários tipos de backups, entre eles o completo, o incremental e o diferencial. São feitos por meio dos próprios sistemas operacionais dos dispositivos ou aplicações específicas de backup e restauração de dados mais robustas.

Criptografia e hash

Tanto a criptografia como o hash são processos de codificação de informações de maneira que o dado não possa ser lido ou identificado por alguém não autorizado. No caso da criptografia ou cifragem, essas informações são codificadas na origem e decodificadas no destino, utilizando algoritmos e chaves específicas para essas atividades e garantindo confidencialidade. Já no caso do hash a informação também é codificada, embora seja utilizada para medição de integridade, por meio de cálculos de hash comparativos.

Protocolos de segurança

Consistem nos conjuntos de especificações e normas que permitem que dois ou mais dispositivos se comuniquem de forma segura. Existem dezenas de tipos de protocolo de segurança em redes, e entre eles podemos citar o IEEE 802.1x, utilizado para autenticação de interfaces em comutadores, o WEP (Wired Equivalent Privacy) e o WPA (Wi-Fi Protected Access), usados em redes sem fio, e o IPSEC, utilizado como alternativa de protocolo roteável, entres outros.

Exercícios propostos

1. Quais são as três metas ou funções envolvidas na prática de segurança da informação?
2. Quais são as três características principais do triângulo CIA?
3. Qual é a diferença entre confidencialidade e integridade?
4. Dê um exemplo de não repúdio.
5. Explique com suas próprias palavras os conceitos de vulnerabilidade, risco e ameaça.
6. O que é um malware? Dê o exemplo de pelo menos dois e explique seu funcionamento.
7. Qual é a diferença entre um cracker e um hacker?
8. Dê dois exemplos de ameaças persistentes avançadas.
9. Quais são as diferenças entre autenticação e autorização?
10. Cite exemplos de dois ataques de rede e os sistemas de proteção que você utilizaria para proteger a rede em relação a eles.

Anotações

12

Tecnologias e protocolos emergentes

OBJETIVOS

- Compreender o conceito de tecnologias emergentes
- Conhecer alguns tipos de tecnologias emergentes

Tecnologias emergentes

As tecnologias emergentes são inovações com enorme potencial de mudanças, de transformação do ambiente, do mercado e da sociedade, mas que ainda não convergiram. Um exemplo de convergência se deu quando tecnologias que tínhamos separadas (por exemplo, dados, voz e vídeo), que inclusive utilizavam infraestruturas distintas, passaram a ser integradas com o desenvolvimento e o aperfeiçoamento de protocolos, dispositivos interoperáveis e meios únicos de comunicação.

Por esse motivo, as tecnologias emergentes podem representar progressos em um segmento de mercado, inclusive trazendo vantagens competitivas para quem a desenvolve. Em contrapartida, algumas dessas tecnologias podem levar atividades humanas a se tornarem dispensáveis. Por exemplo, a adição de um robô de solda em uma linha de produção de chassis automobilísticos. Realizada manualmente, era bastante arriscada. A introdução da tecnologia substituiu a atividade humana, com aumento de produtividade e risco diminuído.

Vale sempre ressaltar que a tecnologia, não importando o segmento em que é implementada, por definição é o estudo sistemático sobre técnicas, processos, métodos, meios e instrumentos de um ou mais ofícios ou domínios da atividade humana. Ou seja, a tecnologia é um fator de auxílio e de agregação das atividades humanas.

Vamos conhecer, então, algumas tecnologias emergentes em vários segmentos da área de redes de computadores.

Web 4.0

A web 4.0, da mesma forma que o marketing 4.0 (definido pelo autor Philip Kotler), passa a ser um reflexo das necessidades e características do mercado consumidor moderno, capaz de suportar interações dos indivíduos na grande rede, utilizando dados históricos, disponíveis e instantâneos para uma melhor e mais ágil tomada de decisão nos negócios. É como se um grande sistema operacional, inteligente e dinâmico, estivesse orquestrando atividades baseando-se em um complexo sistema de inteligência artificial.

Tecnologias como internet das coisas, redes definidas por software, redes baseadas em intenção, infraestrutura programável, sistemas de e-commerce utilizando tecnologias 3D e de realidade virtual, atendentes virtuais e interação de redes sociais fazem parte da web 4.0.

Para entendermos melhor a web 4.0, é interessante apresentar de forma suscinta as suas antecessoras.

- **Web 1.0:** Na primeira fase de desenvolvimento da World Wide Web, suas atividades e sua funcionalidade eram baseadas em um conjunto de páginas estáticas, ou seja, a comunicação ocorria em uma mão única.
- **Web 2.0:** Foi a precursora do desenvolvimento e do relacionamento on-line e da produção de conteúdo por parte dos seus usuários e do mercado eletrônico. Representa a formação e a proliferação das redes sociais e do e-commerce.

- **Web 3.0:** É também conhecida como web semântica, pois trouxe mais qualidade e agilidade no acesso à rede, na busca de informações, na otimização de recursos e nos meios de interatividade. Para isso, utiliza algoritmos genéricos e mais complexos, linguagens mais potentes e redes neurais.
- **Web 4.0:** Intensifica-se na agilidade das formas de comunicação e armazenamento e na automatização de processos com foco nos negócios e na tomada de decisões.

Figura 1. Evolução da web.

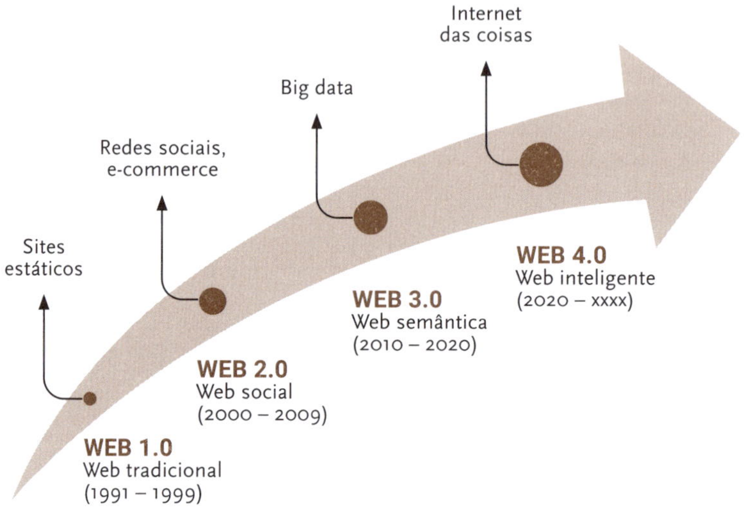

Indústria 4.0

A indústria 4.0 ou Quarta Revolução Industrial é um conceito que engloba algumas tecnologias a serem aplicadas na manufatura, como a automação industrial e a tecnologia da informação. Essas tecnologias podem trazer benefícios e oportunidades relacionados ao aumento de produtividade e à qualidade dos processos, além de maior valor agregado aos clientes.

Como principais tecnologias aplicadas na indústria 4.0 podemos citar os sistemas ciberfísicos, a computação em nuvem, o big data analytics, a internet das coisas, a internet dos serviços, a manufatura auditiva e a inteligência artificial.

Internet das coisas

A internet das coisas (chamada também apenas de IoT, sigla em inglês de Internet of Things) refere-se a uma revolução tecnológica que visa a conectividade de elementos que até então não haviam sido interligados com a internet tradicional. Esses elementos, ou coisas, consistem em dispositivos do nosso dia a dia que são munidos de meios e protocolos para permitir a conectividade à rede mundial de computadores.

Podemos observar o surgimento constante de produtos que podem ser integrados à grande rede pelo protocolo IP (o protocolo responsável por permitir que qualquer dispositivo se conecte à internet), como geladeiras, vestiários, portões eletrônicos, sistemas de iluminação e veículos, entre muitos outros.

A internet das coisas pode ser aplicada em diversos ambientes e setores. O quadro 1 apresenta alguns exemplos.

Quadro 1. Exemplos de aplicação da internet das coisas em diferentes ambientes e setores.

Setor	Aplicações
Comercial	Identificação de estoque, porcentagem de vendas e datas de validade de produtos por meio de equipamentos e sistemas inteligentes específicos, como um scanner e um sensor de temperatura, entre outros.
Industrial	É um dos setores com maior presença da tecnologia. Robôs industriais, sistemas de medição e sensores de temperatura e vazão, entre muitos outros itens, usados para melhora da produtividade.
Hospitalar	Dispositivos específicos que permitem analisar e gerenciar o estado do paciente. Exemplos: marca-passos automáticos, sistemas de suporte à vida e até sensores de pânico que podem chamar automaticamente socorro médico.
Logístico	Identificação de posicionamento de contêineres em um porto. Localização de malas de viagem em rodoviárias e aeroportos. Levantamento de informações de localidades para entregas mais rápidas. Obtenção de informações para rotas de caminhões. Análise de desgaste de pneus e outros itens de veículos.
Agropecuário	Sistemas automáticos de irrigação. Sensores de identificação de maturidade das lavouras, de temperatura e umidade do solo, de previsão do tempo, de controle de máquinas e de rastreabilidade de animais, entre outros exemplos.

Setor	Aplicações
Tecnológico	Monitoramento de ambientes sensíveis para a instalação de dispositivos eletrônicos. Detecção e acionamento de sistemas de extinção de incêndios. Sinalização de eventos ocorridos em cabeamento estruturado (desconexão de um cabo de rede). Operação de sistemas de controle biométrico, de retina e de face, entre outros exemplos.
Residencial	Aplicação de produtos de IoT no que chamamos de casas inteligentes. Exemplos: sensores de temperatura ambiente, sensores de iluminação, geladeiras automatizadas, sistemas de mídia digital, televisores IP, portão eletrônico, fechaduras inteligentes, sistemas de segurança.
Transporte	Controle de sistemas de transportes metroviário e ferroviário. Exemplos: locomotivas, sistemas de escada rolante, identificação de posicionamento de ônibus nas vias, bilhetes e pagamentos eletrônicos, aplicativos de transporte.
Energético	Sistemas de proteção elétricos utilizados em projetos de alta-tensão. Sistemas de segurança para esses ambientes. Chaves disjuntoras controladas remotamente. Monitoramento de controle de turbinas de geração de energia e dispositivos de chaveamento de transformadores e reatores.
Cidades inteligentes	Sensores de identificação de poluição e de chuvas torrenciais. Sistemas de segurança contra enchentes e catástrofes ambientais. Softwares de identificação de localidade, fluxo de trânsito, consumo de energia pública, monitoramento de segurança em vias públicas e muitas outras funcionalidades.

Redes definidas por software

SDN (Software Defined Networking ou redes definidas por software) consiste em recursos tecnológicos que permitem a um profissional de redes utilizar mecanismos de software capazes de configurar, monitorar, personalizar, gerenciar e controlar redes de comunicação por meio de aplicações centralizadas, sem a necessidade de conhecer sistemas operacionais diversos para o controle dos dispositivos da infraestrutura.

Os recursos de SDN podem ser instalados localmente em uma empresa ou ser centralizados em aplicações em nuvem, responsáveis pelo controle da rede também de forma dinâmica e automatizada.

Redes baseadas em intenção

IBN (Intent Based Networking ou redes baseadas em intenção) é o que conhecemos como redes intuitivas. Sua função é controlar, de forma automatizada, os dispositivos de rede da infraestrutura para se adaptarem aos negócios-chave da empresa.

Por exemplo, imagine um provedor de serviços possuir uma rede inteligente, capaz de identificar dinamicamente uma localidade em que haja altas demandas de acesso de usuários e de se adaptar a essas mudanças, gerando maior vazão de rede para esses locais. Ou imagine um sistema de segurança cibernético, atento à identificação de um ataque de DDoS vindo de um local incomum e que não havia sido corretamente parametrizado pela equipe de rede e segurança.

Infraestrutura programável

A infraestrutura programável (Programmable Infrastructure), também conhecida como infraestrutura de código, trata do gerenciamento e do controle dos recursos de rede de modo que aplicativos específicos possam conter scripts capazes de criar e orquestrar suas próprias VMs (Virtual Machines ou máquinas virtuais), tornando a infraestrutura de rede altamente elástica e de operação ágil. A infraestrutura programável poderia ser comparada a um "subset" das redes definidas por software.

Li-Fi

As redes Li-Fi (Light Fidelity ou fidelidade de luz) tratam de sistemas de comunicação de luz, empregados em LEDs por meio da tecnologia VLC (Visible Light Communications), permitindo transmissões de dados em alta velocidade. As redes Li-Fi poderão futuramente ser aplicadas em conjunto com a internet das coisas, tornando-se opção e escolha para as redes IEEE 802.11 tradicionais, também conhecidas como Wi-Fi.

As redes Li-Fi trabalham de forma semelhante às Wi-Fi, só que, em vez de transmitir os dados por sinais de rádio utilizando antenas, propagam seus dados através de ondas de luz. Nesse caso, lâmpadas poderiam fazer o papel dos pontos de acesso e bridges de redes tradicionais.

Tecnologias de telefonia móvel

A rede de telefonia móvel, também conhecida como rede de telefonia celular, foi projetada para o provisionamento de serviços de telefonia móvel entre uma ou mais estações base, com o intuito de prover serviços de comunicação e acesso à internet de forma flexível aos usuários. Em tecnologias desse tipo, os dispositivos de comunicação, como celulares e tablets (e, mais recentemente, outros dispositivos associados às tecnologias IoT), transmitem ondas eletromagnéticas bidirecionais que permitem o acesso a voz, dados e vídeos em grandes áreas geográficas divididas por células.

Tecnologia móvel 4G

Apesar de não mais ser considerada emergente, mas ainda muito popular aqui no Brasil, a tecnologia 4G (que se refere à quarta geração das tecnologias de telefonia móvel) é totalmente baseada em IP (Internet Protocol), alcançando a convergência entre sistemas legados e sistemas atuais para acesso a computadores e serviços de redes a velocidades superiores em comparação com suas antecessoras.

Ela funciona com a tecnologia LTE (Long Term Evolution), que se baseia em sistemas de transmissão conhecidos como GSM (Global System for Mobile Communications) e WCDMA (Wideband Code Division Multiple Access). Em função da crescente demanda por soluções informatizadas, dá foco em transmissão de dados e não de voz, como é o caso da GSM e da WCDMA.

É uma tecnologia que pode transmitir dados a taxas de transferência entre 100 Mbps (em trânsito) e 1 Gbps (em repouso), possibilitando downloads por volta de 60 Mbps em ambas as situações, bem como permitir que conexões ponto a ponto tenham qualidade de serviços (QoS) aos serviços prestados e segurança.

Tecnologia móvel 5G

É a tecnologia que se refere à quinta geração das tecnologias de telefonia móvel e atua como sucessora da 4G, para fins de conectividade de rede baseada em IP. Tal qual sua antecessora, atua em áreas de serviço divididas em células, que são conectadas à internet e às redes de telefonia móveis tradicionais por meio de ondas de rádio.

Como principal vantagem, as redes 5G possuem uma maior largura de banda e atuam em frequências na casa dos giga-hertz, que podem transmitir dados a taxas de até 10 gigabits por segundo (Gbits). Em função desse aumento de largura de banda, atendem não apenas à telefonia celular existente mas também a redes de dados que podem ser oferecidas através de provedores de serviço de internet.

Para uma maior abrangência, as redes 5G operam em até três bandas, de frequência baixa, média e alta, como mostra o quadro 2.

Quadro 2. Bandas nas quais operam as redes 5G.

Tipo de banda	Faixas de frequência	Velocidade de dowload/ taxa de transferência
Baixa frequência	Micro-ondas entre 600 MHz e 700 MHz (semelhantes às dos dispositivos 4G).	Entre 30 Mbits e 250 Mbits.
Média frequência	Micro-ondas de 2,5 GHz a 3,7 GHz.	De 100 Mbits a 900 Mbits.
Alta frequência	Micro-ondas entre 25 GHz e 39 GHz.	Na faixa dos gigabits por segundo, comparáveis à da internet a cabo.

Tecnologia móvel 6G

Essa tecnologia de telefonia móvel, ainda em fase de estudos, refere-se à sexta geração de tecnologias de comunicação sem fio com suporte a redes de internet móvel. Da mesma forma que suas antecessoras, além de atender a serviços de telefonia poderá suportar grandes quantidades de dados para acesso à internet, a taxas de transferência significativamente mais rápidas (velocidades de aproximadamente 95 Gbits).

A estimativa é de oferecimento da tecnologia 6G em 2028, com uma previsão de 500 bilhões de dispositivos conectados e atendimento de uma população de 8,5 bilhões de pessoas.

Computação em nuvem

Da mesma forma que a tecnologia 4G, a computação em nuvem (Cloud Computing) não é mais considerada uma tecnologia emergente, e sim atual. Seus fundamentos são apresentados aqui pelo fato de ela ser colocada, em muitos casos, como a base de algumas tecnologias emergentes.

A computação em nuvem não é exatamente uma tecnologia unitária, mas um conglomerado de soluções tecnológicas que disponibilizam serviços dos mais variados tipos sob demanda, utilizando como base de recurso sistemas de computação, sistemas de armazenamento de dados, redes de comunicação de alta capacidade e sistemas de controle e gerência centralizados. Esse termo coloquial geralmente é utilizado para descrever grandes centros de dados disponíveis para acesso via internet, e essas nuvens podem ser classificadas como públicas, privadas ou híbridas.

Figura 2. Cloud computing.

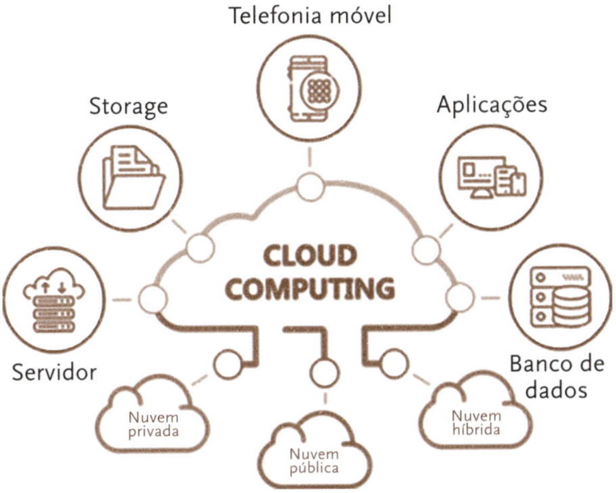

Big data

O Big data é uma tecnologia que consiste na coleta, no processamento e no armazenamento de grandes massas de dados. É baseada no que chamamos de 3Vs.

- **Velocidade:** Os dados são constantes e dinâmicos, e não estáticos.
- **Volume:** A massa de dados é enorme e cresce constantemente.
- **Variedade:** Diversos tipos de dados entram no processo por vez.

Essa é uma tecnologia formada por novas estruturas de dados e algoritmos, com o intuito de mapear rapidamente informações de vários outros tipos e entradas.

Inteligência artificial

A inteligência artificial, também chamada de IA ou AI (sigla de Artificial Intelligence), foi desenvolvida para atuar na área da ciência de computação com o objetivo de simular a capacidade de raciocínio humano de forma digital, por meio de computadores e sistemas capazes de resolver problemas e tomar decisões mais rapidamente e de modo mais preciso.

A inteligência artificial em redes de comunicação começa a ser muito utilizada em redes baseadas em intenção e infraestruturas programáveis, pois estas conseguem, com a IA, prever mudanças na infraestrutura conforme suas demandas de forma automática e dinâmica.

Essa tecnologia também pode ser aplicada nos sistemas de computação cognitiva, que possuem a capacidade de realizar raciocínios e tomar decisões de forma proativa. Por exemplo, nas redes cognitivas sem fio, é possível que um ponto de acesso dê mais largura de banda para aplicações que foram pontualmente demandadas.

Exercícios propostos

1. Baseando-se no que são tecnologias emergentes, explique com suas palavras a tecnologia que mais lhe chamou a atenção.
2. Faça uma comparação entre web 3.0 e web 4.0 e identifique suas similaridades e diferenças.
3. O que você entende por internet das coisas? Em quais áreas você acredita que seria mais bem aplicada e por quê?
4. Dê um exemplo da aplicação de IoT em cidades inteligentes.
5. O que é rede definida por software? Dê um exemplo de como pode ser utilizada em uma infraestrutura de redes.
6. Em sua opinião, o que seria a utilização de redes baseadas em intenção?
7. Em uma rede Li-Fi, os pontos de acesso poderiam ser quais dispositivos?
8. Quais são as diferenças entre as tecnologias 4G e 5G?
9. O que as redes 6G pretendem trazer de benefício em comparação com suas antecessoras?
10. O que é inteligência artificial? Como ela pode ser aplicada em ambientes de data center e redes de comunicação?

Anotações

Referências

REFERÊNCIAS

AMERICAN NATIONAL STANDARDS INSTITUTE (ANSI); TELECOMMUNICATIONS INDUSTRY ASSOCIATION (TIA). **TIA-568-C.0**: Generic Telecommunications Cabling for Customer Premises. Arlington: TIA, 2009.

AMERICAN NATIONAL STANDARDS INSTITUTE (ANSI); TELECOMMUNICATIONS INDUSTRY ASSOCIATION (TIA). **TIA-568-C.1**: Commercial Building Telecommunications Cabling Standard. Arlington: TIA, 2009.

AMERICAN NATIONAL STANDARDS INSTITUTE (ANSI); TELECOMMUNICATIONS INDUSTRY ASSOCIATION (TIA). **TIA-568-C.2**: Balanced Twisted-Pair Telecommunications Cabling and Components Standards. Arlington: TIA, 2009.

AMERICAN NATIONAL STANDARDS INSTITUTE (ANSI); TELECOMMUNICATIONS INDUSTRY ASSOCIATION (TIA). **TIA-568-C.3**: Optical Fiber Cabling Components Standard. Arlington: TIA, 2009.

AMERICAN NATIONAL STANDARDS INSTITUTE (ANSI); TELECOMMUNICATIONS INDUSTRY ASSOCIATION (TIA). **TIA-568-C.4**: Broadband Coaxial Cabling and Components Standard. Arlington: TIA, 2011.

AMERICAN NATIONAL STANDARDS INSTITUTE (ANSI); TELECOMMUNICATIONS INDUSTRY ASSOCIATION (TIA). **TIA-569-C**: Telecommunications Pathways and Spaces. Arlington: TIA, 2012.

AMERICAN NATIONAL STANDARDS INSTITUTE (ANSI); TELECOMMUNICATIONS INDUSTRY ASSOCIATION (TIA). **TIA-606-B**: Administration Standard for Telecommunications Infrastructure. Arlington: TIA, 2012.

ARAUJO, A. F.; DARIO, A. L.; REIS, W. J. **Windows 10**: por dentro do sistema operacional. São Paulo: Viena, 2016.

ASSOCIAÇÃO BRASILEIRA DE NORMAS TÉCNICAS (ABNT). **NBR 14565**: procedimento básico para elaboração de projetos de cabeamento de telecomunicações para rede interna estruturada. Rio de Janeiro: ABNT, 2020.

BASTA, A.; BASTA, N.; BROWN, M. **Segurança de computadores e teste de invasão**. 2. ed. São Paulo: Cengage Learning, 2015.

CABEAMENTO ESTRUTURADO predial. [*s. d.*] Disponível em: https://www.ibtecnologia.com.br/blog/cabeamento-estruturado-predial. Acesso em: 29 mar. 2021.

CABRAL, A. L.; SERAGGI, M. R. **Redes de computadores**: teoria e prática. São Paulo: Editora Senac São Paulo, 2017.

CARVALHO, M. M.; RABECHINI JÚNIOR, R. **Fundamentos em gestão de projetos**: construindo competências para gerenciar projetos. 4. ed. São Paulo: Atlas, 2015.

CLOUD COMPUTING: a new paradigm in the IT industry. Jul. 2019. Disponível em: https://vertexplustechnologies7.blogspot.com/. Acesso em: 29 mar. 2021.

COMER, D. E. **Redes de computadores e internet**. 6. ed. Porto Alegre: Bookman, 2016.

DIÓGENES, Y.; MAUSER, D. **Certificação Security** +. 2. ed. Rio de Janeiro: Novaterra, 2013.

GALVÃO, M. C. **Fundamentos em segurança da informação**. São Paulo: Pearson Education, 2015.

KERZNER, H. **Gestão de projetos**: as melhores práticas. 3. ed. Porto Alegre: Bookman, 2016.

KUROSE, J. F.; ROSS, K. W. **Redes de computadores e a internet**: uma abordagem top-down. 6. ed. São Paulo: Pearson Education, 2013.

LIMA FILHO, E. C. **Fundamentos de rede e cabeamento estruturado**. São Paulo: Pearson Education, 2014.

MODELO OSI. Dez. 2011. Disponível em: http://ccnainfoco.blogspot.com/2011/12/modelo-osi.html. Acesso em: 19 fev. 2021.

MORAES, A. F. **Redes sem fio**: instalação, configuração e segurança. São Paulo: Érica, 2010.

SILVA FILHO, M. **Fundamentos de eletricidade**. São Paulo: LTC, 2017.

SOUSA, L. B. **Projetos e implementação de redes**. 3. ed. São Paulo: Érica, 2013.

STALLINGS, W. **Redes e sistemas de comunicação de dados**. Rio de Janeiro: Campus, 2005.

______. **Criptografia e segurança de redes**: princípios e práticas. 4. ed. São Paulo: Pearson Education, 2008.

TANENBAUM, A. S.; WETHERALL, D. **Redes de computadores**. 5. ed. São Paulo: Pearson Universidades, 2011.

THOMPSON, M. A. **Microsoft Windows Server 2016 em português**: fundamentos. São Paulo: Érica, 2016.

TRANSMISSÃO DE SISTEMAS analógicos e digitais. Fev. 2011. Disponível em: https://cefiosichicoebia.wordpress.com/2011/02/08/transmissao-de-sistema-analogicos-e-digitais/. Acesso em: 29 mar. 2021.

WRIGHTSON, T. **Segurança de redes sem fio**: guia do iniciante. Porto Alegre: Bookman, 2014.

Sobre o autor

Antonio Eduardo Marques da Silva é graduado em engenharia mecânica pela Universidade Presbiteriana Mackenzie e em engenharia de computação pela Universidade Virtual do Estado de São Paulo (Univesp). Fez especialização em educação do ensino superior pela Pontifícia Universidade Católica de Minas Gerais (PUC Minas) e tem MBA em gestão da segurança da informação pela Faculdade Impacta Tecnologia e em marketing e gestão de clientes pela Universidade Candido Mendes, além de cursos de aperfeiçoamento na Escola Politécnica da Universidade de São Paulo (Poli-USP) e no Instituto Nacional de Pesquisas Espaciais (Inpe). É também mestrando em engenharia de telecomunicações pelo Instituto Tecnológico de Aeronáutica (ITA). Possui diversas certificações internacionais, entre elas CCNA R&S, CCNA SEC, CCNP R&S, CCNA Enterprise, CCNP Enterprise, CCAI, CCSI, ISM, DNDNS, HCIA R&S, CompTIA Network+ e CompTIA Security+. Trabalha no segmento de TIC desde 1989 e atualmente exerce as funções de consultor em tecnologia, instrutor sênior e professor em cursos de graduação e pós-graduação.

Índice geral